Anton Rotzetter

Spirituelle Lebenskultur

W0173815

Anton Rotzetter

Spirituelle Lebenskultur

für das dritte Jahrtausend

Herder

Freiburg · Basel · Wien

Umschlaggestaltung: Finken & Bumiller, Stuttgart
Umschlagmotiv: CVIII, Aquarellzyklus von Francesco Clemente;
Nr. XIL. Aus: Ausstellungskatalog CVIII,
Schweizer Verlagshaus, Zürich 1987.

Alle Rechte vorbehalten – Printed in Germany
© Verlag Herder Freiburg im Breisgau 2000
Satzbearbeitung: Fotosetzerei G. Scheydecker, Freiburg i. Br.
Druck und Bindung: Freiburger Graphische Betriebe 2000
Gedruckt auf umweltfreundlichem,
chlor- und säurefrei gebleichtem Papier
ISBN 3-451-26140-5

Inhalt

1. Kapitel

Franziskus, die Wissenschaft und die Ehrfurcht
vor dem Leben – Von der Notwendigkeit der Spiritualität . . . 33

2. Kapitel

3. Kapitel

4. Kapitel

Vorwort

Im Herbst 1998 wurde ich – wie schon oft in meinem Leben – vor eine neue Herausforderung gestellt. Ich sollte an der theologischen Fakultät Freiburg/Schweiz Vorlesungen im Bereich Spiritualität anbieten, wobei ich zunächst nicht wußte, daß dieser Lehrauftrag über das Wintersemester 1998/99 hinausgehen sollte. Deswegen war mir der heilsame Zwang auferlegt, in sieben Doppelstunden das Wesentliche zum Thema „Ausdrucksformen christlicher Spiritualität" zu sagen.

Mit einem solchen Vorhaben sind ohnedies Raffung und Auswahl des reichlich vorhandenen Stoffes verbunden. Ich weiß, was ich noch alles hätte sagen können, und der Leser, die Leserin mögen wissen, daß auch dieses Buch nur Teilperspektiven, aber doch einen griffigen Überblick bietet.

Was die Darstellungsform betrifft, bin ich der vielleicht etwas altertümlichen Meinung, daß eine Vorlesung gewissen Gestaltungsprinzipien zu entsprechen hat. Ihr Stil sollte nicht nur pädagogische, sondern auch literarische Bedürfnisse befriedigen. Die ansprechende Form ist mir wichtiger als das, was man etwas oberflächlich „wissenschaftlich" nennt. Literaturangaben und Fußnoten haben ohnehin nicht selten eher kosmetischen Charakter. In diesem Buch verzichte ich auf den sogenannten wissenschaftlichen Apparat, der, wie die Erfahrung zeigt, viele Leserinnen und Leser nur abschreckt. Zudem verhindert ein solcher Apparat das Bekenntnishafte, das im Begriff „Professor" mit enthalten ist. Trotzdem weiß ich, daß meine Darlegungen auf einer durchaus wissenschaftlichen Grundlage aufruhen und einer entsprechenden Prüfung standhalten. Wer will, kann sich über die im Text verstreuten Angaben davon überzeugen.

Die Themenreihe hatte eine bestimmte Logik, die nun allerdings nicht eins zu eins in dieses Buch einfließen soll. Das hat vor allem damit zu tun, daß ich einige Darlegungsschritte bereits früher veröffentlicht habe und den Leserinnen und Lesern nicht zumuten will, noch einmal dasselbe lesen zu müssen. Freilich möchte ich in der nachfolgenden Hinführung diese Logik aufzeigen.

Wie bereits angedeutet, wurde dann der Lehrauftrag auf weitere Semester ausgedehnt. Die anschließende Vorlesungsreihe ist übrigens soeben unter dem Titel „Die Welt erglänzt in Gottes Farben. Visionen von der Ganzheit der Schöpfung" (Freiburg/Schw. 1999) erschienen.

Ich wünsche eine fruchtbare Lektüre der in diesem Buch entfalteten Lebensperspektiven.

Altdorf/CH, Oktober 1999   *Anton Rotzetter*

Zur Logik des Buches

Vorbemerkung

Die mit einem * versehenen Namen bezeichnen den Autor, ein beigefügter großer Buchstabe das entsprechende Werk (vgl. dazu das Literaturverzeichnis), die Zahlen verweisen auf die Seiten des jeweils genannten Werkes.

In dieser Hinführung möchte ich die Logik, die meiner Vorlesungsreihe zugrunde lag, aufzeigen. Sie soll durch ihre nur teilweise Veröffentlichung in diesem Buch nicht verlorengehen. In Klammern ist bei den einzelnen Punkten jeweils angegeben, welchem Kapitel dieses Buches der beschriebene Themenschritt entspricht.

1 Spiritualität als Weisheitswissen
(1. Kapitel)

Christliche bzw. biblische Spiritualität gehört mit den Spiritualitätsformen anderer religiöser oder philosophischer Herkunft zum sogenannten Weisheitswissen. Innerhalb der abendländischen Kultur nennt man dieses Wissen „sapientia". Es hat seine Grundlage in der konkreten Erfahrung, im Auskosten des Lebens, in der intuitivganzheitlichen Ahnung, daß allem ein Geheimnis innewohnt. „Man wird nur durch Erfahrung klug", sagt eine Volksweisheit. Solches Wissen gibt es in allen Kulturen. In den letzten Jahrzehnten verlangt es in einer Welt, die seit der Aufklärung durch Wissenschaft und Technik bestimmt ist, mit aller Kraft sein Recht zurück.

Wissenschaft und Technik haben ihre Grundlage in der rationalanalytischen Fähigkeit, in der konsequenten Anwendung von bestimmten Untersuchungsmethoden, in der Verzweckung der Dinge für den Gebrauch des Menschen. Dieser Zugang zur Wirklichkeit hat der Menschheit insgesamt Segen und Wohlfahrt gebracht, aber ebenso Fluch und Tod. Dieser Zweideutigkeit können Wissenschaft und Technik nur entkommen, wenn sie sich ihrer Frag-Würdigkeit bewußt werden.

Bei dieser Frag-Würdigkeit von Wissenschaft und Technik setze ich mit meinen Ausführungen ein. Zum ersten Mal habe ich mich mit dieser Fragestellung im Rahmen einer modernen Problematik auseinandergesetzt (ROTZETTER* P). Die Missionszentrale der Franziskaner in Bonn gab ein sogenanntes „Grünes Heft" zum Thema „Überbevölkerung, Geburtenkontrolle und andere Fragen" heraus, wozu ich einen einleitenden spirituellen Beitrag zu schreiben hatte. Ich habe diese Gedanken dann etwas weitergeführt und zum 20jährigen Bestehen des Instituts für Spiritualität in Münster/Westfalen vorgetragen. Schließlich fand ich es sinnvoll, mit diesen Darlegungen meine jetzige Themenreihe zu eröffnen.

2 Biblische Spiritualität in der heutigen pluralen Welt

Seit Jahren bin ich überzeugt, daß die biblische Spiritualität auch in einer pluralistischen Gesellschaft nichts an Aktualität verloren hat. Im Gegenteil: Wir sind sogar aufgerufen, zusammen mit den Juden eine verlorene, semitische Spiritualität in die heutige Vielfalt der Überzeugungen, Glaubensformen und Weltanschauungen einzubringen. Mit J. F. LYOTARD* bin ich der entschiedenen Meinung, daß der Weg des Dialoges nicht der sein kann, daß sich die kulturellen Ausprägungen des religiösen Menschen und die verschiedenen historisch faßbaren Religionen schnell auf einen gemeinsamen Nenner einigen. Geboten ist zunächst die Umschreibung des eigenen Profils. „Retten wir die Differenzen, retten wir die Ehre des Namens", ruft der französische Philosoph leidenschaftlich in unsere Zeit (PFESTROFF*). Er sagt dies im Blick auf das Judentum, das gegenüber dem Christentum die Unerlöstheit der Welt auszuhalten hat und trotz aller widerlicher Erfahrung an Gott festhält. Ich meine, daß ein solcher Appell eine viele grundsätzlichere Bedeutung hat und für alle religiösen Ausdrucksformen gilt. Dem interreligiösen Gespräch ist mehr gedient mit klar erkennbaren

Identitäten und Profilen, die sich aufeinander einlassen, als mit konturlosen Begegnungen, die nur oberflächlich sein können. Besinnung auf das Eigene ist darum das erste Postulat für unsere Zeit.

Die Forderung, sich auf die Traditionen zu besinnen, die im deutschen Wort „Geist" zusammenlaufen, habe ich anderswo ausführlich herausgestellt (ROTZETTER* S, 31–63), weshalb ich hier davon absehen kann, es noch einmal zu dokumentieren. Dennoch ist es für die Logik des Ganzen nicht unerheblich, wenigstens stichwortartig eine kurz gehaltene Zusammenfassung zu geben.

2.1 Emotion und Transzendenzerfahrung

Das deutsche Wort „Geist" stammt aus dem Indogermanischen und bedeutet „Lebhaftes Bewegtsein", „Außersichsein", „Aufgebrachtsein", „Erschrecktsein", „Schaudern" (WALDENFELS*).

Diese Wortbedeutung fügt den Menschen ein in ein übergeordnetes, letztlich göttliches Ganzes, das auf ihn einwirkt, ihn stets neu und überraschend, unkontrolliert und unverfügbar bewegt und über sich selbst hinausführt. Der Mensch wird passivisch definiert als ein Wesen, das von göttlichen Mächten bewegt und erregt wird. Der Mensch erfährt sich als jemand, der sich nicht in den Händen hat, sondern an der Hand einer göttlichen Macht durchs Leben geht, deren Wirkungen er „erleidet".

„Geist" – das ist also die erlebte Ek-stase: ein „Ver-rückt-Werden" und „Ver-rückt-Sein" – der Mensch selbst, insofern er seinen eigenen Grenzen und dem engen Alltag immer wieder entrissen wird. „Geist" – das bedeutet Entgrenzung, die jede Definition (= „Begrenzung") des Menschen verbietet, Emotion, die nicht der eigenen Machbarkeit entstammt, sondern dem göttlichen Ein-fluß.

Insofern ist die Verkümmerung der emotionalen Dimension seit der Aufklärung, nicht zuletzt bei denen, die ihren kritischen Verstand sehr eingehend geschult hatten, ein Verlust an Menschlichkeit und ihre Wiederentdeckung eine Rückkehr zum Menschlichen. Ebenso ist das Wiederaufleben religiöser Empfindungen, mystischer Erfahrung, transzendenter Erlebnisse seit einigen Jahren eine unbedingte Notwendigkeit.

Ob ausdrücklich religiös oder bloß in säkularer Form – der Geist, wie ihn die indogermanische Etymologie definiert, kommt heute allerdings in einem solchen Ausmaß zur Geltung, daß sich eine ganze Reihe von Fragen stellen: Ist es letztlich gleichgültig, wovon der Mensch bewegt und durch was er in Ekstase versetzt wird – Hauptsache: er erlebt sich als Wesen, das seine Erlebnisse feiert?! Genügt es, wenn der Mensch durch bestimmte Widerfahrnisse, die der mitmenschlichen Begegnung, dem Abenteuer, der Naturbetrachtung und anderem erwachsen, aufgewühlt und – statt ein stehendes Gewässer zu bleiben – ein stürmisches Meer wird? Dienen alle so gearteten Erfahrungen wirklich dem Aufbau einer Persönlichkeit, deren Kennzeichen Reife, Ganzheit, Mündigkeit, Verantwortlichkeit sind? Ist vieles, was sich als „Religion" anbietet, nicht sogar auf die Zerstörung der Persönlichkeit ausgerichtet? Wo bleibt da die ethische Qualität des Erlebnisses, wo die Verantwortung für andere Menschen und für die Schöpfung? Betrügt sich der Mensch mit solchen Erlebnissen nicht selbst? Bleibt er nicht dennoch bei sich selber stehen? Bleibt er nicht trotz allem eine harte Kugel, an der alles abprallt, auch wenn er die Außenwände etwas ausgedehnt hat und etwas größer geworden ist? Eine wahre Transzendenz, ein „Sich-selbst-entrissen-Sein", ein wirkliches „Ver-rückt-Werden" durch göttliche Mächte, findet in Tat und Wahrheit nicht statt. Und wenn – was ist dann dieses Göttliche? Welches Gesicht hat es und welchen Namen?

2.2 Die Vernunft und die Unterscheidung der Geister

In dem, was wir heute mit „Geist" bezeichnen, ist immer auch eine griechisch-lateinische Tradition enthalten. Der Begriff „noein" bedeutet „vernehmen", „begreifen" und meint die Fähigkeit des Menschen, Wirklichkeit als ganze zu verstehen und auszulegen.

Die Kritik, die sich gegen die Vernunft richtet, bezieht sich auf den ausschließlichen und absoluten Anspruch, mit dem sie vielfach auftritt, auf die Selbstmächtigkeit und -herrlichkeit, in der sie sich da und dort mit göttlichen Attributen bekleidet, auf die Verschlossenheit gegenüber einer möglichen höheren Instanz, auf die Ver-Antwort-ungslosigkeit, mit der sie sich immer wieder gebärdet. Die Kritik der Vernunftkritiker darf aber nicht so weit gehen, daß sie der Vernunft ihr Daseinsrecht und ihre Notwendigkeit abspricht. Die Kritik sollte vielmehr darauf aus sein, der Vernunft ihr wahres

Gesicht wieder zurückzugeben: Vernunft ist immer in erster Linie Vernehmen, Empfangen, Antwort-Geben, Antwort auf ein Wort, das von der Gesamtwirklichkeit herkommt. Und diese ist möglicherweise nochmals Wort und Kunde eines in allem anwesenden und doch alles übersteigenden Geheimnisses, dem Ehrfurcht und Antwort gebühren. Insofern gibt es auch eine Bekehrung des Verstandes bzw. der Vernunft. Die Vernunft bleibt das notwendige Gegenüber der Wirklichkeit, die sie empfängt und wahr-nimmt.

Das Verschmelzen des Menschen mit der Gesamtwirklichkeit bzw. mit Teilen der Wirklichkeit, mit der Natur oder gar mit der eigenen Emotionalität, löst keine ökologischen und ökonomischen Probleme. Es führt auf seine Weise ebenso zur Zerstörung. So hatte das Verschmelzen mit nationalistischen Emotionen (Faschismus) die weitgehende Zerstörung Europas und großer Teile der übrigen Welt zur Folge (Zweiter Weltkrieg). Oder – das Verschmelzen mit der vorgegebenen „Lehre" eines Gurus oder einer Sekte führt, wie man geradezu verallgemeinernd sagen kann, zur seelisch-personalen Selbstzerstörung, ja oft sogar zu Massenselbstmord (1996: Sonnentempler-Sekte mit 74 Toten; 1997: Massenselbstmord der High-Tech-Sekte in San Diego im Zusammenhang mit dem Erscheinen des Kometen Hale-Bopp mit etwa 40 Toten) und zu Terror (1995: Nervengasanschlag des 40-jährigen Aum-Sektenchefs Shoko Asahara mit 12 Toten und 5 500 Verletzten).

Selbst in der Mystik, die sich auf die biblische Tradition beruft, ist die Verschmelzung von Ich und Gesamtwirklichkeit bzw. Gott kein anzustrebendes Ziel. So sehr sie von der Liebeseinheit mit Gott („unio mystica", „Einung", „Einigung") spricht, so sehr ist das Gegenüber-Sein der Liebenden (Mensch und Gott) konstitutiv. Aufgrund der bleibenden Differenz zwischen Schöpfer und Geschöpf und aufgrund des je eigenen Seins sowohl Gottes als auch des Menschen kann es innerhalb der liebenden und bergenden Umarmung beider nie zu einer vollen Verschmelzung kommen, in der die Partner aufhörten, sie selbst zu sein. Ein verschmelzendes Zerfließen des Liebenden und des Geliebten wäre geradezu ein Kriterium für eine fragwürdige Mystik und möglicherweise ein Ausdruck krankhaften Wahns. Aus diesem Grund suchte Teresa von Ávila einen kritischen Beichtvater, um den möglichen Gefahren der Täuschung nicht zu erliegen, und zwar, wie sie sagte und wie sich eigentlich von selbst versteht, „lieber einen gescheiten als einen frommen". Die geistliche Theologie hat aus demselben Grund schon früh eine Vielzahl von Kriterien zur „Unterscheidung der Geister" entwickelt (SCHLAGETER*). Mit anderen Worten: Die Vernunft ist und bleibt gerade auch in der Höchstentfaltung des Menschen die Fähigkeit, die der Gesamtwirklichkeit und der eigenen „Erfahrung" kritisch gegenübersteht.

Die kritische Vernunft behält also ihre Bedeutung für das Menschsein des Menschen. Es kann nicht gleichgültig sein, ob wir die Wirklichkeit wahrnehmen oder „falsch-nehmen". Es geht immer um die „Verläßlichkeit" bzw. die unverbrüchliche Tragfähigkeit der objektiven Wirklichkeit und der menschlichen Beziehungen (hebr.: *emet*), um die „Überwindung der Vergessenheit" bzw. um das Bemühen, die Wirklichkeit dem Vergessen zu entreißen und ins Bewußtsein des Menschen zu heben (griech.: *aletheia*), um das Sich-Zeigen der Wirklichkeit und um die Übereinstimmung des denkenden Menschen mit der Wirklichkeit (lat.: *veritas* in der Ausdeutung des Thomas von Aquin). Diese Achtsamkeit gegenüber allem, was ist, dürfte auch in ihrer wissenschaftlich-kritischen Gestalt einem wirklich geistlichen Menschen ein Anliegen sein. Nicht von ungefähr sprach EDITH STEIN* von „Sachgehorsam" und von „heiliger Sachlichkeit". Und für SIMONE WEIL* ist die Schule – und ich würde hinzufügen: die Wissenschaft! – im Grunde eine Einübung in die Aufmerksamkeit, die sich letztlich auf Gott bezieht.

„Geist", richtig verstanden, muß demnach im Ansatz schon immer „geistliche" Eigenschaften haben: die Demut, mit der er die Wirklichkeit empfängt, die ehrfürchtige Behutsamkeit und die Achtsamkeit, mit der er der Wirklichkeit begegnet, das mühevolle Ringen um die Objektivität, die sogar als „heilige Sachlichkeit" und als „Sachgehorsam" interpretierbar ist. Ein solcher Geist jedoch wird erst dann völlig bei sich sein, wenn er von jenem ganz anderen Geist durchformt ist, den wir mit „Heiligem Geist" bezeichnen.

2.3 Die Lebendigkeit Gottes und der geistliche Mensch

Mit der Bemerkung über die „Geistlichkeit" des Geistes kommt eine dritte Tradition, die im Begriff „Geist" mit den zwei anderen zusammengeflossen ist, in den Blick: die semitisch-biblische der göttlichen *ruach* (= weiblich), die griechisch mit *pneuma* (= sächlich) und lateinisch mit *spiritus* (= männlich) übersetzt wird.

Mit *ruach* ist nun freilich etwas völlig anderes gemeint: nicht mehr der Mensch in seinem Erleiden göttlicher Macht und auch nicht der Mensch in seinem kritischen Vernehmen der Wirklichkeit, sondern Gott selbst, der seine eigene göttliche Lebendigkeit dem Menschen und der Schöpfung mitteilt und innergeschichtlich zur Geltung bringt.

Bei einem konzentrierten Durchgang durch die Bücher der Bibel ergeben sich folgende Aspekte der „Lebendigkeit Gottes":

Die ordnende Kraft

Die „göttliche Lebendigkeit" „schwebt" über dem Tohuwabohu und über den Untiefen, aus denen das Böse aufsteigt (Genesis 1,2). Jedes Chaos, wo immer es einem begegnet, und alles Dämonische, das in der Geschichte erfahren wird, ist von Anfang an und für immer auf die ordnende Hand Gottes verwiesen. Die „göttliche Lebendigkeit" bringt Ordnung, Klarheit, Schönheit, Frieden.

Es geht dem biblischen Glauben nicht um die Erschaffung der Welt aus dem Nichts, sondern um die Erfahrung, daß Gottes Lebendigkeit aus allem Durcheinander und aus allen Bedrohungen hinausführt. Keine Verwüstung, keine Zerstörung, keine Kriegswirren, keine Umnachtung des Geistes, keine leiblichen oder geistigen chaotischen Wirren – nichts, was wegen seiner Dunkelheiten und wegen seiner bedrohlichen Unübersichtlichkeit den Menschen ängstigen könnte, ist der befreienden Lebendigkeit Gottes entzogen.

Der Mensch erweist sich somit als „geistlicher" Mensch, wenn er das Ausmaß der chaotischen Wirklichkeit feststellt, eine Klage- und Fragekultur entfaltet, wie sie im Buch Ijob und in vielen Teilen der Psalmen exemplarisch gepflegt wird, und glaubend und hoffend auf die „Lebendigkeit Gottes" verweist.

Die Kreatürlichkeit des Menschen

Der Mensch selbst kann nur bestehen, solange der Atem Gottes in ihm lebt. „Da formte Gott, der Herr, den Menschen aus Erde vom Ackerboden und blies in seine Nase den Lebensatem. So wurde der Mensch zu einem lebendigen Wesen" (Genesis 2,7). Gott gibt den

Atem – und er nimmt ihn auch wieder: „Verbirgst du dein Gesicht, sind sie verstört; nimmst du ihnen den Atem, so schwinden sie hin und kehren zurück zum Staub der Erde" (Psalm 104,29).

Gottes Atem bzw. *ruach* bestimmt die ganze irdische Lebenszeit des Menschen. Von der Empfängnis bis zum Tod verdankt sich der Mensch seinem Gott, der ihm das Leben gibt und nimmt – gerade so, wie es ihm gefällt. Es gibt für den biblischen Menschen ursprünglich weder eine Existenz vor der Empfängnis noch ein Leben nach dem Tod. Es gibt auch keine Ewigkeit der Seele, die sich innerhalb der Geschichte mehrere Leibgestalten sucht, um durch den Durchgang durch die Welt schließlich wieder zu sich selbst zurückzukehren. Schon gar nicht gibt es im Menschen etwas, das unzerstörbar und darum von sich aus ewig wäre, wie das die alte griechische Philosophie behauptet. Von einem biblischen Standpunkt aus sind Reinkarnation und Ewigkeit der Seele, für die es im Hebräischen nicht einmal ein Wort gibt, gottlose Lebensentwürfe.

Der „geistliche Mensch" definiert sich nach der Bibel ausschließlich von Gott her. Gott ist sein bleibendes Gegenüber. Keine Sekunde zwischen Empfängnis und Tod ereignet sich ohne ihn. Die irdische Lebenszeit, das Diesseits, behält sein ganzes Gewicht. Was nicht im Hier und Jetzt geschieht, geschieht nie mehr. Der Augenblick zählt. Das Leben will vor dem Tod gelebt werden. Danach gibt es weder eine Gottesbeziehung noch die Erfahrung irgendwelchen Lebens.

Daß es ein Leben über den Tod hinaus gibt, ist erst das Ergebnis einer späteren Glaubenswahrnehmung. Zur Zeit Jesu war die Frage im Volk Israel aber noch nicht entschieden. Das Leben nach dem Tod ist jedoch für die, die diesbezüglich zum Glauben fanden, nicht das geradlinige, sozusagen sich von selbst ergebende Weiterleben, sondern eine neue Schöpfungstat Gottes, „Auferweckung". Ihr Glaube an den lebendigen Gott ist so stark, daß der Tod des Menschen und der lebendige Gott als Widerspruch erscheint. Gott „muß", wenn er denn ein Gott der Lebendigen ist und nicht der Toten, den Menschen aus seinem Todsein erwecken und seine Lebendigkeit über den Tod hinaus zur Geltung bringen. Und zwar nicht nur bezüglich der Seele des Menschen (so zu denken ist, wie gesagt, biblisch unmöglich!), sondern bezüglich seiner Ganzheit, d.h. auch seiner leibhaften Existenz. Alles „Fleisch" wird schauen Gottes Heil! Christen glauben daher auch an die „Auferstehung des Leibes"!

Dies muß Folgen haben für das Gewicht, das dem Diesseits zukommt. Eine aszetische Himmelstürmerei, die wir über all die Jahrhunderte selbst bei den größten Vertretern christlicher Spiritualität (zum Beispiel Franz und Klara von Assisi) feststellen, ist von dieser Basis her nicht mehr möglich. Der Leib darf weder ausgehungert noch abgetötet, die irdische Zeit nicht möglichst rasch hinter sich gebracht werden, wenn man wirklich an die Auferweckung glaubt. Der Leib, der wir sind, und die Zeit, die wir haben, sind der einzige Ort und der einzige Weg, in denen sich Gottes Lebendigkeit zeigen will. Im Irdischen soll Gottes Herrlichkeit aufstrahlen. Und nichts, was hier gelebt, erkämpft, gestaltet, geliebt, erkannt und gezeugt wurde, wird verloren gehen oder sich in Nichts auflösen.

Die Rückkehr zum semitischen „Geist-Verständnis", in dem nichts Leibfeindliches steckt, ist heute angesichts der ökonomisch-ökologischen Situation, in der wir uns befinden, erste Dringlichkeit! Die *ruach* sucht sich ihre Wohnung im Leib des Menschen und im „Leib" des Kosmos, und der „geistliche" Mensch muß den Geist in sich selbst und in seiner ganzen Leibhaftigkeit suchen und finden.

Die ekstatisch-prophetische Existenz

Eine der häufigsten Formulierungen in der Bibel lautet: „Der Geist des Herrn kam über ihn" oder ähnlich (z. B. Richter 3,10 und noch öfter in diesem Buch; 1 Samuel 10,6; auch Lukas 4,18). Gottes Lebendigkeit entreißt den Menschen sich selbst und seinem ewigen Kreisen um sich selbst. Sie bewirkt Ekstase, Verzückung, Kommunikation, Mystik, Prophetie.

Wenn wir genauer hinschauen, dann geschieht diese Entrückung, der „Raptus", die „Entführung" des Menschen durch Gott in eine zweifache Richtung:

• *Gottes Lebendigkeit reißt in einer liebenden Umarmung den Menschen weit über sich hinaus – an Gottes Herz.* Als Beleg verdient ein Text besondere Erwähnung, der den Gedanken in seiner höchsten Entfaltung darstellt. Im 8. Römerbrief-Kapitel erreicht das Menschsein des Menschen göttliches Niveau. Der Mensch wird durch die göttliche *ruach* ein Sohn, eine Tochter Gottes. Alle Sklavenmentalität, alle Angst gegenüber Gott und natürlich erst recht gegenüber den Menschen fallen von ihm ab. Er erlebt nur noch die intime Geborgenheit im väterlich-mütterlichen Geheimnis Gottes. Er darf sich als Erbe Gottes und als Miterbe Christi verstehen. Er darf glauben, daß seine von Leiden und Tod gezeichnete Gegenwart in die Herrlichkeit Gottes münden wird. Paulus wagt sogar den Vergleich: Die Zukunft in Gott wird so schön sein, daß alle Leiderfahrung im Vergleich dazu nichts ist. Und dann steigert sich der Apostel zur Aussage, daß der ganze Kosmos „sehnsüchtig wartet" und „seufzt", bis die „Freiheit der Kinder Gottes" zutage tritt, an der die ganze Schöpfung teilhaben soll. Wir erleben jetzt schon die „Geburtswehen", die in der Geburt eines neuen Kosmos enden. Wenn wir die Jetztzeit nicht so deuten können, dann wird uns die „Lebendigkeit Gottes" beistehen. Sie wird Hoffnung wider alle Hoffnung schenken, und sie selbst wird in uns beten und „seufzen" (Römer 8,15–26).

• *Menschen, die auf diese Weise über sich hinauswachsen, sind erfüllt von der Leidenschaft für Gott.* Sie werden Vertreter der Sache Gottes, Pro-pheten, die Gott in seinem innersten Wesen und mit seinen eigentlichen Absichten zur Sprache bringen. Sie *sprechen für* Gott und an seiner Stelle. Sie sollen Gottes Barmherzigkeit zur Geltung bringen, seine unbedingte Zuwendung zum einzelnen, zu jedem, besonders aber zu den Kleinen und Schwachen, den Witwen und Waisen und allen anderen vom Schicksal Gebeutelten. Wo Menschen benachteiligt, ausgebeutet, egoistischen Interessen geopfert werden, wo Ungerechtigkeit Ursache wird für das Unglück von Menschen, da muß der prophetische Mensch das Unrecht einklagen und Gerechtigkeit fordern – gelegen oder ungelegen. Durch prophetische Menschen will Gott die Geschichte, die Gesellschaft, das soziale Netz anders gestalten. Gott selbst legt sich in ihnen quer zu den Machtinteressen und zum egoistischen Streben. Hier wird deutlich, daß Mystik und Prophetie, Gottesdienst und Weltdienst unbedingt zusammengehören. Die Gottesbeziehung besteht gerade dort nicht, wo sie sich nur hymnisch oder liturgisch gebärdet, sondern erst dort, wo sich konkrete Zuwendung zu den Nackten, Obdachlosen ... ereignet. „Sende aus deinen Geist – und das Antlitz der Erde wird neu!" (Gebetsruf in der Pfingstliturgie).

Der Mensch wird also nicht von irgendwelchen anonymen göttlichen Kräften, sondern von der liebenden Lebendigkeit Gottes emotional bewegt, ver-rückt: von sich weg in die Lebendigkeit Gottes hinein, nicht um sich dabei selbst zu verlieren, sondern um sich recht eigentlich zu gewinnen. Der Mensch und mit ihm die ganze Schöpfung werden aus den engen Grenzen befreit und werden die, die sie an sich sein können. Dieses Ver-rückt-Werden ist im eigentlichen gleichzusetzen mit Glaube, mit Anheimgabe an ein Geheimnis, in dem Gott Gott ist und bleibt und der Mensch ganz und gar sein wahres Menschsein – aus göttlicher Quelle kommend und zu göttlichem Ziel hin unterwegs – zu feiern lernt.

Jesus von Nazaret – der Mensch, an dem Gott Gefallen findet

Fast alles, was bisher zur Lebendigkeit Gottes gesagt wurde, mündet und konzentriert sich auf einmalige Weise im Menschen Jesus. Dieser verweist in allem, was er sagt und tut, auf die schöpferische Quelle und Kraft, die es gerade auch gegenüber den zerstörerischen Mächten zu bezeugen gilt. Er ist der ekstatisch-prophetische, „expropriierte" (vgl. Philipper 2,5), der sich selbst enteignete, selbstvergessene, für Gott ganz und gar durchlässig gewordene Mensch – und das auf eine Weise, wie es nach dem Glauben der Christen sonst nirgendwo mehr in der Menschheitsgeschichte der Fall ist. Gottes Liebe hat sich in der Hingabe dieses Menschen, in seiner tagtäglichen Zuwendung zu den Armen und in seiner „Liebe bis zum äußersten" (Johannes 13,1) so radikal, so unvergleichlich, so einmalig und so unwiederholbar gezeigt, daß sich der Glaube vom „einzigen Sohn Gottes" geradezu aufdrängt. Jesus Christus ist auch der Mensch, in dem sich Gott als Gott der Lebendigen, nicht der Toten geschichtsmächtig wirksam erweist, indem er ihn vom Tod erweckt – sozusagen als „den Ersten der Entschlafenen" (1 Korinther 15,20; Apostelgeschichte 26,23; Kolosser 1,18). In der Auferweckung Jesu zeigt sich, daß Gott alle Menschen auferwecken wird.

Besondere Tiefe erreicht diese Jesusdeutung bei Johannes: „Als Jesus von dem Essig genommen hatte, sprach er: Es ist vollendet! Und er neigte das Haupt und gab seinen Geist hin"[!] (Johannes 19,30). Dieser Geist, den Jesus hingibt, ist die göttliche *ruach*, von der Jesus sein Leben lang innerlich bewegt und getrieben war, seine Liebe bis zum äußersten und bis zuletzt (vgl. Johannes 13). Zu sehr hatte doch dieser Jesus in den Abschiedsreden (vgl. Johannes 16 und 17) vom „Ersatz" gesprochen, für den er sorge, wenn er einmal nicht mehr da sei. Und zu sehr hat er seinen eigenen Tod als die notwendige Voraussetzung gesehen, damit seine Jünger den „Beistand" geschenkt bekommen, der sie sogar noch „größere Werke" tun lassen wird (vgl. Johannes 14,12). Auf jeden Fall erscheint hier der Tod als etwas Freies und Aktives: Jesus gibt sich völlig hin – an den Vater und seine geliebten Menschen. Er „entbindet" damit die *ruach* von ihrer einmaligen und herrlichen Konkretheit in seinem Leben und macht sie damit zur Grundbedingung der Gemeinschaft, die unter dem Kreuz entsteht (vgl. Johannes 19,25–27). Gott findet im Tod Jesu seine Ekstase, sein Aus-sich-Heraustreten, sein Außer-sich-Sein, besser: seine völlige Verausgabung, seine Verströmung, sein Sich-Weggeben. Gott ist nur noch Liebe, die die Abgründe menschlichen Schicksals bis zu unterst durchläuft und gerade da seine *ruach* mitteilt. Im Tod Jesu blitzt die Herrlichkeit Gottes in die Welt; für den Menschen Jesu bedeutet es „Erhöhung" und „Verherrlichung" (vgl. Johannes 17,1ff), für Gott, der sich darin offenbart, „Erniedrigung" und „Herablassung" (vgl. Philipper 2,5–11). Der Mensch und die ganze Schöpfung erscheinen durch die entbundene, entfesselte und sich verströmende Lebendigkeit Gottes in einem völlig neuen Licht.

Die Kirche – ein Ort der Lebendigkeit Gottes

Aus dem Vorausgehenden ergibt sich von selbst, daß die Kirche als Gemeinschaft, die unter dem Kreuz, unter dem Zeichen der sich hingebenden *ruach*, entstanden ist, der Ort der Lebendigkeit Gottes ist und sein muß. Kirche – das ist ganz wesentlich die Gemeinschaft derer, die innerlich ergriffen und entflammt sind von der Gestalt, die sich Gott in Jesus gegeben hat, und die begeistert und erfüllt sind von der im Tod Jesu entfesselten Liebe. Eine solche „geistliche" Kirche braucht die Welt – und nicht eine Kirche, die in sich selbst einfach die unerlösten und machtgierigen Verhältnisse der Welt wiederholt.

Was der kontemplative Evangelist Johannes in eins fallen läßt, zerlegen die Synoptiker (Markus, Matthäus, Lukas) in eine zeitliche Erzähl- und Festfolge: Karfreitag, Ostern und Pfingsten. Das bedeutet jedoch keine Abweichung in der inhaltlichen Aussage. An Pfingsten wird die Kirche von den feurigen Flammen der göttlichen *ruach* ergriffen. Die göttliche Lebendigkeit setzt die unterschiedlichsten Völker und Menschen zueinander in neue Beziehungen. Wirkliche Kommunikation entsteht in der Vielfalt der im Geist vernetzten Menschen, echtes Verstehen unter denen, die an sich ganz andere Sprachen sprechen; ein Gegenbild zu Babel, welches Einheit als Uniformität verstand. Hier dagegen wird Einheit in die Pluralität der Nationen und Sprachen gestiftet.

Die Rede, mit der Petrus das Geschehen deutet, ist an sich schon erstaunlich. Aus einem verängstigten, entmutigten Mann wird ein Prophet, ein Mensch, der „ver-rückt" wurde in die Lebendigkeit Gottes hinein und darum keine Angst mehr hat, sondern klar und deutlich sagt, was zu sagen ist. Er deutet mit Verweis auf den Propheten Joel die ganze Schöpfung von der ausgegossenen Lebendigkeit Gottes her neu; ebenso neu „definiert" er die Kirche, die daraus entsteht: „In den letzten Tagen wird es geschehen, so spricht Gott: Ich werde von meinem Geist ausgießen über alles Fleisch. Eure Söhne und eure Töchter werden Propheten sein, eure jungen Männer werden Visionen haben, und eure Alten werden Träume haben. Auch über meine Knechte und Mägde werde ich von meinem Geist ausgießen in jenen Tagen, und sie werden Propheten sein" (Apostelgeschichte 2,17f).

Man sieht: die entfesselte *ruach*! Kein Vorrang der Herren gegenüber den Knechten, kein Privileg der Väter! Ob alt oder jung, ob Mann oder Frau, ob Herr oder Knecht – keine innerweltlich vorhandenen und gesellschaftlich gewachsenen Unterschiede sind von Belang! Die Kirche ist nur dann und erst dann Kirche, wenn sie die göttliche *ruach* nicht bindet! „Der Wind weht, wo er will" (Johannes 3,8). Das gilt nach innen und nach außen: Die göttliche Lebendigkeit darf weder auf die Kirche allein noch auf bestimmte kirchliche Ämter eingegrenzt werden. Nur so erhält sich die Kirche die geistliche Dynamik.

Die Kirche hat allerdings der Lebendigkeit Gottes im Laufe der Geschichte wieder Fesseln angelegt. Sie setzte sich selbst absolut und mißachtete die Unverfügbarkeit des Geistes; nach innen kam es zur Ausbildung eines besonderen „geistlichen Standes". Besonders die katholische Kirche meinte, sie müßte die Lücke, die durch Jesu Tod entstanden ist, ideologisch füllen. Sie spricht vom bleibenden Gegenüber des Auferstandenen zur Kirche, das im Papst, den Bischöfen, den Priestern abgebildet sei. Besonders bei der Feier der Eucharistie vertrete der Priester Jesus Christus.

Gegen institutionalisierte Formen kirchlicher Gemeinschaft und gegen eine geordnete und gewissen Regeln unterworfene Liturgie ist nichts einzuwenden. Eine Gemeinschaft, die nur geistliches Ereignis sein möchte und institutionelle Elemente ablehnt, würde bald in ein heilloses Vielerlei zerbröckeln. Gerade wer die Lebendigkeit Gottes „im Fleisch" bezeugen will, sieht ein, daß damit auch die Bedingungen gesellschaftlichen und geschichtlichen Werdens gemeint sind. Kirche ist daher notwendig auch Institution. Sie kann ohne Dienstämter nicht sein. Die Ämter, die sich ausgebildet haben und noch ausbilden werden, sind nicht nur nützlich, sondern auch notwendig. Freilich darf diese Notwendigkeit nicht durch eine ideologische Deutung der Ämter zum Inhalt des Evangeliums selbst hochstilisiert werden.

Die Lücke, die durch den Tod Jesu im Jüngerkreis Jesu aufgebrochen ist, darf eben gerade nicht vorrangig und exekutiv mit Menschen ausgefüllt werden. Sie wird, wie Jesus im Johannesevangelium sagt, durch den Heiligen Geist ausgefüllt (vgl. Johannes 16,7). Das bleibende Gegenüber, der „Lückenbüßer", ist die *ruach* Gottes selbst.

3 Die Evangelischen Räte –
Mitte christlicher Spiritualität und
Grundauftrag der Kirche

Die Kirche hat sich nach dem Neuen Testament also als einen Ort der entfesselten Liebe Gottes darzustellen. Sie entsteht ja unter dem Kreuz, unter dem Zeichen der sich hingebenden Liebe Gottes. Sie ist darum nur dort Kirche, wo sie sich als Erfahrungsraum dieser Liebe zu erkennen gibt. Von daher ist das Verhältnis des Gläubigen zum sich offenbarenden Gott nicht das eines Befehlsempfängers. Schon das Alte Testament verstand sich nicht als Gesetzesreligion, auch das Neue Testament wird sich nie so verstehen. Darum darf es in der Kirche nicht zwei Wege geben, wie man im Lauf der Jahrhunderte meinte, einen „Weg der Gebote" für das gewöhnliche Volk und einen „Weg der Räte" für eine Elite. Diese „Doppelmoral" entspricht nicht der froh machenden Botschaft Jesu. Christus entläßt in die Freiheit, darum ist sein Weg immer ein „angeratener", frei zu gehender, spontaner, nie aber ein befohlener, erzwungener, „gebotener". Christi Nachfolge ist ein Weg der Freiheit, nicht des Gesetzes. Und Freiheit läßt immer verschiedene Möglichkeiten offen, unter denen man wählen kann. Auf jeden Fall kommt es auf die freie Entscheidung und auf die Spontaneität des Herzens an.

Seit ungefähr tausend Jahren sucht man die christliche Lebensform von dieser Freiheit her, von den sogenannten Evangelischen Räten her zu denken. Ich habe darüber ein weithin beachtetes Buch geschrieben (ROTZETTER* N). Dabei war es mir wichtig, die drei Evangelischen Räte von ihrer exklusiven Bindung an das Ordensleben zu lösen und sie als faszinierende Lebensform auch für sogenannte „Laien" aufzuzeigen. Nachträglich habe ich dann eine mystische Logik entdeckt, die diesen drei Schlüsselbegriffen zugrunde liegt: Die Dreiheit der Begriffe „Armut – Gehorsam – Jungfräulichkeit" ist bei näherem Zuschauen mit einer anderen Dreiheit identisch: „geschaffen – gerufen – geliebt". Dies ist seither so etwas wie eine Kurzformel geworden, in der ich nicht nur die Glaubenserfahrungen zusammengefaßt sehe, sondern auch die kirchliche Lebensform als solche. Dies suchte ich in meinem offenen Brief an Amédée Grab aufzuzeigen (ROTZETTER* S, 137–166).

Die kirchliche Lebensform ereignet sich im mystischen, sozialen, kommunikativen Vollzug der Evangelischen Räte – und zwar an einem überschaubaren Ort: in Gemeinschaften und Gemeinden, wo man sich gegenseitig kennt. Der kirchliche Dienst muß sich vom mystischen Kern der Evangelischen Räte her verstehen lernen. Die Priester und die sonst im Auftrag der Kirche wirkenden Frauen und Männer müssen sich individuell der evangelischen Lebensform verpflichten und die „Räte" im Bereich, der ihnen anvertraut ist, zu einer erfahrbaren Logik für alle werden lassen.

Ich wiederhole hier nochmals, aber kommentarlos die vier Thesen, die ich für eine kirchliche Lebensform insgesamt und für das kirchliche Amt jeder Art formuliert habe:

These 1

„Die evangelischen Räte sind nicht nur geeignet, die mystische Logik des einzelnen Christen zu bestimmen, sondern auch das Verständnis des kirchlichen Amtes. Sie sind nicht nur der Kern der Erfahrung, sondern auch der Sendung."

These 2

„Die kirchliche Sendung, die Aufgabe der Amtsträger/innen, besteht darin, an einem überschaubaren Ort den Schöpfer aller Dinge
zu feiern und von daher das Miteinander-Teilen und eine univer-
sale Solidarität einzuüben. Kommunion ist erst dort realisiert, wo
man nicht nur den gemeinsamen Gott, sondern auch die Güter der
Erde miteinander und mit allen Geschöpfen teilt."

These 3

„Die kirchliche Sendung, die Aufgabe der Amtsträger/innen, besteht darin, an einem überschaubaren Ort das Du Gottes zu feiern
und seine Stimme zu vernehmen und von daher eine grundsätz-
liche Hörfähigkeit und das Aufeinander-Hören einzuüben. Das
Hören auf das Wort Gottes ist erst dort realisiert, wo man nicht nur
miteinander auf Gott, sondern auch aufeinander und auf alles und
jedes hört."

These 4

„Die kirchliche Sendung, die Aufgabe der Amtsträger/innen, besteht darin, an einem überschaubaren Ort die allem vorausgehende
Liebe Gottes zu feiern und erfahrbar zu machen und von daher einander den heiligen Kuß (vgl. 1 Korinther 16,20) zu geben und den
universalen Liebesbund einzuüben. Das Fest der Liebe Gottes ist
erst dort realisiert, wo man die Liebe Gottes nicht nur für sich
selbst empfängt, sondern alle Geschöpfe in die Umarmung Gottes
einbezieht."

4 Die umbrische Seinspolarität –
Benedikt und Franziskus oder: Stabilität und Mobilität
(2. Kapitel)

Nochmals: Die Kirche ist der Ort der entfesselten Liebe Gottes, ein
überschaubarer Raum, an dem die drei Evangelischen Räte einge-
übt werden können und müssen. Nun ist aber hinzuzufügen, daß
die damit gegebene mystische Logik im Laufe der Zeit die unter-

schiedlichsten Ausprägungen erfährt. Diese sind von den unterschiedlichsten Faktoren bestimmt: von der Persönlichkeitsstruktur, den sozialen und politischen Gegebenheiten, ja, wie es scheint, sogar auch von topographischen Bedingungen. Darum drängt sich – als nächster Schritt – so etwas wie eine Typologie der Spiritualitätsformen auf. Die diesbezügliche Darlegung möchte ich wegen ihres Umfanges auf zwei Kapitel verteilen.

Im zweiten Kapitel dieses Buches geht es um die Lebensformen, welche mit zwei umbrischen Heiligen verbunden sind: mit Benedikt von Nursia (ital.: Norcia) und Franz von Assisi. Beide stehen einander auf der Ebene des Seins polar gegenüber. Sie ergänzen einander und bleiben nur in dieser Verwiesenheit aufeinander kirchliche Lebensformen. Auch muß bedacht werden, daß diese Polarität nur im Ursprung und nur in den genuinen Entwicklungen zu greifen ist. Selbstverständlich gibt es immer auch das andere: Nivellierungen, Anpassungen, Angleichungen.

5 Die spanische Funktionspolarität – Dominikus und Ignatius von Loyola oder: Vermittlung und Erschließung
(3. Kapitel)

Das eben Gesagte gilt natürlich auch für andere Lebensformen, für die dominikanische und ignatianische Spiritualität. Auch sie stehen einander polar gegenüber, diesmal aber auf der Ebene des Tuns. Dominikus vermittelt dem Volk das Gottesgeheimnis, das er vorher in Kontemplation und Meditation geschaut hat – „contemplata aliis tradere – das in der Kontemplation Erfahrene anderen weitergeben". Ignatius dagegen will Gott in allem, was ihm begegnet, und in der Begegnung mit dem Menschen, erschließen – „Gott in allen Dingen suchen". Beide vertreten durch ihre Akzentsetzungen faszinierende Ausdrucksformen der Spiritualität, und beide müssen von der jeweils anderen im Gleichgewicht gehalten werden, um nicht in die Irre zu gehen.

6 Die ästhetische Dimension des Christentums und die Bedeutung des Karmel
(4. Kapitel)

Der karmelitische Spiritualität, von der in einem nächsten Schritt zu reden ist, unterscheidet sich in ihrer Entstehungsgeschichte und in ihrer Fortentwicklung in verschiedener Hinsicht von der anderer Orden. Der Karmel steht zudem in einem doppelt polaren Verhältnis zur Christenheit bzw. zur Kirche insgesamt. Der Karmel betont nicht nur die Entrückung des Propheten Elija in die kontemplative Gottesschau und stellt auf diese Weise wesentliche, kritische Fragen an die kirchliche Aktivität und an die Diktatur des Alltags. Er negiert auch einen leichtfertigen Umgang mit dem Geheimnis Gottes und steht für einen Gott, der sich letztlich aller Erfahrung entzieht.

7 Esoterik und „Unterscheidung der Geister" – Kritische Auseinandersetzung aus der Sicht der geistlichen Theologie
(5. Kapitel)

Der Karmel erscheint auch als Gegenpol zur Esoterik, der man durchaus einige Vorwürfe machen kann. Da wird „Ekstase für jeden Tag" (ANAND*) versprochen, ein „Heiler-Praxis-Seminar mit Sofort-wirkung" (ESOTERA*, 1) und ein 21-Tage-Kurs angepriesen, in dem man lernen kann, was früher nur Heiligen und Weisen vorbehalten war: nämlich für immer ohne Nahrung und nur vom Licht zu leben (JASMUHEEN*). Alles Mögliche und Unmögliche wird auf den freien Markt geworfen, Religion ist zum Konsumgut geworden. Eine kritische Auseinandersetzung tut not. Sie findet zwar teilweise auch innerhalb der Esoterikszene selbst statt (z. B. GEISLER*). Freilich darf diese Insiderkritik unter anderem auch von der Warte der geistlichen Theologie ergänzt, vertieft und pointiert werden.

8 Mystische Erfahrung und gesellschaftliche Prophetie

(6. Kapitel)

Die Auseinandersetzung mit der Esoterik führt wieder zum Ausgang zurück, zur Bibel, die keinen schnellen Erfolg verspricht. Biblische Spiritualität steht immer in einem gewissen Gegensatz zu religiösen Praktiken, die schnellen Erfolg verheißen. Die jüdische Spiritualität ist wesentlich ein Erleiden Gottes angesichts der Welt, ein schmerzliches Festhalten an Jahwe, der Befreiung verheißt, ein „Phantomschmerz des Unendlichen", wie PFESTROFF* seine Würdigung des jüdischen Philosophen LYOTARD* überschreibt. Christliche Spiritualität setzt ganz andere Akzente: Inkarnation und Auferstehung. Trotzdem ist auch sie durch die Leidenschaft für den ganz anderen Gott geprägt. Neutestamentlich biblische Spiritualität bezeugt durch Wort und Tat diesen Gott auch in den widergöttlichen gesellschaftlichen Bedingungen.

Ausblick

Am Ende möchte ich der Überzeugung Ausdruck geben, daß auch die zukünftige Spiritualität von der vergangenen lebt. Als Zusammenfassung formuliere ich zehn Grundübungen für das dritte Jahrtausend.

1. Kapitel

Franziskus, die Wissenschaft und die Ehrfurcht vor dem Leben

Von der Notwendigkeit der Spiritualität

Spiritualität als wissenschaftliches Fach und als Theorie in Form von Vorlesungen dargeboten – ist das nicht ein Widerspruch in sich?

Ein zweifaches Motto

Erstes Motto

„Eine Vorlesung ist jener Vorgang, bei dem die Notizen des Lehrers zu Notizen des Schülers werden, ohne daß sie den Geist der beiden passieren müssen" – eine gewiß bissige Bemerkung eines mir nicht näher bekannten Mannes namens Mortimer J. Adler. Sie drängt zur Frage: Wie geist-los darf Wissenschaft sein? Wie geist-erfüllt, wie leidenschaftlich, wie kreativ muß ein Professor sein? Und wie geist-erfüllt der Student/die Studentin? Ist es nicht gerade der existentielle Vollzug, die Leidenschaft des Herzens, die geistige Freude des Erkennens, der schöpferische Akt – welche der Wissenschaft ganz allgemein und der Theologie im besonderen abhanden gekommen ist? In der franziskanischen Tradition nennen wir diesen Durchgang des Wissens durch den personalen Kern des Menschen, die Ergriffenheit des Geistes, das Brennen des Herzens „sapientia", „Weisheit", verkostetes, verkostendes Wissen: „Vieles wissen und nichts kosten – was soll das?" fragt Bonaventura – auch heute noch eine provokative Frage.

Zweites Motto

„Worte wie ‚anorganisch', ‚inaktiv', ‚leblos', ‚blind', – mit denen man
Steine bezeichnet – sind womöglich zu kurzsichtig gedacht", sagt
der Schriftsteller JOHN BERGER* – auch dies ein provokativer Satz!
Er drängt zur Frage: Darf Wissenschaft ehrfurchtslos sein? Darf sie
blind werden für das Geheimnis? Welche Rolle hat die Ehrfurcht
beim Wissenschaftler zu spielen, beim Techniker, bei allen, die sich
fragend, forschend, eingreifend und verändernd auf die Realität einlassen? Wie ehrfürchtig ist die Theologie, wenn sie einer Gegenwart
gegenübersteht: Gott, der nie zu einem genau definierbaren Objekt
werden kann? Wie ehrfürchtig ist eine Moraltheologie noch, wenn
sie – zum Beispiel im Fall der Gentechnologie – alles auf das „an-
thropologische Prinzip" hin verzweckt und dabei das Leiden der un-
zähligen Versuchstiere in Kauf nimmt? Ist nicht auf all diesen Ebe-
nen ein Defizit an Spiritualität festzustellen? In der franziskanischen
Tradition ist das, was mit den Begriffen „Geheimnis" und „Ehrfurcht" gemeint ist, unersetzbar. Sie gehören zum vorhin genannten
„sapientialen Wissen", zur „Weisheit", zu dem, was wir in unseren
Tagen die spirituelle Dimension des Menschen nennen.

Diese Einleitung mag ungebührlich lang erscheinen. Sie ist aber
nicht einfach als Vorspann zu verstehen, sie zeigt vielmehr von
allem Anfang an, wie notwendig Spiritualität in einem umfassenden Sinn heute ist.

1 Drei Texte des Thomas von Celano

Ich möchte nun drei Texte des Thomas von CELANO* vorstellen und
deuten. Es handelt sich um die Passagen 1 CEL* 91, 2 Cel 102 und
2 Cel 103, Texte also aus den Jahren 1228 und 1246, in denen
Franziskus in den Kontext der damaligen Wissenschaften – Philosophie und Theologie – gestellt und mit den „Höchstleistungen des
menschlichen Geistes" verglichen wird. Auch wenn sich davon
unterdessen die sogenannten exakten Wissenschaften abgesondert
haben, dürften die Einsichten und Einstellungen, die sich aus diesen Texten ergeben, nichts von ihrer Brisanz und Faszination verloren haben.

1.1 Die höchste Philosophie: 1 Cel 91

„Das war immer seine höchste Philosophie, dieses sehnlichste Verlangen brannte stets in ihm, solange er lebte, von den Einfältigen und Weisen, von den Vollkommenen und Unvollkommenen zu lernen, wie er den Weg der Wahrheit beschreiten und zu einem höheren Ziel gelangen könne."

1.2 Der wahre Philosoph: 2 Cel 102

„Obwohl dieser Selige in keinerlei Wissenschaften unterrichtet war, lernte er doch von Gott die Weisheit, die von oben ist, und, von den Strahlen des ewigen Lichtes erleuchtet, hatte er ein tiefes Verständnis von den heiligen Schriften. Sein von aller Befleckung reiner Geist drang in die verborgenen Geheimnisse ein, und was der Schulweisheit verschlossen ist, zu dem fand sein liebendes Herz den Weg. Er las zuweilen in den heiligen Büchern und, was er einmal geistig erfaßt hatte, das schrieb er unauslöschlich in sein Herz. Sein Gedächtnis ersetzte ihm Bücher; denn es konnte nicht vergebens sein, was er einmal mit Ohren vernommen hatte, weil es dann die Liebe fortwährend mit voller Hingebung immer wieder überdachte. Nur diese Art zu lernen und zu lesen nannte er fruchtbringend, nicht in tausenderlei Abhandlungen herumsuchen. Den hielt er für einen wahren Philosophen, dem nichts über das Verlangen nach dem ewigen Leben geht. Er versicherte auch, daß der leicht von der Selbsterkenntnis zur Gotteserkenntnis gelangen werde, der, auf die Schrift achtend, demütig, nicht vermessen, in ihr forsche. Häufig löste er ohne Stocken Zweifelsfragen, und der in der Wortkunst Unerfahrene wußte Sinn und Bedeutung klar herauszustellen."

1.3 Adler oder Schlange: 2 Cel 103

„Franziskus weilte gerade in Siena. Da kam zufällig ein Bruder aus dem Predigerorden [Dominikaner] dorthin, ein Mann des Geistes und Doktor der heiligen Theologie. Er besuchte auch den seligen Franziskus, und beide, der Gelehrte und der Heilige, unterhielten sich mitsammen lange in wonnesamem Zwiegespräch über die Worte des Herrn. Der genannte Magister stellte ihm aber eine Frage über jenes Wort des Propheten Ezechiel: ‚Wenn du dem Gottlosen seine Gottlosigkeit nicht verkündest, will ich seine Seele von deiner Hand fordern.‘ Er sagte nämlich: ‚Guter Vater, ich selbst kenne viele, von denen ich weiß, daß sie in einer Todsünde leben, und ich verkündige ihnen nicht immer ihre Gottlosigkeit. Sollten nun wirklich von meiner Hand die Seelen solcher Leute gefordert werden?‘ Als ihm der selige Franziskus antwortete, er sei selber ungebildet und müsse deshalb mehr von ihm sich belehren lassen, als daß er über den Sinn der Schriftstelle eine Antwort gebe, fügte der Magister in seiner Demut bei: ‚Bruder, wenn ich auch schon von mancherlei Gelehrten eine Auslegung dieses Wortes gehört habe, so möchte ich doch gerne deine Ansicht darüber vernehmen.‘ Darauf erklärte ihm der selige Franziskus: ‚Wenn das Wort ganz allgemein verstanden werden soll, fasse ich es so auf: Der Knecht Gottes muß durch sein heiligmäßiges Leben so sehr zu einer Flamme werden, daß er durch das Licht des guten Beispiels und durch die Sprache, die sein Lebenswandel spricht, alle Gottlosen im Gewissen trifft. So, meine ich, werden der Glanz seines Lebens und der Wohlduft seines guten Rufes allen ihre Sündhaftigkeit kundtun.‘ Darob war der Gelehrte höchst erbaut. Als er sich verabschiedete, sagte er zu den Gefährten des seligen Franziskus: ‚Meine Brüder, die Theologie dieses Mannes, auf Reinheit und Beschauung gestützt, ist ein fliegender Adler; unsere Wissenschaft aber kriecht auf dem Bauch über die Erde‘.“

2 Erkennen (Philosophie, Wissenschaft) – was ist das?

Die erste Frage, die ich im Anschluß an diese Texte stellen möchte, lautet: Erkennen (Philosophie, Wissenschaft) – was ist das?

Zunächst etwas zum historischen Ort der Frage. Im 13. Jahrhundert waren Theologie und Philosophie die maßgebenden Wissenschaften. Unter „Philosophie" verstand man jedes Wissen, daß sich auf die Vernunft und – in Ansätzen – auf die Alltagserfahrung stützte (vgl. PETRUS ABEALARD*). Allerdings war die Philosphie noch nicht losgelöst von der „Theologie", dem Wissen, das sich auch nach damaligem Verständnis aus der Offenbarung Gottes ableitet. Jedes Suchen nach Weisheit, alle Liebe zur Wahrheit, war Philo-Sophie, wie ja schon die Wortbedeutung zum Ausdruck bringt.

In welchem Verhältnis dazu steht nun nach dem Autor der ersten Lebensbeschreibungen Franz von Assisi? Es sind vor allem die bedingungslose Gelehrigkeit und die stete Lernfähigkeit, die ihn kennzeichnen. „Feurige Leidenschaft" und „brennende Sehnsucht" sind die Grundlagen seiner „Neugier".

Darin unterscheidet sich Franziskus eigentlich nicht wesentlich von heutigen Wissenschaftlern. Neugier und geradezu erotische Faszination von allem und jedem sind die Basis des Forschens, Suchens und Entdeckens. Schon das ist also ein leidenschaftlicher, spiritueller Akt. Es geht schließlich – damals wie heute – um die „aletheia", um die Entbergung der Wirklichkeit, um das Sich-Zeigen der Wahrheit, um die „Lichtung des Seins", um es mit Martin Heidegger zu sagen. Und es geht darüber hinaus um die Zielgerichtetheit, die der Geschichte und dem menschlichen Leben eingezeichnet ist.

Franziskus unterscheidet sich – nach Celano – vor allem in zweifacher Hinsicht von heutigen Forschern (1. Text).

2.1 Der Weg des Erkennens

Franziskus unterscheidet sich von der modernen Wissenschaft hinsichtlich des Weges, der Methode, die das Erkennen herbeiführen soll. Für ihn ist es die personale Begegnung, in der sich die Wahrheit zeigt: von Menschen, „von den Einfältigen und Weisen, von den Vollkommenen und Unvollkommenen" wollte Franziskus lernen.

Einer Person begegnet man anders als einer Sache. Person ist immer ein Gesicht, in dem sich die unauslotbare Tiefe der Wirklichkeit zeigen, offenbaren, entbergen will. Analysieren, Sezieren, Vergrößern, Verkleinern usw. und alle dazugehörigen Hilfsmittel sind letztlich völlig unangemessene Methoden, wo jemand dem personalen Sein gegenübersteht. Das Gesicht hört auf, das Geheimnis der Indiviualität zu zeigen, wo man sich nicht ebenso individuell und personal verhält. Ebenso schwindet das Geheimnis des Universums und damit auch der sich vergegenwärtigende Gott aus jedem

Gesicht, wo sich jemand nicht entsprechend engagiert und ganzheitlich darauf einläßt: „Man sieht nur mit dem Herzen gut" (Antoine de Saint-Exupery). Die sich zuneigende Liebe und die solidarische Anteilnahme, der geduldig schauende und der selbstlose Blick, Kontemplation, Meditation, Intuition – das sind die Wege der wahren Philosophie, die Franziskus beschreitet.

Daß Franziskus die Erfahrung, die sich im Begriff „Person" verdichtet, auch auf die nicht-menschliche Wirklichkeit ausdehnt, ist allgemein bekannt. Das griechische Wort für „Person" ist ja „Prosopon": Antlitz, Gesicht. Im Menschen wird offenbar, was Person ist. Gewiß, aber auch jedes Tier hat ein Gesicht. Wer wirklich aufmerksam ist für das Gesicht des Menschen, wird sofort erkennen: So etwas leuchtet uns auch aus den Augen der Hunde, Katzen, Affen, Vögel, Fische, aller Tiere entgegen. Alle Tiergeschichten, die von Franziskus erzählt werden, sind darum Geschichten personalen Verhaltens. Der Falke, die Taube, die Lerche, das Lamm, der Hase, der Fisch – jedes Tier offenbart auf seine spezifische, individuelle Art das Geheimnis des Lebens und ist darum ein Bruder, eine Schwester. Auch Sonne, Mond und Sterne, Wind und Wasser, Feuer und Erde, Liebe und Tod – alles, was ist, zeigt ihm sein Gesicht auf individuell personale Weise. Und umgekehrt: Franziskus sucht in allem, was ihm gegenübersteht, das spezifische Gewicht dieses konkreten Seins und das Gesicht, das ihn daraus heraus anschaut, eben den Bruder, die Schwester. Für rational verbildete Menschen mag eine solche Redeweise nicht richtig sein. Wer aber etwa die Abschnitte 2 Cel 165–171, jene Texte, in denen Thomas von Celano die Schöpfungsliebe des Franziskus beschreibt, behutsam liest, wird bald zur Einsicht gelangen, daß man die Geschichten nur dann richtig deuten kann, wenn man es tut mit den Begriffen „Individuum", „Person", „Prosopon".

Vielleicht hat uns gerade die rational verengte Sichtweise, welche die abendländischen Wissenschaften prägt, blind gemacht. Sie definierten, grenzten ein, schnitten Fragmente aus der Gesamtwirklichkeit heraus. Damit wurde die Wirklichkeit überschaubar, aber auch verfügbar, manipulierbar. Die Wissenschaft hat uns im Vordergründigen und Offensichtlichen eine große Genauigkeit des Begriffs und der Beschreibung gebracht, und das ist gut und auch notwendig. Ich gehöre nicht zu denen, die Wissenschaft und Technik feindlich entgegenstehen. Es ist jedoch nicht zu verkennen, daß sich gleichzeitig das Hintergründige und die verborgenen Abgründe um so verheerender dem zugreifenden und gierigen Blick verhüllten: Wir genießen den Segen, der mit der Präzision des Erkennens und mit den ungeahnten Möglichkeiten der Technik gegeben ist. Wir leiden aber ebenso unter der Entzauberung der Schöpfung und den unmenschlichen Folgen, welche uns diese Verengung gebracht hat.

Unterdessen weisen uns die Dichtung, die neu erwachte Mystik und oft auch die Esoterik ganzheitliche Erkenntniswege. Erstaunt stehen heute viele erneut vor dem Geheimnis des Individuellen und Personalen. Selbst Steine zeigen ihr individuelles Gesicht. Der Chemiker mag feststellen, daß zwei Substanzen genau die gleiche Zusammensetzung haben, und doch brauchen sie, wie viele Hinweise zeigen, nicht identisch zu sein. Wer hat es nicht schon beobachten können: Eine Blume blüht in dem Maße, wie wir sie anreden, uns ihr zuwenden; sie verwelkt, wenn wir ihr unsere Aufmerksamkeit verweigern. Ein Hund ist nicht einfach ein Hund, er unterscheidet sich von einem anderen gleicher Art ebenso individuell, wie sich Menschen voneinander unterscheiden; die Rhonia verhält sich zu mir anders: schaut mich anders an, bellt mir anders zu, schmiegt sich anders an mich, verlangt von mir eine andere Anrede, als die Momo, die Tochter Rhonias, beides Rauhaardackel, die meine Sprache verstehen, meinen Geruch wahrnehmen – und jedesmal einen lang anhaltenden Freudentanz aufführen, wenn ich ins Haus komme. Je länger ich mich mit dem Herzen auf die Geschöpfe zubewege, um so mehr zeigt sich mir ein Gesicht, in allem das Geheimnis des Indiviuellen und Personalen.

Solche Entwicklungen sind geeignet, dem mystischen Erleben wieder seinen Platz innerhalb der menschlichen Erkenntnis zurückzugeben. Dieses ist die wahre Philosophie, der Weg zur Wahrheit, und Thomas von Celano zögert nicht, diesen Weg des Erkennens „franziskanisch" zu nennen. NOVALIS* (1772–1801) sagt es auf seine Weise:

Wer Schmetterlinge lachen hört
Wer Schmetterlinge lachen hört,
der weiß, wie Wolken schmecken.
Der wird im Mondschein, ungestört von Furcht,
die Nacht entdecken.

Der wird zur Pflanze, wenn er will,
zum Stier, zum Narr, zum Weisen
Und kann in einer Stunde
durchs ganze Weltall reisen.

Der weiß, daß er nichts weiß,
wie alle anderen auch nichts wissen.
Nur weiß er, was die andern
und auch er selbst noch lernen müssen.

Wer in sich fremde Ufer spürt
und den Mut hat, sich zu recken,
der wird allmählich, ungestört vor Furcht,
sich selbst entdecken.

Abwärts zu den Gipfeln
seiner selbst bricht er hinauf,
den Kampf mit seiner Unterwelt
nimmt er gelassen auf.

Wer Schmetterlinge lachen hört,
der weiß, wie Wolken schmecken.
Der wird im Mondschein, ungestört von Furcht,
die Nacht entdecken.

Wer mit sich selbst in Frieden lebt,
der wird genauso sterben
und ist selbst dann lebendiger
als alle seine Erben.

Wahrhaftig: ein ekstatisch-mystisches Gedicht, das auf seine Weise
den franziskanischen Sonnengesang singt. Welche Wahrnehmung:
Schmetterlinge lachen – Wolken schmecken – die Nacht entdecken –
in einer Stunde durchs Weltall reisen – in sich fremde Ufer spüren –
den Mut haben, sich zu recken – den Kampf mit der Unterwelt aufnehmen – mit sich im Frieden leben – immer lebendiger werden.
Ja, welche Wahrnehmung – und welches Ver-rückt-Sein nach
unten und nach oben: Pflanze sein, Stier, Narr, Weiser – und das
alles in einem! Und welches Paradox, hinter dem wohl auch die
christliche Gottesoffenbarung steckt: Wissen, nichts zu wissen (vgl.
Sokrates: „Ich weiß, daß ich nichts weiß!") – wissen, was noch zu

lernen ist – sich selbst entdecken im Hinabsteigen zu den Gipfeln seiner selbst, wohlverstanden: hinab, nicht hinauf zu den Gipfeln seiner selbst.

Hier greifen wir das, was dem franziskanischen, dem spirituellen, das heißt dem personalen Weg des Erkennens verheißen ist. Unter solchen Vorzeichen könnten auch Wissenschaft und Technik genesen bzw. die negativen Folgen, welche daraus hervorgehen, reduziert werden.

2.2 Das Ziel des Erkennens

Franziskus unterscheidet sich – wieder nach Thomas von Celano – von der modernen Wissenschaft und Technik auch hinsichtlich des Zieles. Er zweifelt nicht daran, daß dem menschlichen Leben ein höheres Ziel eingezeichnet ist: das ewige Leben. Der Mensch muß diesem Ziel immer näher kommen. Alle Erkenntnis soll diesem Ziel dienen.

Zunächst ist festzuhalten, daß Franziskus diesbezüglich – wie alle anderen Heiligen des Mittelalters, doch auch entschieden viel weniger als sie – dem dualistischen Grundirrtum erlegen ist. Das höhere Ziel, das dem Menschen gesetzt ist, liegt dualistischer Sicht zufolge jenseits der irdischen Wirklichkeit. Das Diesseits ist möglichst rasch zu durchschreiten und möglichst unbeschadet durchzustehen. Ein solches Leben soll – meinte man – geprägt sein von Abtötung und Verzicht, von einer Liebe zum Tod, die wir heute entschieden zurückweisen müssen: Je schneller der Tod kommt, um so besser! Und mit Aszese und Abtötung etwas nachzuhelfen – das wurde nur in lichten Augenblicken als Sünde erkannt, wie bei Franziskus kurz vor dem Tod (vgl. 2 Cel 129. 216ff).

Bei Franziskus bemerken wir aber auch noch etwas anderes als diesen schnellen Tod: die Zärtlichkeit gegenüber der Sonne, das Staunen angesichts des Mondes, die Lust auf Musik, das Lechzen nach Wein und Mandelplätzchen, die Zuwendung zur irdischen Wirklichkeit, wie sie auch von einem heutigen Gesichtspunkt aus außerordentlich und einmalig ist.

Wie kommt das? Eben von daher, wie mir scheint, daß Franziskus teleologisch, zielorientiert, denkt. Es gibt ein Gerichtet-Sein des Menschen im Hier und Jetzt, und dieses Gerichtet-Sein auf das höhere Ziel stellt jede Minute ins Licht der Ewigkeit, färbt alles Irdische mit den Farben des lebendigen Gottes, läßt auf jedes Geschöpf den Glanz des Unvergänglichen fallen.

In der Tradition des heiligen Augustinus, in der Franziskus steht, ist die Unterscheidung zwischen *frui* (lat. = genießen) und *uti* (lat. = gebrauchen) wichtig. Der Genuß gehört zum Ziel, das sich erst im Jenseits erfüllt. Auf dem Weg dahin darf man sich aber nichts nur genießend und konsumierend aneignen, das heißt verbrauchend, aufbrauchend, vernichtend. Die Dinge dürfen höchstens gebraucht werden, sollten nur dem „einfachen Gebrauch" dienen. Das bedeutet sehr viel Rücksicht und Einschränkung. Mißbrauch und absolute Verfügung über die Natur sind so von vornherein ausgeschlossen. Richtig verstanden, könnte uns diese Unterscheidung von *frui* und *uti* auch heute noch helfen, den Gebrauch der Dinge im Blick auf die wesentlichen Bedürfnisse hin einzuschränken. Denn heute sind ja Menschen, Natur, Tierwelt, weite Teile der Erde zu Objekten der Ausbeutung geworden, zum absoluten Ziel des Mißbrauchs, gänzlich losgelöst vom Schöpfungsauftrag, nicht Herren, sondern Diener des Lebens und der Mutter Erde zu sein. Alles wird statt dessen egoistischen Zwecken und Zielen dienstbar gemacht.

Heutige Wissenschaft und moderne Technik leben zum Großteil von dieser verheerenden Verwechslung von Ziel und Weg. Sie dienen darum oft dem Tod statt dem Leben. Nur wenn wir aber „das höhere Ziel" nicht aus dem Auge verlieren, werden wir menschlich bleiben können. Wie gesagt, diese Aussage wurde im Mittelalter dualistisch verstanden. Das „ewige Leben" fing damals erst nach dem Tod an. Dies ist eines der Grundmißverständnisse, das der christlichen Tradition innewohnt.

Der biblische Ansatz ist ein anderer. Das „ewige Leben" beginnt biblischer Auffassung zufolge in dem Augenblick, in dem jemand der liebenden Zuwendung Gottes begegnet und sich von daher als liebendes Wesen versteht. „Ewiges Leben" ist jetzt schon in die Biographie des einzelnen Menschen und in die Geschichte der Welt eingesenkt. Vielleicht ist es sogar besser, vom „wahren Leben" zu sprechen, das sowohl eine diesseitige als auch eine jenseitige Gestalt hat. Auf jeden Fall muß dieses Ziel, das ewige, wahre Leben, das Ziel des Erkennens sein. Wahre Wissenschaft wird darum immer daran zu messen sein, daß sie dem Leben dient. Wo Wissenschaft zum Tod führt, kann nicht mehr von Wissenschaft die Rede sein. Es gibt keine Neutralität des wissenschaftlichen Tuns, es ist gerichtet auf Erzeugung, Bewahrung, Vermehrung von Leben. Dieses Ausgerichtetsein allen menschlichen Tuns gilt es heute wieder ins Bewußtsein zu bringen, wenn die Menschheit noch eine Zukunft haben will.

Das Ziel ist – wie wir heute wissen – in den Weg unmittelbar hineingegeben – und damit auch das *frui*, das Genießen. Die Freude am Leben muß nicht vermiest werden durch den Hinweis auf das Jenseits. Im Gegenteil: Das „ewige Leben" vermittelt sich hier und jetzt. – An dieser Stelle wird der lat. Begriff *medium* wichtig. Alles, was sich uns zeigt, sind Vermittlungen des Ewigen, Spuren des göttlichen Lebens, gottfarbene Realitäten, durch die bereits das irdische Leben wahr, ewig, kostbar wird. „De te, altissimo, porta significatione – von dir, Höchster, ein Zeichen", sagt Franziskus von der Sonne in seinem Schöpfungslied. Bedeutungsträger, Zeichen, Sakrament ist nicht nur die Sonne, sondern alles. Alles trägt dem Menschen die Kostbarkeit Gottes zu. Diese Kostbarkeit wird aber dadurch vernichtet, daß der Mensch den medialen Charakter, den Zeichencharakter der Dinge aufhebt und diese absolut setzt. Sie können dann das „unendliche Mehr" nicht mehr vermitteln, das sich in ihnen und durch sie hindurch vergegenwärtigt. Wo sich eine Erkenntnis mit dem Vordergrund begnügt und meint, in ihm bereits am Ziel zu sein, beginnt der Mechanismus des Todes sein unheilvolles Wirken. Wo das *medium* dann auch noch auf die eigenen egoistischen Bedürfnisse hin verzweckt wird, wo man es sich aneignet, konsumiert, verbraucht, aufbraucht, dreht man sich in einem tödlichen Kreislauf. Die Vernichtung der Lebensgrundlagen ist objektiv und der gähnende Nihilismus subjektiv die Folge. Aus diesem Teufelskreis gibt es nur dann ein Entrinnen, wenn es gelingt, den medialen Charakter, die Zeichenhaftigkeit der Welt wieder zurückzugewinnen.

Ist die Hoffnung vergeblich, daß Wissenschaft und Technik ihr Ausgerichtetsein auf das wahre Leben entdecken und die Bereiche, die sie erforschen, als „Lebensmittel", als Mittel zum Leben, nicht aber als Selbstzweck, als Lebensziel betrachten?

3 Offenbarung (Theologie) – was ist das?

Die zweite Frage im Anschluß an Thomas von Celano lautet: Wenn Philosophie, Wissenschaft auch im Kontext eines geistlichen Bezugsrahmens zu verstehen ist, was sind dann Offenbarung, was Theologie?

3.1 Scholastische Theologie

Die hintergründige Polemik der Texte, die Thomas von Celano 1246 verfaßt, in einer Zeit, in der sich die scholastische Theologie innerhalb des Minderbrüderordens bereits einen festen Platz erobert hat, ist offensichtlich.

Die scholastische Theologie, die sogenannte „Schulweisheit", ist nach Thomas von Celano eine Theologie, die – bezogen auf das letzte Geheimnis – vor verschlossenen Türen steht. Was aber – müssen wir uns fragen – hat denn Theologie für einen Sinn, wenn sie nicht den Geheimnischarakter der Welt zur Sprache bringt und wenn sie sogar noch mithilft, das Leben zu entzaubern und zu banalisieren? Verstümmelt sie sich nicht selbst, wenn das Tiefste, Schönste, Faszinierendste, das mit dem Geheimnis Gottes gegeben ist, hermetisch verschlossen bleibt? Die Theologie sagt dann nicht mehr, was sie sagen muß. Sie sagt nicht mehr, daß Gott *Mensch* geworden ist und nicht *Begriff*, daß ein begriffener Gott schon längst kein lebendiger Gott mehr ist, sondern ein verwesender Leichnam, von dem kein Leben mehr ausgeht. Die Theologie sagt dann nicht mehr, daß alles, was wir sagen, nur zum kleinsten Teil von Gott gesagt werden kann, zum weitaus größten Teil aber ins Dunkle weist, daß nur in Leben stiftenden Bildern von Gott gesprochen werden darf, die im gleichen Augenblick, wie sie ausgemalt werden, gleich wieder durch andere Bilder zu ersetzen sind. Die Theologie sagt dann nicht mehr, daß wir immerzu sogleich verneinen müssen, was wir gesagt haben, um auf die völlige Andersartigkeit Gottes hinzuweisen, daß wir letztlich nur paradox, entgegen aller gängigen Logik, das Geheimnis Gottes preisen können, indem wir zusammenbringen, was ganz und gar nicht zusammengehört: Gott in der Krippe, Gott am Kreuz, Gott, der stirbt, Gott, das stille Geschrei (SÖLLE*), die schreiende Stille, Gott ist immer noch kleiner …

Die scholastische Theologie ist bemüht, sagt Thomas von Celano, „in tausenderlei Abhandlungen herumzusuchen", ohne in Wirklichkeit fündig zu werden. Das Vielerlei der Zitate, der Quellen, der Autoritäten, der Anmerkungen, der Seiten und Worte ist das Entscheidende, meint die Schultheologie. Diese faßt zusammen, was andere gesagt haben. Je komplizierter der Satzbau, je mehr Fremdwörter, je abgehobener die Sondersprache, um so wissenschaftlicher! Welcher Unsinn! Was ist eine Theologie, die ihre Konzentration auf das Wesentliche verloren hat? Bringt sie sich nicht um ihre Lebendigkeit, wenn sie die Einfachheit und Schönheit der Sprache verrät, sich vom Boden der Wirklichkeit in abstrakte Höhen abhebt, rein theoretische Gebäude errichtet, Fragen nachgeht, die ohne Bezug zum konkreten Leben sind (damals: wieviel Engel auf einen Nadelkopf passen, heute: ob die Erbsünde als vorhistorische Bedingung der Möglichkeit für ich weiß nicht was zu begreifen sei)? Was anderes bleibt übrig als nichtssagende Sätze, tote Worte, Worthülsen? „Es kräht kein Hahn danach, es kräht wirklich kein Hahn danach", ist man versucht zu singen. Der Theologe wird so zur lächerlichen Figur, wie man heute in den Medien bereits überall zu hören bekommt.

Die scholastische Theologie „kriecht auf dem Bauch über die Erde", sagt bei Thomas von Celano einer ihrer Vertreter. Was ein Adler sein soll, ist zur Schlange verkommen. Statt frei zu schweben, lebendige Luft zu atmen, die Übersicht zu haben und darum Wesentliches zu sagen, müht man sich distanzlos zur Wirklichkeit ab, frißt Staub und wiederholt, was andere auch schon gesagt haben. Eine solche Theologie beweist immerzu nur ihre Überflüssigkeit. Wenn sie aus dem Konzert der Wissenschaften verschwindet, weint niemand ihr nach.

Die scholastische Theologie muß zu ihrem Ursprung, zur mystischen Erfahrung zurückkehren, wenn sie etwas zu sagen haben will. Ich selbst habe keinerlei Zweifel, daß es eine wissenschaftliche Theologie geben muß, um das Gespräch mit anderen Wissenschaften zu suchen. Um der oben genannten Zielgerichtetheit der Welt und des menschlichen Lebens willen braucht es eine Instanz, die wissenschaftliche Theologie, die „das, was uns unbedingt angeht" (Paul Tillich), das, worauf es schließlich und endlich ankommt, ernsthaft und engagiert zur Sprache bringt. Theologie als Lobby für das göttliche Leben der Welt – das ist heute eine unbedingte Notwendigkeit geworden. Die wissenschaftliche Theologie kann diese Aufgabe aber nur leisten, wenn sie zu ihren Voraussetzungen und zu ihrem mystischen Ursprung erwacht.

Thomas von Celano gibt uns das konkrete Beispiel eines Dominikaner-Theologen, der mit seinen Fragen zum Adler Franziskus kommt. Der Gelehrte sucht bei dem Heiligen, im „wonnesamen Zwiegespräch über die Worte des Herrn", die Antwort, die er „in seiner Demut" nicht weiß. Er hat schon viele Gelehrte gehört, will aber die Antwort des Mystikers. Man spürt förmlich: Da ist einer, der seine Gelehrsamkeit auf unmittelbare Erfahrung hin übersteigt und für den auch ein Nichtwissenschaftler, ja Ungebildeter, ein wirklicher Exeget sein kann. Die wissenschaftliche Kompetenz des Theologen wird erst durch die mystische Erfahrung zur wahrhaft theologischen Kompetenz.

3.2 Mystische Theologie

Der scholastischen Theologie gegenüber steht die mystische Theologie des Franz von Assisi. Er „lernt von Gott die Weisheit, die von oben ist". Schon dieser Satz allein enthält mehr, als der schnelle Blick wahrhaben will. Gott ist der Lehrer, von dem Franziskus lernt. Mystische Theologie lebt aus der Unmittelbarkeit zu Gott. Sie braucht an sich keine Bücher, um „von den Strahlen des ewigen Lichtes" erleuchtet zu werden. Kontemplation, der unverstellte Blick auf das, was Gott von sich zu erkennen gibt, ist die Haltung des Mystikers. Die unverzweckte Schau der schönen Gestalt Gottes führt zu Erfahrungen, die befähigen, aus erster Hand von Gott zu sprechen. „Sapientia", faszinierende Weisheit, entsteht, wo sich jemand der Gegenwart Gottes stellt, verkostendes und verkostetes Wissen, an dem auch andere teilhaben können und das sie ganz offensichtlich auch erwarten.

Mystische Theologie „erkennt" die verborgenen Geheimnisse. Sie ist imstande zu sehen, ohne zu sehen; zu hören, ohne zu hören; zu empfangen und gleichzeitig leer zu bleiben; erfüllt zu sein bis zur Sättigung und dennoch unerfüllt, voll Sehnsucht bis zum Geht-nicht-mehr. Sie spricht vom dunklen Licht und vom hellen Dunkel. Sie verstummt in der Überfülle Gottes und beschweigt selig und schmerzlich gleichzeitig das Überfließen der Liebe Gottes.

Mystische Theologie ist „Theologie des Herzens", und zwar in einem zweifachen Sinn. Das Herz ist Erkenntnisorgan – „was der Schulweisheit verschlossen ist, zu dem fand sein liebendes Herz" – und gleichzeitig Erlebnisraum – „er schrieb es unauslöschlich ins Herz". Das Herz erkennt, daß ihm von Gott her nichts als Liebe entgegenkommt, der nur „die volle Hingebung" und das ständige Bedenken und Bewundern der Liebe entsprechen können.

Mystische Theologie führt zur Selbsterkenntnis und darüber hinaus zur Gotteserkenntnis. Vor Gott erkennt sich der Mensch in seiner wahren Dimension und erfährt dann den reinigenden, erleuchtenden, einenden Gott.

Mystische Theologie, so wie sie Thomas von Celano versteht, bleibt gebunden an das Wort der Heiligen Schrift, jedoch „demütig, nicht vermessen". Wer schon alles zu wissen glaubt, wird von der Heiligen Schrift nicht mehr erfahren als das, was er schon weiß. Wer nur mit den Mitteln der Analyse und der historischen Kritik, der „Wortkunst", an die Texte der Heiligen Schrift herangeht, dem wird sich das Eigentliche nicht zu erkennen geben. Im Gegenteil: Der analytisch Unerfahrene wird unter Umständen mehr als der Experte erfassen und „ohne Stocken Zweifelsfragen" lösen und den „Sinn und die Bedeutung (der Heiligen Schrift) klar herausstellen" können. Der Demütige, der sich dem Wort unterstellt, wird das Gesicht Gottes erkennen, wenn er in den heiligen Büchern forscht.

3.3 Die Liebe zur Liebe

Der Text des Thomas von Celano läßt auch begreifen, welches Verständnis von Offenbarung Franziskus hatte: „die Liebe mit voller Hingebung fortwährend immer wieder bedenken" – dieser Satz reiht sich ein in die vielen Formeln, die immerzu die Antwort auf die vorausgehende Liebe Gottes vor Augen haben, den *amor caritatis* (auf die Liebe der Liebe).

Für Franziskus ist Gott das Gesicht der Liebe – und sonst nichts! Er ist Liebe, die sich bedingungslos verausgabt, eine Liebe, die stirbt. Diese Liebe erheischt eine Antwort, die ebenso bedingungslos ist. Deswegen müssen alle ihre Winkel und Ecken verlassen, um in der einen Eucharistiefeier die einende Liebe Gottes zu feiern (FRANZISKUS*, Brief an den Orden). Deswegen formuliert Franziskus einen Hexameter, der alles enthält, wofür ein Christ zu leben hat: „Eius qui nos multum amavit multum est amor amandus – Ihn, der uns sehr lieb hat, müssen wir sehr lieb haben" (2 Cel 196). „Die Liebe, mit der Gott liebt" – ist denn auch das wichtigste Motiv für sein Handeln (vgl. Rotzetter* F). Und in diese Liebe Gottes will er mit seiner eigenen Liebe verschlungen werden, wie ein ihm zugeschriebenes Gebet sehr klar zum Ausdruck bringt:

> Verschlinge meinen Geist,
> Gott, ich bitte Dich,
> in die feurige
> und honigsüße Gewalt
> Deiner Liebe.
> Reiß mich weg
> von allem unter dem Himmel,
> was mich gefangenhält.
> Damit ich sterbe
> aus Liebe zu Deiner Liebe.
> Denn Du wolltest sterben
> aus Liebe zu meiner Liebe (Rotzetter* T, 181).

Wer so meditiert, betet und lebt, hat eine konzentrierende Mitte gefunden, um die alles kreist. Gott ist Jahwe, „der/die *da* ist", Beziehung, rettende Gegenwart, Zuneigung, Emmanuel, Jesus, Liebe, die Liebe will – und sonst nichts.

Von dieser Liebe ist nichts und niemand ausgeschlossen. Sie zeigt sich in allem, was ist. Und alles sehnt sich danach, liebend in die Arme genommen zu werden. Das ist die Liebe, die allen Tod überwindet.

Wer in dieser Haltung wie Franziskus lebt, lernt, neugierig und gleichzeitig demütig und ehrfürchtig in der Wirklichkeit steht, wird anders Wissenschaft betreiben und anders die Technik anwenden. Er wird das Leben für alle wollen und nichts tun, was das Leben töten, hindern oder einengen könnte. Insofern ist Spiritualität tatsächlich „die wichtigste der politischen Wissenschaften" (Bahro*).

2. Kapitel

Die umbrische Seinspolarität

Benedikt von Nursia und Franz von Assisi – Stabilität und Mobilität

Eigentlich müßten hier zunächst die biblische Spiritualität an sich und dann ihre radikale Auslegung in den sogenannten drei Evangelischen Räten dargestellt werden. Dazu verweise ich auf die Hinführung, in der ich die Logik dieser Darlegungen beschrieben habe. Dies vorausgesetzt, soll nun so etwas wie eine Typologie der christlich-kirchlichen Spiritualität vorgestellt werden. Dazu gehören vor allem die benediktinisch-monastische, die franziskanische, die dominikanische, die jesuitische und die karmelitische Spiritualität.

Mit Ausnahme der letztgenannten sind alle – wenigstens vordergründig – durch Männer bestimmt. Bei näherem Zusehen könnte man aber überall auch weibliche Exponentinnen vorstellen, sogar solche, die wesentlichen Einfluß auf die Gründerpersönlichkeiten nahmen: Scholastika auf Benedikt, Klara auf Franziskus und so fort. Dies bedacht, behalten die Gründerpersönlichkeiten für die Darstellung ihrer Spiritualität jedoch eine Priorität, die nicht zu übersehen ist.

1 Überblick

1.1 Seinspolarität

Zunächst sollen Benedikt von Nursia und Franz von Assisi zur Sprache kommen. Bei genauerem Hinschauen zeigt sich, daß es sich um komplementäre Entsprechungen handelt, um polare, aufeinander bezogene Ausdrucksformen. Man kann und darf sie darum nur zusammen sehen.

Interessant dabei ist, daß sich diese Polaritäten sogar geographisch eingrenzen lassen. So spreche ich in diesem Kapitel von einer umbrischen (und im nächsten Kapitel dann von einer spanischen) Polarität. Diese Bezogenheit der Lebensformen ist von bleibender Bedeutung. Wenn eine Spiritualitätsform sich absolut setzt und sich als die einzige mögliche Ausdrucksform christlichen Lebens ausgibt, wird sie falsch. Die verschiedenen spirituellen Lebensformen finden ihren Zusammenhalt in der Einheit der Kirche. Die umbrische Polarität ist eine solche des Seins, der Lebensform an sich. Da stehen keinerlei Tätigkeiten im Vordergrund: Das Sein vor Gott ist der einzig ausschlaggebende Gesichtspunkt, auf den es bei Benedikt und Franziskus ankommt.

> „Es lassen Sein und Schein sich nicht vereinen.
> Nur Sein allein besteht durch sich allein.
> Wer etwas ist, bemüht sich nicht zu scheinen.
> Wer scheinen will, wird niemals etwas sein"
> (SCHMEING*, 421).

1.2 Geburtsorte

Die Geburtsorte der beiden Gründerpersönlichkeiten, Nursia bzw. Norcia und Assisi, liegen in Umbrien, im „grünen Herzen Italiens" (SCHULZ*), in einem Land, in dem Heiligkeit und Mystik fast schon Naturphänomene sind. Ludovico Jacobili (1598–1664) schreibt in seinem *Discorso della provincia dell'Umbria*:

„In der christlichen Heiligkeits- und Religionsgeschichte hat Umbrien in jedem Jahrhundert auf besondere Weise geblüht. Und wenn der Adel des katholischen Glaubens im Alter des Glaubens und in der Stabilität und der Wirkkraft desselben besteht, dann gehört Umbrien zu den ersten Landschaften Italiens, die den Glauben angenommen haben ... Neben den heiligen Patriarchen Benedikt und Franziskus und den heiligen ‚Müttern' Scholastika und Klara haben in diesem Land etwa fünfzehn weitere Gründergestalten ihre Heimat: Orden, Kongregationen, Reformbewegungen sind von hier ausgegangen, und dazu hat es noch etwa 20 000 Heilige und Selige hervorgebracht ... Gott hat Umbrien mit allen zeitlichen und geistlichen Gaben privilegiert und ... ‚non fecit taliter omni nationi'" (SENSI*, 15).

„Andern Nationen hat Gott nicht soviel getan" – dieser Satz steht auch in der Textsammlung von PERUGIA* (Nr. 10) und bezieht sich dort auf Franziskus. Der Bischof von Terni äußerte sich mit diesem Satz dermaßen hoch erstaunt und verwundert, als Franziskus seinen Sprengel besuchte. Auch wenn man den Nationalpatriotismus wegläßt, der hinter dem Text Jacobilis steht, bleibt immer noch das historische Faktum: Jede Stadt Umbriens hat ihre Heilige, ihren Heiligen, jeder Ort ist geprägt von einer spirituellen Vision, von einem nachhaltigen, geistlichen Durchblick.

1.3 Päpstliche Perspektive

Vor allem ragen in besonderer Weise jene Lebensformen hervor, die auf Benedikt von Nursia und Franz von Assisi zurückgehen. Beiden ist gemeinsam, daß ihre Bedeutung für Gesellschaft und Kirche von einem Papst hervorgehoben wurde. Es ist diese päpstliche Perspektive, welche die beiden Lebensformen näher an die Kirche heranrückt, als das bei anderen Lebensformen der Fall sein mag. Selbstverständlich ist die Rückfrage erlaubt, ob diese Optik auch schon die historische Wirklichkeit darstellt. Daß dies nicht notwendig der Fall sein muß, dürfte auf der Hand liegen.

• GREGOR DER GROSSE* (540–604) schreibt um 593 sein vier Bücher umfassendes Werk *Dialoge*. Sein Anliegen ist es zu zeigen, daß man Heiligkeit und Spiritualität nicht in der Ferne oder in der Vergangenheit suchen soll, sondern im Hier und Jetzt, – etwas, was sicher auch heute noch zu bemerken wäre. Und so weist dieser Papst auf viele heilige Gestalten Italiens, die die meisten noch in guter Erinnerung haben konnten. Das zweite Buch ist gänzlich Benedikt von Nursia gewidmet, der nach seiner Überzeugung das privilegierte Lebensmodell schlechthin für die Gottsuche des Menschen ist.

• GREGOR IX. (1170–1241) seinerseits, allen franziskanisch orientierten Menschen bekannt als Kardinal Hugolin von Ostia, der als

Kardinal den Lebensweg des heiligen Franz und auch der heiligen Klara begleitet, will ganz bewußt den Fußspuren Gregors des Großen folgen. 1227 zum Papst gewählt, übernimmt er dessen Namen und Programm. Er läßt 1228/29 am Ort, an dem sich Benedikt längere Zeit versteckt hatte, im Sacro Speco von Subiaco, eine Kapelle zu Ehren seines Namenspatrons errichten – und darin ein Bild des Franziskus malen, sozusagen als Hinweis darauf, daß er in dieser Gestalt das Anliegen Benedikts für das 13. Jahrhundert verdichtet sah. Die Echtheit dieses ältesten Franziskusbildes ist allerdings in Frage gestellt worden: „Keiner der so vielen Gelehrten, auch nicht der kompetente Autor [Ladner], scheint bemerkt zu haben, daß der franziskanische Strick keinerlei praktische Funktion hat, wie klar aus den Stoffalten hervorgeht. Der Mönchshabit wird nämlich zusammengehalten von einem anderen, tiefer angelegten Gürtel. Der Strick wurde also später als Symbol hinzugefügt, wahrscheinlich zusammen mit der Inschrift FR FRANCISCU" (GIEBEN*). N. KUSTER* dagegen beweist in einer eingehenden Studie, daß wir hier tatsächlich vor dem ältesten Franziskusbild stehen.

Auch Gregor der Große wird in dieser Kapelle gemalt, und zwar mit einer Inschrift, die den ersten Satz des Buches Ijob zitiert: „Es lebte im Lande Ubs ein Mann namens Ijob" (1,1). Gregor der Große hat – ist hinzuzufügen – einen 35 Bücher umfassenden Kommentar zu diesem biblischen Buch geschrieben. Zu seinen Füßen hockt, nackt und geschunden, dieser Ijob selbst, auch er mit einer Inschrift versehen: „Nackt bin ich aus dem Schoß meiner Mutter hervorgegangen" (Ijob 1,21).

Die Franziskuslegende des THOMAS VON CELANO*, welche Gregor IX. in Auftrag gibt, beginnt mit dem genau gleichen Satz: „Es lebte in der Stadt Assisi ein Mann namens Franziskus" – und dieser wird in diesem Buch beschrieben als einer, der nackt dem Nackten (Christus) folgt. Offenbar ist Franziskus in den Augen Gregors IX. bzw. Thomas von Celanos ein zweiter Ijob, der seinen Glauben und seine Treue zu Gott nicht abhängig macht von Gesundheit, Reichtum und Erfolg, sondern gerade auch in der totalen Nacktheit bzw. Armut des Lebens der Gottsucher und Gottliebhaber bleibt (SCHENKLUHN*).

Nach Auffassung Gregors IX. besteht also eine große Kontinuität in den Lebensformen der beiden Ordensgründer. Auf der andern Seite müssen wir daran zweifeln, ob er, der sich bis zu seinem Tod als intimer Kenner und Freund des hl. Franz ausgab, auch tatsächlich die Eigenart beider, Benedikts und Franz', begriffen hat. Denn bei näherem Hinschauen erweisen sich beide Lebensformen als diametral entgegengesetzte Positionen, die aber doch letztlich aufeinander bezogen bleiben und sich komplementär ergänzen (vgl. ROTZETTER* A).

2 Die Stabilitas des hl. Benedikt oder: Das himmlische Jerusalem auf Erden

2.1 Zum zeitgeschichtlichen Hintergrund Benedikts (ca. 500–575)

Um die Bedeutung des hl. Benedikt (LUISLAMPE*, HOLZHERR*) verstehen zu können, müssen wir zunächst auf die Zeitgeschichte (DIRKS*) hinweisen.

Noch sind die Nachwehen der Völkerwanderung zu spüren, in der nichts mehr Bestand hatte und alles der Veränderlichkeit unterworfen war. Was ist gut, was ist schlecht? Was ist Unrecht und was Recht? Was Moral, was Unmoral? Was sind die Werte, für die sich zu leben lohnt? Wo gibt es einen Halt, wo Orientierung? Wo Kontinuität, Stabilität, Ordnung? Das waren die Fragen damals – und das sind wohl auch die Fragen von heute. Deswegen wird man der Antwort Benedikts auch heute wieder eine große Aktualität zumessen können.

Benedikt studiert in Rom und leidet an der dekadenten Großstadtatmosphäre, in der nichts mehr gilt und keinerlei Verbindlichkeit besteht. Angewidert flieht er nach Subiaco, wo er sich zuerst als Einsiedler versteckt und dann – nach seiner Entdeckung – zum Abt eines verkommenen Klosters gewählt wird, in dem man sogar einen Giftanschlag auf ihn verübt. Daraus zieht Benedikt seine Lehren und formt dann aus dieser Erfahrung heraus seine Regel.

2.2 Die Regel des hl. Benedikt

Benedikts Regel fußt auf einer Vorlage, der sogenannten „Magister-Regel", von der wir die unterschiedlichsten Textfassungen und Redaktionsstufen haben. Vieles ist bis heute noch nicht geklärt. Stammt sie von einem unbekannten Autor aus der Nähe Roms (MENESTO*) oder aus einem Jurakloster (HOLZHERR*, 12)? Einig ist man heute allerdings darin, daß Benedikt mit diesem Text kreativ umgeht: Ein Viertel des umfangreichen Textes seiner Regel geht ohne große Korrekturen auf die Magister-Regel zurück, zwei weitere Viertel sind stark von ihr beeinflußt, das letzte Viertel stützt sich entweder auf andere Quellen oder stammt genuin von Benedikt. In der Regelausgabe von BASILIUS STEIDLE* ist fett gedruckt, was Benedikt von der Magister-Regel übernommen hat, dagegen mager, was Benedikts eigenes Werk ist. Aus dieser Bearbeitung geht das wahre Profil Benedikts hervor. Abt GEORG HOLZHERR* vom Kloster Einsiedeln urteilt:

„Obwohl Benedikt vom ‚Magister' ausgeht, folgt er ihm keineswegs sklavisch. Von der Tendenz des ‚Magisters' zu langatmiger Darstellung, von seiner Freude an ritualistischen Details und von seinem Hang zu Gleichmacherei und Schulmeisterei spürt man bei Benedikt nichts. Benedikt hat seine Vorlage nicht nur gekürzt, sondern auch ausgeglichen und ergänzt durch Gedankengut, das er andern ‚heiligen Vätern' entnommen hat, und durch seine eigene, viel Augenmaß und Kirchlichkeit verratende Sicht" (13).

Die Regel umfaßt 73 Kapitel und stellt eine umfassende und detaillierte Lebensordnung dar. Sozusagen alles wird da geregelt: wann man das Halleluja singen muß (RB = Regel Benedikts, 15), wie man sich beim Psalmensingen verhalten soll (RB 19), wie die Mönche schlafen (RB 22), ob der Mönch Briefe oder sonst etwas annehmen darf (RB 54), usw. Da gibt es kaum etwas, was Raum läßt für Unsicherheit und Ungewißheit.

Freilich darf die Regel nicht als reines Gesetzeswerk mißverstanden werden. In ihr wird eine Leidenschaft des Hörens greifbar. Das erste Wort der Regel lautet „Höre", das ganze Vorwort braucht viele unterschiedliche Worte, um dieses Pathos des Hörens zu unterstreichen. Das Hören bzw. der Gehorsam durchzieht den ganzen Text, das Kapitel 5 verdichtet ihn in wenige Sätze. Die Regel versteht sich also nicht als Selbstzweck, sondern als eine Rahmenordnung, durch die die hörende Sensibilität des Gott suchenden Menschen gefördert werden soll. Man muß sogar hinzufügen, daß die Regel ihre eigene Vorläufigkeit erklärt. Sie ist nur ein Anfang, den man hinter sich lassen kann, eine Regel für Anfänger, nicht für spirituell mündig Gewordene, welche sich selbständig von der geistlichen Literatur und unmittelbar von der Heiligen Schrift nähren können. Im Schlußkapitel 73 heißt es *(Hervorhebungen von mir)*:

„Darüber, daß diese Regel *nicht* enthält, wie alle Gerechtigkeit treu zu verwirklichen ist.

1. Diese Regel haben wir niedergeschrieben, damit man sie in den Klöstern treu verwirkliche und damit wir uns so ausweisen können wenigstens über Anstand und Sitten und *über einen Anfang im klösterlichen Leben.*

2. Wer aber der *Vollkommenheit im klösterlichen Leben* entgegeneilen will, hat die *Lehren der heiligen Väter*, die, treu verwirklicht, den Menschen bis zur Höhe der Vollkommenheit führen.

3. Ist denn nicht jede Seite und jeder von Gott beglaubigte Ausspruch *im Alten und im Neuen Testament eine genaue Richtlinie für das menschliche Leben?*

4. Oder welches Buch der heiligen *katholischen Väter* redet nicht laut davon, wie wir auf geradem Weg zu unserm Schöpfer gelangen?

5. Auch die *‚Unterredungen‘, die ‚Einrichtungen‘ und die ‚Lebensbeschreibungen der Väter‘, sowie die ‚Regel‘ unseres heiligen Vaters Basilius.*

6. Was sind sie anderes als *Anleitungen zur Tugend für Mönche,* die gut und gehorsam leben?

7. Wir aber sind träge, leben schlecht, sind nachlässig und müssen *vor Scham erröten.*

8. Wenn du also *dem himmlischen Vaterland entgegeneilst,* wer immer du bist, verwirkliche mit der Hilfe Christi diese kurze Regel, die *für Anfänger geschrieben* ist.

9. Dann wirst du schließlich unter Gottes Schutz die oben erwähnten Höhen der Lehre und der Tugend erreichen. Amen" (Ende der Regel).

Von der Regel her versteht sich die monastische Gemeinschaft als „Schule für den Dienst des Herrn" (RB Prolog, 45). Das benediktinische Kloster ist der großangelegte Versuch, das ABC des christlichen Lebens zu lernen, eine Art geistliches Alphabetisierungs-Unternehmen, ein Atelier, in dem die Kunst des Glaubens gelernt und die Handhabung der „Werkzeuge der geistlichen Kunst" (RB 4,78) geübt wird. Interessant ist, daß diese Werkzeuge weniger durch das Stichwort „Aszese" bzw. „Verzicht" zu kennzeichnen sind. Es geht letztlich um eine konsequent ethische Lebensform, die in insgesamt 74 kurzgefaßten moralischen Zielvorgaben zusammengefaßt ist (RB 4) und um eine „Mystik der Demut", die auf zwölf Stufen zum niedersten Punkt der Selbstentäußerung hinabsteigt (RB 7). Diese sind:

1. das Bewußtsein der Allgegenwart Gottes (RB 7,10)
2. die Orientierung an der Heiligen Schrift (RB 7,31)
3. die Unterwerfung des eigenen Willens unter den des Obern (RB 7,34)
4. der geduldige Gehorsam in den Widerwärtigkeiten (RB 7,35)
5. die Äußerung der bösen Gedanken gegenüber dem Abt (RB 7,49)
6. die Zufriedenheit mit dem Billigsten und Verachtetsten, die Selbsterniedrigung (RB 7,49)
7. die innerste Überzeugung, daß man nichts wert ist (RB 7,51)
8. die „Passivität": nur das tun, was Regel und Obere befehlen (RB 7,55)
9. das Schweigen: nur reden, wenn man gefragt wird (RB 7,56)
10. die „Apathie": nicht zu schnell lachen (RB 7,59)
11. die Wortkargheit, verbunden mit Freundlichkeit und Bescheidenheit (RB 7,60)
12. die leibhaft, von anderen erkennbare Demut (RB 7,62).

Viele dieser Stufen der Demut sind, mindestens was den Wortlaut betrifft, kaum mehr nachvollziehbar. Und doch ist der Begriff „Humilitas" (Demut) ein Kernbegriff christlicher Spiritualität. Es geht letztlich um die innere Wahrheit des Menschen, um die Erdhaftigkeit: Der Mensch ist nur als irdenes Wesen Mensch, homo. Darauf wird zurückzukommen sein.

Benedikt beschreibt in seiner Regel das mönchische Ideal als „theandrische Vollkommenheit" (C. Leonardi, zit. bei MENESTO*, 22): Der Mönch will ein Leben führen, in dem Gott allein genügt und nichts anderes zählt. Er will zu einer Grundhaltung äußerster Lernfähigkeit gegenüber dem Heiligen Geist finden. In allem soll die „unbeschreibliche Süßigkeit der Liebe" (RB Prolog, 49) erfahrbar werden können. In alldem ist der Abt der Lehrer, die Mönche sind, soweit sie den genannten Grad der Vollkommenheit noch nicht erreicht haben, Schüler.

Diese allgemeine Beschreibung der benediktinischen Spiritualität verlangt ihre Ausfaltung in ihre einzelnen Aspekte.

2.3 Die Grundzüge der benediktinischen Spiritualität

Die himmlische Stadt auf Erden

Die Trennung von der Welt ist beinahe vollkommen. Das Leben außerhalb der Gemeinschaft wird auf ein Minimum reduziert. Eine dicke Klostermauer markiert den Bereich, in dem sich das ganze Leben des Mönches abspielen soll. Abgehoben von der Landschaft und diese prägend, erhebt sich „eine Art himmlische Stadt ..., die sich hier auf Erden konkretisiert, ganz und gar autark unter allen Aspekten: spirituell und kulturell, ökonomisch und sozial, aber auch und vor allem liturgisch und kirchlich" (Menesto*, 189). Alles, was für das Leben notwendig ist, muß innerhalb der Klosters vorhanden sein bzw. gelebt werden können (RB 66,6): Man muß weder zur Arbeit noch zum Einkaufen noch zum Gottesdienst noch für irgend etwas anderes irgendwo hingehen. Das Kloster enthält alles zur Genüge. Man ist geradezu gedrängt, an den Berg Zion zu denken und den Psalm „Eine feste Burg ist unser Gott" zu beten. Da ist ein Raum, der – soweit es hier auf Erden irgendwie möglich ist – Heimat, Geborgenheit, Halt, Orientierung bieten will. Die Endgültigkeit des Himmels ragt in die irdische Zeit und den irdischen Raum.

Die Stabilität in der Gemeinschaft

Der Mönch ist von seinem Selbstverständnis her wesentlich ein einsamer Mensch. „Monacos" ist gleichbedeutend mit „allein lebend". Mit anderen Worten: Der Mönch ist sich bewußt, daß er eine letztlich unaufhebbare Einsamkeit gestaltet, eine Leere in sich selbst, die durch nichts und durch niemanden gefüllt werden kann, ein metaphysisches Loch, das unausgefüllt bleibt.

Nota bene: Die Einsamkeit ist metaphysischer Art, also eine Grundbedingung des Menschseins überhaupt. Nur lassen sich allzu viele Menschen täuschen durch die herrliche Erfahrung des anderen in Freundschaft, Gemeinschaft, Ehe. Daß aber auch diese Beziehungen nur gelingen, wenn die Menschen die „Ent-Täuschung" hinter sich gebracht haben, einander nicht alles sein zu können und sein zu müssen, ist ein schmerzhafter Prozeß, durch den alle hindurch müssen. Der Mönch geht von der Erfahrung aus, daß die Gestaltung der Einsamkeit eigentlich nur in der Gemeinschaft gelingen kann, im „coenobium". Für Benedikt ist der Eremit, der ohne reale Gemeinschaft lebt, zwar immer noch ein Ideal, das nur denen möglich ist, die sich vorher „durch die Hilfe vieler Brüder geschult haben", die so „aus der Reihe der Brüder heraustreten und den Einzelkampf in der Wüste aufnehmen können. Mit der Hilfe Gottes sind sie nun imstande, furchtlos, ohne den Beistand anderer, allein und aus eigener Kraft gegen die Verderbnis des Fleisches und der Gedanken zu kämpfen" (RB 1,4f).

Ich meine, daß Benedikt sich diesbezüglich täuscht. Theologisch und wohl auch psychologisch-spirituell ist die gelebte Gemeinschaft, die sogenannte „Koinonia", der reifere Zustand. Auf jeden Fall polemisiert Benedikt gegen zwei Mönchsarten: gegen die sogenannten „Sarabaiten", Mönche, die sich von der lebensnotwendigen Verbundenheit im „Coenobium" abgewandt haben, und gegen die sogenannten „Gyrovagen", Mönche, die „unbehaust" sind und unter vielen Aspekten den späteren Franziskanern gleichen. – Die Regel Benedikts:

„Eine dritte, ganz abscheuliche Art von Mönchen ist die der Sarabaiten. Diesen fehlt die Schule der Erfahrung; sie haben sich nicht in der Zucht einer Regel bewährt wie das Gold im Feuerofen, sondern sind weich wie Blei. Durch ihre Taten halten sie immer noch der Welt die Treue und belügen offenkundig Gott mit ihrer Tonsur. Zu zweit oder zu dritt oder auch allein leben sie ohne Hirten; statt in den Hürden des Herrn sind sie in sich selbst eingesperrt und betrachten ihr eigenes Begehren und Behagen als ihr Gesetz. Sie nennen all das heilig, was sie selbst für gut und wichtig halten; was sie aber ablehnen, das gilt ihnen als verboten.

Eine vierte Art von Mönchen ist die der sogenannten Gyrovagen. Diese treiben sich ihr Leben lang in den verschiedenen Gegenden herum und halten sich in den Zellen einzelner Mönche
drei oder vier Tage auf; immer unstet, nie beständig, sind sie
Sklaven ihrer Launen und der Gaumenlust und sind in jeder
Hinsicht noch verkommener als die Sarabaiten.

Es ist besser, vom erbärmlichen Leben all dieser Mönche zu
schweigen, als davon zu reden. Lassen wir sie also beiseite und
gehen wir daran, der tüchtigsten Art, nämlich den Coenobiten,
mit Gottes Hilfe eine feste Ordnung zu geben" (RB 1,6–13).

Diesen unbehausten und unsteten Mönchen gegenüber errichtet Be-
nedikt nun sein Konzept der „stabilitas in congregatione" (RB 4,78).
Der einzelne muß selber eine stabile Persönlichkeit in einer stabilen
Gemeinschaft sein wollen. Das ist der erste und wichtigste Inhalt der
Profeßverpflichtung – neben „conversatio morum" (= guter Lebens-
wandel) und „Gehorsam" (RB 58,13–23; 60,9; 61,5).

In späteren Jahrhunderten wird man das Konzept sogar noch
akzentuieren und von der „stabilitas loci" reden: eine stabile Person, eine stabile Gemeinschaft, an einem *stabilen Ort*. Da darf es
keine Irritationen der Zeit und des Raumes geben.

Die Stabilität der Regel

Die detaillierte Ordnung, welche die Regel Benedikts aufstellt, soll
dieser Stabilität dienen – wenigstens so lange, bis die innere Stabilität des einzelnen Mönches erreicht ist und er die Regel hinter sich
lassen kann. Sie verlangt Treue (RB 64,20–22), sie muß immer wieder vorgelesen werden, damit sich niemand durch Unkenntnis der
Regel entschuldigen kann (RB 66,8).

Die Stabilität in den Strukturen

Der Abt ist auf Lebenszeit gewählt (heute ist man diesbezüglich
flexibler geworden). Er ist die verläßliche Bezugsperson, auf die der
einzelne Mönch und die ganze Gemeinschaft in allem – gehorsam –
verwiesen ist. Der Abt verkörpert für den Mönch „Christus", er muß
sich darum auch entsprechend bemühen, dem Bild Christi zu entsprechen (RB 2). Auch die anderen Ämter sind klar und eindeutig

umschrieben, die Funktion des Brüderrates ebenso. Der vertikale Gehorsam, also die gehorsame Beziehung gegenüber den Obern, gehört zu dieser Stabilität der Strukturen.

Doch ruht diese Stabilität auf der Grundlage der Brüder untereinander, auf dem horizontalen Gehorsam. Der Gehorsam gegenüber den einzelnen Brüdern ist eine Selbstverständlichkeit, wie das Kapitel 71 „Daß man sich gegenseitig gehorchen soll" beweist:

„Die Tugend des Gehorsams soll nicht nur dem Abt gegenüber von allen geübt werden, sondern die Brüder sollen sich auch gegenseitig gehorchen, in der Überzeugung, daß sie auf diesem Weg des Gehorsams zu Gott gelangen.

Ein Befehl des Abtes oder des von ihm eingesetzten Priors muß immer den Vorrang haben, und wir gestatten nicht, daß private Befehle vorgehen; im übrigen aber sollen alle jüngeren Brüder den älteren in aller Liebe und Bereitwilligkeit gehorchen. Erweist sich einer als streitsüchtig, so werde er zurechtgewiesen.

Wenn aber ein Bruder vom Abt oder von irgendeinem Älteren aus einem noch so geringfügigen Grund irgendwie zurechtgewiesen wird oder spürt, daß irgendein Älterer im Herzen gegen ihn leicht erzürnt oder auch nur ein wenig aufgebracht ist, so werfe er sich sogleich ohne Zögern auf den Boden nieder, bleibe zu seinen Füßen liegen und leiste so lang Genugtuung, bis sich die Erregung durch den Segensspruch gelegt hat. Wer sich aus Verachtung weigert, das zu tun, werde körperlich gezüchtigt oder, wenn er widerspenstig ist, aus dem Kloster gestoßen."

Ein solches Gehorsamsverständnis verweist auf:

Die Stabilität des Jerusalemer Gemeindemodells

Das ganze erste Jahrtausend und darum auch die Regel Benedikts ist bestimmt durch die Kirchenvorstellung, die der Apostelgeschichte zu entnehmen ist: die Gemeinsamkeit der Güter, die individuelle Armut (RB 33), die lebendige Beziehungsgemeinschaft, das einmütige Gotteslob. Da geht es um Barmherzigkeit, Liebe, Nähe, um all das, was von Christus her eine christliche Gemeinschaft prägen soll. Man wollte in den monastischen Gemeinschaften Kirche sein, Kirche, wie sie vom apostolischen Modell her sein sollte:

„Und alle, die gläubig geworden waren, bildeten eine Gemeinschaft und hatten alles gemeinsam. Sie verkauften Hab und Gut und gaben davon allen, jedem so viel, wie er nötig hatte. Tag für Tag verharrten sie einmütig im Tempel, brachen in ihren Häusern das Brot und hielten miteinander Mahl in Freude und Einfalt des Herzens. Sie lobten Gott und waren beim ganzen Volk beliebt. Und der Herr fügte täglich ihrer Gemeinschaft die hinzu, die gerettet werden sollten" (Apostelgeschichte 2,44).

Die Stabilität des „Ora et labora"

Das benediktinische Leben ist geprägt durch die Polarität „Bete und arbeite", wobei dem Gebet, also dem ausdrücklichen Gottesbezug, erste Priorität zukommt. Es ist der immer gleichbleibende Gebetsrhythmus, der den Tag zeitlich strukturiert (RB 16): Siebenmal am Tag und auch mitten in der Nacht „soll dem Schöpfer wegen seiner gerechten Entscheidungen das Lob dargebracht werden" (RB 16, 5). Die Zeit ist also theonom strukturiert, das heißt, daß Gott als die maßgebende und Zeit schaffende Instanz gilt. Es ist Gott, der die Zeit gibt, nicht der Mensch, der seine Zeit Gott schenkt. Mit andern Worten: Der Mönch gibt Gott nicht die Zeit, die ihm noch bleibt, wenn die Arbeit getan ist. Dem Lob Gottes, dem „Opus Dei", gebührt absolute Priorität, ihm ist nichts vorzuziehen (RB 43,3). Dieser Genitiv (Dei) ist als „genitivus subjectivus" zu verstehen, das heißt: Der Mensch vor Gott begibt sich in eine totale Empfänglichkeit, in die völlige Gelassenheit, in das marianische „Mir geschehe nach deinem Wort", in die bedingungslose Bereitschaft und Passivität, in der Gott wirken kann. Gottesdienst ist keine Leistung, sondern das Durchlässig-Werden für Gottes erfüllende Gegenwart. Die Arbeit, das *Labora*, ist dem *Ora*, dem Beten, gegenüber keineswegs gleichwertig, sondern sekundär. Arbeit hat in der Regel des heiligen Benedikt einen dreifachen Sinn:

- Einen *ökonomischen,* das heißt: Der Mönch soll das tun, was den Notwendigkeiten des gemeinsamen Haushaltes (RB 48,3) entspringt. Arbeit ist eine ökonomische Selbstverständlichkeit: „Erst dann sind sie wirklich Mönche, wenn sie von der Arbeit ihrer Hände leben" (RB 48,8).

- Einen *beschäftigungs-therapeutischen*: „Müßiggang ist der Feind der Seele" (RB 48,1). Der Mensch soll sich durch Handarbeit beschäftigen und so die Anfälligkeit der Seele für die Sünde mindern. Der gleiche Grund gilt auch für die „lectio", für das meditative Aneignen der Heiligen Schrift und der übrigen geistlichen Literatur.

• Einen *subsidiären*: Eigenartig und bezeichnend ist eine Anmerkung der Regel: „Wenn die Brüder jedoch wegen der Ortsverhältnisse oder infolge ihrer Armut die Ernte selbst einbringen müssen, dürfen sie nicht verdrossen sein; denn erst dann sind sie wirklich Mönche, wenn sie von der Arbeit ihrer Hände leben, wie unsere Väter und die Apostel. Doch muß alles mit Maß geschehen wegen der Kleinmütigen" (RB 48,7–9). Daraus folgt, daß das Arbeitsverständnis Benedikts immer noch der antiken Klassengesellschaft verhaftet ist: Die schwere Arbeit wird normalerweise von anderen geleistet, der Mönch selbst behält seine Freiheit, schon dadurch, daß er selbst das Maß setzen kann und vom geistlichen Projekt her auch setzen muß. Die Arbeit steht somit eindeutig im Dienst der spirituellen Lebensperspektive.

• Noch nicht vorhanden sind spätere Aspekte der Arbeit: der *kulturelle und missionarische*. Arbeit wird in der weiteren Entwicklung des benediktinischen Lebens Kulturarbeit werden; die Natur wird unter dem Eingriff der benediktinischen Mönche wesentliche Veränderungen erfahren, die Landschaft Europas wird durch die Arbeit der Mönche ein radikal neues Bild bekommen, die Germanen werden durch sie „zivilisiert" und „christianisiert" werden. Die im klösterlichen Bereich erfahrene Stabilität wird in die umliegende Natur, Gesellschaft, Welt hineingetragen. Die Mönche begnügen sich also nicht mehr mit ihrem autarken Leben. Sie entziehen sich der Selbstgenügsamkeit und beziehen aus der kontemplativen Gottzugewandtheit weltverändernde Kraft. Das monastische Kloster kann sich mit einer nur eschatologisch ausgerichteten und von der Welt her sichtbaren, anzuschauenden Stabilität nicht begnügen. Es muß seine „Endgültigkeit" in die Vorläufigkeit hineinzeugen. Anders gesagt: Die ganze Welt soll in die Erfahrung des gegenwärtigen Gottes mitgerissen werden. Die Vision der Stadt Gottes führt zu einer Arbeit, deren Ziel es ist, die ganze Erde zur Stadt Gottes werden zu lassen.

2.4 Exkurs –
Allmähliche Veränderung des Arbeitsverständnisses

An dieser Stelle ist ein Exkurs fällig über die allmähliche Veränderung des Arbeitsverständnisses im Laufe der Geschichte.

• Für die griechisch-römische Antike ist Arbeit etwas Negatives, Unwürdiges, ein wesentliches Angebinde der Sklaven. Der freie Mensch jedoch kann sich der Muße widmen: den unverzweckten Lebensvollzügen, den letzten Fragen, der unbedingten Schönheit, allem, was das Leben erhellt.

• Für die Bibel dagegen bedeutet Arbeit immer schon Teilhabe an der schöpferischen Kraft Gottes, und nur die Mühe daran ist für sie ein Ausdruck der Sündhaftigkeit unseres Daseins, Arbeit an sich jedoch kreatives Gestalten der Welt und der Geschichte. Und insofern diese Geschichte auf Vollendung zuläuft, auf einen endgültigen Zustand, in dem Gott alles in allem ist, steht Arbeit immer im Dienst der Annäherung an dieses Ziel.

• Die Durchdringung der nichtsemitischen Welt durch dieses schöpfungs- und geschichtsorientierte Arbeitsverständnis ist nun eine Sache der Jahrhunderte. Dazu gehört übrigens von jeher der Begriff der „Humilitas", der sich die Mönche verpflichtet haben: der Entäußerung von aller Überheblichkeit bzw. der Einbettung in den Humus, der allein die für Gott bildsame Materie ist, wie die Adamsmythologie der Bibel zeigt. Benedikt versucht, wie wir gesehen haben, diesen Prozeß in zwölf Stufen der Erniedrigung zu beschreiben. Was nun das Arbeitsverständnis selbst betrifft, brauchte es einen jahrhundertelangen Prozeß.

• Die Zeit, die Benedikt unmittelbar vorausgeht, hatte einen ersten Schritt getan weg von der „klassischen Abneigung der Antike gegen die nützlichen Künste" (NOBLE*, 19), der körperlichen Arbeit, den Handfertigkeiten und Techniken, mit denen man sich das Leben menschlicher gestalten wollte. Die Arbeit hat aber immer noch keinerlei Heilswert, sie gehört der Ordnung der gefallenen Schöpfung an, nicht der Ordnung der Gnade. Dies ist offensichtlich auch noch die Meinung Benedikts, wobei er aber die Arbeit in den Dienst des geistlichen Lebens stellt.

• Erst im 9. Jahrhundert wagt man zu denken, daß der technische Fortschritt Ausdruck des gnädigen Willens Gottes sein könnte. Der Utrechter Psalter, dessen Illustrationen „ziemlich sicher von einem

Benediktinermönch geschaffen" (NOBLE*, 21) wurden, zeigt ein Bild, in dem eine Minderheit von Gläubigen einer erdrückenden Mehrheit von Ungläubigen gegenübersteht. Beide schärfen ihr Schwert, die Ungläubigen mit einem altmodischen Wetzstein, die Gläubigen aber drehen an der ersten Kurbel, die uns außerhalb Chinas überliefert ist. Damit drehen sie den ersten historisch bekannten Schleifstein. „Offensichtlich will der Künstler damit sagen: Der technologische Fortschritt ist Gottes Wille" (L. WHITE*, zit. bei NOBLE*, 21). Ernst Benz stellt mit Recht fest: „Eine der erstaunlichsten Tatsachen der abendländischen Kulturgeschichte ist, daß die verblüffende Beschleunigung und Intensivierung der technologischen Entwicklung im nachkarolingischen Europa vom kontemplativen Mönchtum ausgingen" (zit. bei NOBLE*, 23).

• In dieser Zeit wird nun die Gottebenbildlichkeit auch von der Leibgestalt des Menschen ausgesagt. Dies hat notwendigerweise Folgen sowohl für den Stellenwert, den man dem Irdischen gibt, als auch für die zunehmend positive Bedeutung der körperlichen Arbeit. Ebenfalls in dieser Zeit entsteht der Begriff der „artes mechanicae", der mechanischen Künste, eine Terminologie zur Zusammenfassung der „technischen Berufe", die sich dann im 13. Jahrhundert etwa bei BONAVENTURA* (B) durchsetzt. Es sind die Webkunst, die Schmiedekunst, die Ackerbaukunst, die Jagd, die Schifffahrt, die Heilkunst, die Schauspielkunst. Diese sieben mechanischen Künste sind dann völlig gleichwertig mit den „artes liberales", den freien Künsten bzw. der Wissenschaft, wie wir heute sagen: Grammatik, Dialektik, Rhetorik, Geometrie, Arithmetik, Astronomie, Harmonielehre.

Beides, die Ausdehnung der Gottebenbildlichkeit auf den menschlichen Leib und die Einführung des Begriffs „artes mechanicae", geht vor allem auf den Hofphilosophen Karls des Kahlen, Johannes Scotus Eriugena (ca. 810–877), zurück, den wohl bedeutendsten Theologen des Frühmittelalters. Wichtig ist vor allem sein Kommentar zu einem Werk aus dem 5. Jahrhundert mit dem Titel *Die Hochzeit von Philologie und Mercurius*, geschrieben vom heidnischen, in Karthago geborenen Schriftsteller Martianus Capella. Sein Werk wird im Mittelalter als Schulbuch benutzt.

In der genannten Erzählung schenkt Mercurius (= Hermes), der Götterbote, der Philologie, seiner Braut, die sieben freien Künste. Die mechanischen Künste werden ausdrücklich ausgeschlossen:

„Da diese Damen sich mit sterblichen Dingen abgeben und ihre Fertigkeiten sich auf weltliche Dinge beziehen und sie nichts mit den himmlischen Gottheiten gemein haben, ist es nicht unangemessen, sie zu verschmähen und abzutun" (Stahl, zit. bei NOBLE*, 25). Eriugena nun – und das ist eine epochale Leistung – schreibt den Text um. Mercurius schenkt – das bleibt sich gleich – der Philologie die freien Künste und empfängt als Gegengabe – und das ist neu – die sieben mechanischen Künste. Damit ist gleichzeitig gesagt, daß auch die Arbeit und die damit zusammenhängenden Handfertigkeiten eine göttliche Dimension haben. Ja, sie gehören aufgrund der leibhaften Gottebenbildlichkeit des Menschen zur Ordnung der ursprünglichen Schöpfung und nicht nur zur Ordnung der Sünde.

• Im 10. Jahrhundert entsteht – wiederum durch die Hand eines Benediktiners – ein Bild, in dem Gott eine Waage, ein Winkeleisen und einen Zirkel hält. Und Benediktiner sind es, welche die ersten komplizierten Maschinen bauen: Orgeln, Wasser- und Windmühlen, die Uhr, die Brille, das Schwungrad ... Sie schreiben die ersten Handbücher zum Thema „Technik" (s. NOBLE*, 28).

• Die Stabilität des Endgültigen in der Zeit führt also letztlich zu einem dezidierten Gestaltungswillen. Umgekehrt geht die moderne Technik letztlich auf die gelebte Vision des Endgültigen in der „stabilitas in congregatione" zurück. Ebenso entscheidend ist die Aszese der Mönche für das wirtschaftliche Gebaren ganz allgemein (M. WEBER*) und für die Herausbildung des modernen Kapitalismus im besonderen (TREIBER*). So ist es auch nicht mehr erstaunlich, daß es eine Managerausbildung im Geist Benedikts gibt, wie dem Pressedienst der Diözese Trier vom 16. September 1996 zu entnehmen ist.

Diese letzten Bemerkungen zeigen wohl, daß die „Stabilität" – verstanden als Stabilisierungsprogramm der Welt – auch Aspekte in sich trägt, die von einem heutigen Standpunkt aus nochmals hinterfragt werden müssen.

3 Die Mobilität des Franz von Assisi
oder: Die Vorläufigkeit des Irdischen

Ich habe diese Überschrift gewählt, um die polare Spannung zu betonen, die zwischen den beiden umbrischen Heiligen besteht. Gregor IX. hat, wie ich meine, Franziskus nie richtig verstanden, obwohl er ihm beziehungsmäßig sehr nahkam. Er dachte in monastischen Kategorien, wogegen die franziskanische Lebensform – und mit ihr alle anderen zeitgenössischen Bewegungen – einen Bruch mit der vorausgehenden Tradition darstellen. Damit ist nicht gesagt, daß es nicht tatsächlich eine wirkliche Kontinuität in der Ordensgeschichte gibt. Aber wir sehen in Franziskus und anderen Exponenten der Spiritualität des 12. und 13. Jahrhunderts doch etwas spezifisch Neues, das polar und komplementär zum monastischen Lebensentwurf steht.

3.1 Zum zeitgeschichtlichen Hintergrund
des Franziskus (1182–1226)

Zwar gibt es im 12. Jahrhundert noch eine Reihe Reformversuche auf der Grundlage der benediktinischen Stabilitas (Zisterzienser und andere). Aber irgendwie hatte sich der Ordnungsgedanke erschöpft. Man wollte aus den vorgegebenen Ordnungen ausbrechen. „Ordo" – das ist wohl der zentrale Begriff dieser Zeit. Er wurde auf jede Form des Seins angewandt: auf das Denken ebenso wie auf das soziale Gefüge von Gesellschaft und Kirche. Alles mußte seine Ordnung haben, alles mußte irgendwo eingeordnet werden können. Das ganze kirchliche Gefüge lebte von der Vorstellung einer hierarchisch gegliederten und letztlich von Gott gefügten Ordnung. Aber auch die Gesellschaft war von einem starren Ordnungsgedanken geprägt. Die feudale Gesellschaft wurde ebenso als gottgegebene Ordnung angesehen wie die Hierarchie der Kirche. Alles war „von Gottes Gnaden". Für alles gab es eine Schublade, eine Abteilung, eine Stufe, ein Kapitel, ein Modell, einen Typus. Was nicht einzuordnen war, war schon deshalb nicht in Ordnung, war außerhalb, häretisch, durfte nicht sein. „Häresie" – dieser Begriff hatte nicht die gleiche Bedeutung wie heute. Er besagte weniger: „Das ist gedanklich daneben", sondern vielmehr: „Ein Mensch bewegt sich außerhalb der gegebenen Ordnung." Ein Priester mußte ein Priesterkleid tragen; wenn er ein Büßerkleid trug, galt er als häretisch. Selbst Hildegard von Bingen (1098–1179), diese große Visionärin, blieb eingebunden in diese unantastbare heilige Ordnung. 1165 hält sie vor dem Kölner Klerus eine Predigt über die Mängel der Seelsorge und die Gefahr der Ketzerei. Darin beschreibt sie eine zukünftige Ketzer-Bewegung, die in allen Teilen auf die Franziskaner zutreffen wird:

„Jene Leute ... werden, vom Teufel verführt und gesandt, mit bleichem Gesicht auftreten und den Schein der Heiligkeit erwecken. Sie tragen billige Mäntel mit befremdlicher Farbe, eine richtige Tonsur und zeigen sich gefällig und friedfertig in ihrem Lebenswandel; sie verachten die Habsucht, besitzen kein Geld, und im Geheimen legen sie sich großen Verzicht auf, und kaum einem kann man etwas vorwerfen" (Brief 48, zit. bei GRUNDMANN*, 25).

Nichts ist diesen „Häretikern" vorzuwerfen, außer daß sie sich nicht an die vorgegebene Ordnung halten. Freilich wird sich dann die Haltung der Kirche geändert haben: Sie wird die Franziskaner – im Gegensatz etwa zu den ihnen verwandten Waldensern einige Jahrzehnte vorher – als kirchlich anerkennen und die vorher für häretisch Erklärten zurückholen.

Ein zweites Beispiel: Als Hildegard gefragt wurde, warum sie nur adelige Damen in ihr Kloster aufnähme, schreibt sie:

„Wer wird wohl sein Vieh zu *einer* Herde und in *einem* Stall vereinigen: Rinder, Esel, Schafe, Ziegen, ohne sie zu trennen? Daher muß auch in diesem Punkte eine klare Scheidung obwalten ... Denn Gott hat bei seinem Volke auf der Erde und auch im Himmel Unterschiede gesetzt" (Brief 117, zit. bei ESSER*, 41).

Die vorgegebenen Verhältnisse, die feudale und kirchliche Ordnung, ist also gottgegeben, heilig und unantastbar. Die gesellschaftliche Ordnung ist gleich wie die Natur zu betrachten. Wer es nicht tut, versündigt sich gegen Gott. Dagegen mußte sich zu einer gegebenen Zeit die prophetische Stimme erheben: Gesellschaft ist veränderbar, der Mensch ist dafür verantwortlich. Viele versuchten darum, aus dieser Ordnung auszubrechen und neue Lebensformen zu wagen: Robert d'Abrissel (DALARUN*) und seine Bewegung, die Beginen, die mittelitalienische Frauenbewegung (ROTZETTER* M), Dominikus und viele andere, und eben auch Franziskus und Klara. Freilich wurde die Kirche in eine schwierige Position gedrängt. Lange Zeit verschloß sie sich diesen Neuaufbrüchen. Erst Papst Innozenz III. (1179–1180) änderte die Einstellung und war bemüht, diese Bewegungen und Aufbrüche zu integrieren. Das Lateran-Konzil (1215) verlangte dagegen von neuem die Einordnung des Neuen in die alte vorgegebene Ordnung. Das bekamen in der Folge alle geistlichen Bewegungen zu spüren: Die Dominikaner mußten die Augustinus-Regel, die Klarissen die Benediktus-Regel annehmen, die Brudergemeinschaften, die Laiengemeinschaften wurden noch jahrhundertelang immer wieder und allmählich, aber sicher klerikalisiert, monastiziert, klausuriert, in verschiedener Hinsicht domestiziert.

Diese Tendenzen sind aber nicht immer nur von oben, von der Kirchenleitung, diktiert worden. Sie erwuchsen vielmehr oft genug auch den inneren Bedürfnissen der Gemeinschaften selbst. Es ist leichter, in einer stabilen Ordnung zu leben als im ständigen Aufbruch. Das wird zum Beispiel sichtbar an der Tatsache, daß 1219/20 Brüder die Abwesenheit des hl. Franz (er war im Heiligen Land) benutzen, um die Bruderschaft den monastischen Orden anzugleichen (ROTZETTER* M, 144ff). Franziskus versuchte, sich zunächst dagegenzustemmen, legte dann aber selber Hand an zu einer Umgestaltung seiner Bruderschaft in einen „ordo", in ein kirchliches Ordnungsgefüge.

Wir haben es also bei den Nachfahren des hl. Franz in jedem Fall mit einem „domestizierten Franziskanertum" zu tun. Trotzdem bleibt etwas vom ursprünglich „chaotischen" Charakter erhalten. Jemand hat einmal gesagt: Die Franziskaner seien kein Orden, sondern eine Horde.

Nun muß man aber noch hinzufügen, daß es auch in der säkularen Geschichte Entwicklungen gibt, die eine neue geistliche Mobilität forderten. Die alten Antworten konnten nicht mehr genügen. Da ist das Aufkommen der städtischen Kultur, welche eine andere, mehr „demokratische" Ordnung verlangte – auf der Ebene der geistlichen Bewegungen führte das zur Lebensform „Bruderschaft". Ferner sind zu nennen der Niedergang der feudalen Gesellschaft und die damit gegebene ökonomische Revolution. Das Geld verdrängt die Naturalien als Zahlungsmittel, und damit kommt es zur Akkumulation des Reichtums in wenigen Händen und zum unaussprechlichen Elend der Armen. Das führt auf der Ebene der geistlichen Strömungen zu radikalen Armutsbewegungen. – Damit sind bereits einige Stichworte genannt, welche die Lebensform des hl. Franz ganz wesentlich bestimmen: Mobilität, Bruderschaft, Armut. Dies gilt es nun genauer anzusehen.

3.2 Franziskus – die „forma minorum" und die franziskanischen Regeln

An sich müßte ich jetzt – gleich wie zuvor bei Benedikt – von der Regel des Franziskus sprechen, um der Parallelität der gedanklichen Äußerung Genüge zu tun. Aber bereits an dieser Stelle wird deutlich, daß sich die Spiritualitäten des Benedikt und Franziskus komplementär verhalten.

Die Regel hat bei Franziskus nicht die gleiche Bedeutung wie bei Benedikt. Benedikt tritt als Person völlig in den Hintergrund: Es ist seine schriftlich fixierte Regel, die das Maß setzt und die Prägung des Mönches zum Ziel hat. Für die Franziskaner dagegen hat die Regel nicht diesen Stellenwert. Was sie bewegt und nicht in Ruhe läßt, ist vielmehr immer wieder die lebendige Gestalt des hl. Franz selbst.

Zwar tragen die ersten zwölf Brüder ein kleines Schriftstück nach Rom – wir können es „Urregel" nennen –, auf dem ein paar Bibelstellen stehen und ganz wenige Verhaltensregeln. Dieses Billet erfährt in der Folge jedes Jahr Ergänzungen der verschiedensten Art: Erfahrungen werden meditativ vertieft, als spirituelle Perspektiven schriftlich fixiert und an passender Stelle in die „Urregel" eingefügt. Gefahren und Chancen werden erkannt und als „Warntafeln" bzw. Ermutigungen formuliert. So wird der Regeltext Jahr für Jahr länger, bis er ca. 1220 einen relativ großen Umfang erreicht, der jedoch immer noch um vieles kürzer ist als der Regeltext Benedikts. Diese Regel trägt den Namen „Regula non bullata" („nichtbullierte Regel"), weil sie nie eine schriftliche Bestätigung durch Rom erfahren hat und einzig auf die mündliche Bestätigung der „Urregel" aufbaut.

Dann fordert die päpstliche Kurie, sprich Kardinal Hugolin, der spätere Papst Gregor IX., eine neue, kürzere Regel, worauf Franziskus mit der „Regula bullata" („bullierte Regel") antwortet, so genannt, weil sie 1223 von Papst Honorius III. (1216–1227) durch eine Bulle bestätigt wird. Franziskus war zunächst der Meinung, daß der Text bis in alle Ewigkeit offenbleibt und immer wieder ergänzt werden kann. Auch neben der Regel konnte es – meinte er – durchaus noch andere Texte geben, welche geistliche Perspektiven vermittelten: Briefe, Testamente, Gebete. Für Franziskus war das Leben in der Gemeinschaft mit Jesus maßgebend, dieses Leben sollte die eigentliche Regel bleiben, nie konnte ein Regeltext Leben bedeuteten. Eine schriftliche Fassung dieses Lebens kann zwar notwendig werden für die gegenseitige Kommunikation und für die alltägliche Verständigung. Sie muß aber an das Evangelium zurückgebunden bleiben und von diesem her interpretiert werden, so dachte Franziskus. Die Kirche jedoch hatte diesbezüglich eine ganz andere Vorstellung, und so mußte sich Franziskus mit der Endgültigkeit der Regel abfinden lernen.

Diesen Lernprozeß mußten auch die Brüder, die ihm folgten, durchmachen. Es gab zuerst weder Noviziat noch Profeß, man wollte einfach so leben wie Franziskus. Und sein Beispiel blieb auch dann noch maßgebend, als eine kirchenrechtlich verbindliche Regel entstand. Sie betrachteten Vorbild und Regel als ein Ganzes: Die Regel konnte keine von der Person des hl. Franz losgelöste Funktion haben. Das wurde sogar auch von der Kirche selbst so gesehen, wie die Antiphon beweist, die Kardinal Thomas von Capua* für das offizielle Officium dichtete (1232):

Salve, sancte pater, patriae lux, forma Minorum,
Virtutis speculum, recti via, regula morum:
Carnis ab exsilio duc nos ad regna polorum.

Fast jeder Ausdruck dieser kirchenoffiziellen Antiphon verweist auf die bleibende Verbindlichkeit des hl. Franz für die franziskanische Lebensform: Er ist Licht, das auf die Heimat des Menschen hinweist; er ist die Form, die die Minderbrüder prägen soll; er ist der Spiegel, in dem die christlichen Werte geschaut werden können; er ist ein Weg, den aufrechte Menschen gehen sollen; er ist die Regel, nach der der Lebenswandel bemessen wird; er ist ein guter Führer aus dem Exil ins Himmelreich.

Wir haben heute Mühe, solche Texte nachzuvollziehen. Was wir aber zur Kenntnis nehmen müssen: Die franziskanische Spiritualität empfängt ihre Dynamik nicht von einem Text, sondern von einer Person. Und eine Person ist per definitionem ein ins Unendliche offenes Wesen. Auf diese Weise hat die franziskanische Spiritualität keinen festen Rahmen, keinen klar definierbaren Bezugspunkt. Sie entzieht sich dem Zugriff des Menschen. Wenn schon ein Text seine Interpretationsprobleme aufgibt, um wie viel mehr ist das dann der Fall, wenn wir einer Person gegenüberstehen!

Auf jeden Fall ist jede Textanalyse der Regeln des hl. Franz relativ: die der „non bullata" und ihrer Redaktionsgeschichte (ein Genuß für den analytischen Geist!) sowie die der „bullata" und ihrem Verhältnis zum Testament des hl. Franz. Da gibt es also keine stabile Textgrundlage wie bei Benedikt, da gibt es von allem Anfang an Mobilität, Beweglichkeit, Dynamik – und Streit!

3.3 Die Grundzüge der franziskanischen Spiritualität

Seit meiner Promotion (ROTZETTER* B) habe ich mich immer wieder der Textanalyse vor allem der nicht-bullierten Regel unterzogen. Dabei haben sich folgende Schwerpunkte ergeben:

Das Evangelium leben

Selbstverständlich ist damit die froh machende Botschaft Jesu gemeint, die Nachfolge dieses wunderbaren Menschen, den Christen als Sohn Gottes bekennen. Speziell maßgebend sind dabei Markus 10: die Geschichte der Berufung eines reichen Mannes in die Solidarität mit den Armen, und Matthäus 10: die Aussendung der Jünger in die Welt, die Übereinstimmung von Methode und Ziel, das heißt: Gewaltlosigkeit, um Frieden zu stiften; Armut, um den Armen Solidarität zu zeigen ...

Eigentlich ist hier bereits alles gesagt, doch wird das im Laufe der Zeit in verschiedenen „Statuten" ergänzt: dem „Bruderschaftsstatut", dem „Bettelordenstatut", dem „Wanderschaftsstatut" – das alles wird schließlich durch Prolog und Schlußkapitel in einen kirchlichen Rahmen gesetzt.

Brüderlich leben

Im franziskanischen *Bruderschaftsstatut*, das bald der „Urregel"
eingefügt wird, zeigt sich die Erkenntnis, daß die Einsamkeit des
Menschen nur erträglich ist, wenn ihm im Antlitz eines anderen
Menschen die Herrlichkeit Gottes aufleuchtet. Deswegen will Franziskus, daß immer mindestens zwei beisammen sind, ob in den Einsiedeleien oder auf den Wegen der Welt. Jeder soll dem anderen
liebend gehorsam verbunden sein und dem andern mütterlich bzw.
kindlich begegnen. Die Strukturen müssen entsprechend flexibel
sein: Die Obern sind der Kritik ausgeliefert, absetzbar, primär dem
liebenden Gehorsam verpflichtet, nur für kurze Zeit gewählt, damit
sie sich nicht von der brüderlichen Beziehung entfernen können.

In Solidarität mit den Armen leben

Im *Bettelordenstatut*, das bald den Erfahrungen der gelebten Armut
erwächst, wird die benediktinische „Mystik der Demut" mit der
„Mystik der Armut" identifiziert. Demut und Armut sind deckungsgleich. Die gesellschaftliche Not und das Elend der Armen werden
christologisch gedeutet. Hier zeigt sich das Antlitz Jesu. Darum
kann man das Geheimnis Gottes nur entdecken in der konsequenten Besitzlosigkeit und in der radikalen Zuwendung zu den Armen,
den Bettlern, den Kranken, den Fremden. Es gibt darum keinen
anderen Ort als den Rand der Gesellschaft, an dem sich Franziskus
ansiedeln will.

Durch die Welt ziehen

Im *Wanderschaftsstatut*, das schließlich noch dazukommt, wird
deutlich, daß nicht mehr das Jerusalemer-Kirchenmodell im Zentrum steht, sondern der wandernde Jesus, der gewaltlos, verletzt-
bar, Frieden stiftend, das Reich Gottes ansagend, ruhelos durch
Palästina zieht. Dabei kommt die ganze Welt in den Blick, wie der
Sonnengesang zeigt, eine Vision der geschwisterlich verbundenen
Schöpfung (ROTZETTER* U).

In der Kirche bleiben

Für Franziskus gibt es ein unauflösbares Ineinander von Gott, Jesus Christus, Kirche, Wort und Sakrament, so daß all dies als ein Ganzes geglaubt werden muß. Er ist, wie die 1. Ermahnung (ROT-ZETTER* C) zeigt, der Überzeugung, daß sich das Ganze auflöst, wenn eines der genannten „Elemente" aus der Kette herausgelöst wird. Das heißt nicht, daß Franziskus sich nicht auch bewußt war, daß Kirche anders sein müßte. Er tat alles, um mit seiner ganz anderen Lebensweise in die Kirche hineinzuwirken, wie die nicht-bullierte Regel (23) sehr eindrücklich beweist. Er lebte wie die Häretiker und glaubte wie die Kirche, hat einmal jemand gesagt.

In diesen fünf Punkten läßt sich die franziskanische Spiritualität zusammenfassen. Nun möchte ich – parallel zu den Ausführungen über Benedikt – die Polarität herausstellen.

3.4 Polarität zu Benedikt

Fremdheit und Mobilität in der Welt
statt himmlische Stadt

Alles, was Franziskus und seine Brüder leben wollten, sollte darauf hinweisen, daß sie aus dem „saeculum", den Wertmaßstäben und Handlungsweisen der Welt, ausgezogen sind (Testament 1–4). Doch diese Fremdheit sollte nicht außerhalb der Welt, hinter dicken Klostermauern, sondern gerade in den konkreten Begegnungen mit den Menschen zur Geltung gebracht werden. Die Brüder müssen sich selber bewußt werden und anderen zeigen, daß sie nichts anderes sind als „Pilger und Fremde" (Testament 24). Deswegen dürfen sie keine festen, gemauerten Unterkünfte haben. Alles soll ein Provisorium sein. Als die Stadt Assisi ein Haus für Franziskus und seine Brüder errichtet, reißt er es eigenhändig nieder und „sendet die Brüder mit dem Evangelienbuch in neue Unbehaustheit" (BONAVENTURA* A, 2). Als dann doch kleine Eremitorien und Klösterchen entstanden, sollten sie dennoch den Eindruck des Provisorischen behalten. Dazu gibt es sehr eindrückliche Texte aus der Frühzeit der franziskanischen Bewegung. So wollten die Bürger von Erfurt 1223 den Brüdern ein Kloster bauen, worauf ein Bruder,

„der noch nie im Orden ein Kloster gesehen hatte, erwiderte: ‚Ich weiß gar nicht, was ein Kloster ist. Baut uns das Haus nur nahe am Wasser, damit wir zum Füßewaschen hineinsteigen können'" (JORDAN*, 43).

Erwähnenswert ist auch die Stelle im „Bund des heiligen Franz mit der Herrin ARMUT"*, einer Schrift aus der Mitte des 13. Jahrhunderts. Sie zeigt ihre wahre Bedeutung nur, wenn sie als Gegensatz zum monastischen Kloster gelesen wird. Bezeichnend ist bereits der erste Satz. Die Brüder steigen vom Berg (Subasio = Sion?) herab in die Niederungen des irdischen Lebens. Und dann wird alles negiert, was ein Kloster ausmacht, um schließlich mit dem pathetischen Gestus zu enden: Die ganze Welt ist unser Kloster. „Und sie stiegen den Berg herab und führten die Herrin Armut an den Ort, wo sie sich aufhielten; es war nämlich um die sechste Stunde" (vgl. Johannes 4,6).

Das Mahl der Armut mit den Brüdern

„59. Und als sie alles bereitet hatten, luden sie die Armut ein, mit ihnen zu essen.

Sie jedoch sprach: Zeigt mir zuerst Kapelle, Kapitelsaal, Kreuzgang, Speisesaal, Küche, Schlaf- und Aufenthaltsraum, schöne Sessel, feine Tische und geräumige Wohnungen! Denn nichts von alledem erblicke ich; nur euch sehe ich, heiter und fröhlich, überreich an Freude, mit Trost erfüllt (2 Korinther 7,4), als wenn ihr erwarten würdet, daß euch alles nach Wunsch zur Verfügung gestellt werde.

Sie hinwiederum antworteten und sprachen: Unsere Herrin und Königin, wir, deine Knechte, sind vom langen Weg ermüdet; indem du mit uns kamst, hast auch du nicht geringe Anstrengung auf dich genommen. Wollen wir also zuerst essen, wenn es dir recht ist, und nach dieser Stärkung wird alles nach deinem Wink erfüllt werden.

60. Ich finde für gut, was ihr sagt, sprach sie; doch bringt schon Wasser herbei, daß wir unsere Hände waschen, und Tücher, womit wir sie trocknen. Jene aber brachten raschestens ein halb zerbrochenes irdenes Gefäß, gefüllt mit Wasser, weil ein ganzes dort nicht vorhanden war. Und indem sie die Hände übergossen, schauten sie hierhin und dorthin nach dem Tuch. Da sie es nicht fanden, bot ihr einer sein Gewand, mit dem er bekleidet war, daß

sie mit ihm die Hände trockne. Sie aber nahm es unter Dank an und pries in ihrem Herzen Gott, der sie solchen Menschen als Gefährtin gegeben.

61. Hierauf führten sie die Armut an den Ort, wo der Tisch bereitet war. Als man sie dorthin geführt hatte, blickte sie umher und sah nichts anderes als drei oder vier Stückchen Brot aus Gerste oder Kleie, die auf das Gras gelegt waren. Da wunderte sie sich über die Maßen in ihrem Herzen und sprach: Wer hat je dergleichen gesehen bei den Geschlechtern der Vorzeit (Jesaja 66,8 und 51,9)? Gepriesen bist du, Herr Gott (1 Chronik 29,10), der Sorge trägt für alles (Weisheit 12,13); denn das Können steht dir zu Gebote, wenn du nur willst (Weisheit 12,18). Durch solches Walten hast du dein Volk gelehrt (Weisheit 12,19), dir zu gefallen. So saßen sie zusammen und sagten Gott zugleich Dank (Kolosser 3,17) für alle seine Gaben.

62. Und es befahl die Herrin Armut, die gekochten Speisen in Schalen herbeizubringen. Und siehe, es wurde eine Schale gebracht voll kalten Wassers, daß alle in sie das Brot eintauchten: Es war dort weder Überfluß an Schalen noch eine Fülle von Gekochtem. Sie bat, ihr wenigstens einige wohlriechende rohe Kräuter zu reichen. Da sie aber keinen Gärtner hatten und einen Garten nicht kannten, sammelten sie im Wald wildwachsende Kräuter und setzten sie ihr vor. Und sie sprach: Bringt mir ein wenig Salz, daß ich die Kräuter salze, denn sie sind bitter. Warte, Herrin, sagten sie, bis wir in die Stadt kommen und es dir bringen, sofern dort jemand ist, der es uns gibt. Reicht mir, sprach sie, ein Messer, daß ich Überflüssiges wegputze und das Brot schneide, weil es sehr hart und trocken ist.

Sie sprachen zu ihr: Herrin, wir haben keinen Schmied, der uns Messerklingen macht; jetzt aber benütze die Zähne statt des Messers, und dann werden wir weitersehen.

Und ist bei euch ein wenig Wein?, sagte sie. Jene antworteten und sprachen: Unsere Herrin, Wein haben wir nicht, denn des Lebens Erstes für den Menschen ist Brot und Wasser (Sirach 29,28); und es tut dir nicht gut, Wein zu trinken, denn die Braut Christi muß den Wein fliehen wie Gift.

63. Als sie aber satt waren mehr ob der Ehre solcher Entbehrung, als sie es hätten sein können bei Überfluß an allen Dingen, priesen sie den Herrn, vor dessen Angesicht sie so große Gnade ge-

funden hatten. Sie führten sie [die Armut] an einen Ort zum Ausruhen, weil sie sehr müde war. Und so legte sie sich nackt auf die nackte Erde.

Sie bat auch um ein Kissen für ihr Haupt. Jene aber brachten sofort einen Stein herbei und legten ihn unter ihr Haupt.

Nachdem sie sehr ruhig und doch mäßig geschlafen hatte, stand sie eilends auf und bat, man möge ihr das Kloster zeigen. Die Brüder führten sie auf einen Hügel, zeigten ihr die ganze Welt, soweit man sehen konnte, und sprachen: Das ist unser Kloster, Herrin!"

Es gibt in dieser Welt keine einzige Stelle, an der sich Franziskus zu Hause fühlen mag und sich endgültig niederlassen könnte. Es gibt also keine Vorwegnahme der himmlischen Stadt in dieser Zeit, keinen „Topos", an dem das Endgültige greifbar werden könnte. Franziskus ist darum in vielen Aussagen und Zielsetzungen „u-topisch", ortlos (Rotzetter* A, Q). Er und jene, die ihm konsequent folgen, sind Zeugen der Transzendenz und Propheten des Absoluten bis zuletzt.

Mobile Gruppe statt Stabilität in der Gemeinschaft

Franziskus lebt das, was Benedikt ausschließen zu müssen glaubte: „Bini et bini" – zu zweit sollen die Franziskaner unermüdlich unterwegs sein, sich nirgendwo niederlassen. Der Halt jedoch, den die Gemeinschaft gibt, geht mit. Es muß immer jemand da sein, dem man „seine Not offenbaren kann wie ein Kind seiner Mutter" (NbR = Nicht-bullierte Regel 9,10–12). Die Beziehungen sollen also geprägt sein von emotionaler Nähe, von Mütterlichkeit, von kindlichem Vertrauen, von Fürsorglichkeit, von gegenseitigem „liebendem Gehorsam".

Stete Neuinterpretation und Flexibilität statt Stabilität der Regel

Gerade die andauernde Diskussion über die Regel und die nahezu unerschöpflichen Neuaufbrüche innerhalb der franziskanischen Geschichte, ja selbst der ständige Streit um das ursprüngliche Charisma des Ordens zeigen, wie sehr die Regel nie ein Ruheort war, sondern stets neue Unruhe brachte. Sie ist nicht Rahmenordnung, sondern Inspirationsquelle, dies allerdings nur in der bleibenden Rückbindung an den Gründer.

Flexibilität statt Stabilität in den Strukturen

So wie die Regel bei Franziskus für die Zukunft offenbleibt, so werden auch die geringfügigen Strukturen, Institutionen, Ämter stets angepaßt. Kritikbedürftigkeit und Nützlichkeit werden gerade auf Dinge bezogen, die sonst gerne Ewigkeit beanspruchen: Obere werden absetzbar, ihre Eignung wird auch nach der Wahl stets hinterfragt, ihre „Dienlichkeit" ist die unabdingbare Voraussetzung der Funktionen (NbR 4–6). Der „Heilige Geist" steht bleibend über dem Orden. Er ist der „Generalminister des Ordens" (2 Cel 193), alles andere muß ihm unterworfen bleiben. Deswegen kommen die Brüder auch jeweils an Pfingsten zum Kapitel zusammen.

Jesus, der radikale Wanderprediger, statt die Jerusalemer-Gemeinde als Modell

Markus 10 und Matthäus 10 sind die maßgebenden Bibelstellen oder aber: Jesus, „der nichts hatte, worauf er seinen Kopf legen könnte" (Matthäus 8,20) und unermüdlich den Armen die frohe Botschaft und aller Welt das Reich Gottes verkündete.

Das gefährdete „ora et labora" statt Stabilität im stets gleichbleibenden Rhythmus

Auch das franziskanische Leben ist von der absoluten Vorrangigkeit des Gottesbezuges bestimmt. „Nichts anderes" als die preisende Gottzugewandtheit ist das Zentrum franziskanischer Existenz. Man muß einmal das Pathos vernehmen, mit dem Franziskus die absolute Vorrangigkeit der Anbetung beschreibt:

„Nichts anderes wollen wir wünschen
Nichts anderes wollen
Nichts anderes soll uns gefallen und erfreuen
Als der Schöpfer
Der Erlöser

Unser Retter
Der einzig wahre Gott

Das volle Gut ist Er
Alles Gut
Das ganze Gut
Das wahre und höchste Gut
Er allein ist gut (Lukas 18,19)
Zärtlich
Sanft
Lieblich und süß

Er allein ist heilig gerecht wahr
Heilig und unbeugsam
Er allein ist gütig
Will keinerlei Schaden
Er allein ist rein

Von Ihm
Und durch Ihn
Und in Ihm (Römer 11,36)
Ist alle Vergebung
Alle Gnade
Alle Herrlichkeit
Für alle die Buße tun und gerecht sind
Für alle Seligen die im Himmel sich freuen

Nichts soll hindern
Nichts trennen
Nichts stören
Überall
An jedem Ort
Zu jeder Stunde
Zu jeder Zeit
Täglich und fortwährend
Wollen wir aufrichtig und demütig glauben

Wir wollen den höchsten und erhabensten
Ewigen Gott
Im Herzen behalten
Lieben

Ehren
Anbeten
Loben und
Segnen
Verherrlichen
Über alles erheben und hochschätzen

Wir wollen dem Dreifaltigen und Einen
Dienen und danken
Dem Vater dem Sohn dem Heiligen Geist
Dem Schöpfer aller
Dem Retter aller
Die an ihn glauben auf ihn hoffen und ihn lieben

Ohne Anfang ist Er und ohne Ende
Unveränderbar
Unsichtbar
Unbeirrbar
Unaussprechbar
Unfaßbar
Unerforschbar
Gesegnet
Lobwürdig
Herrlich
Über alles erhaben
Ausgezeichnet
Sanft
Lieblich
Ergötzlich
Über alles begehrenswert in Ewigkeit Amen"
(NbR 23,8–11).

Der „Geist des Gebetes und der Hingabe" darf weder durch Arbeit
(Bullierte Regel = BR 5,2) noch durch das Studium (Brief an Antonius) gelöscht werden. Aber dieser Geist ist nicht mehr so gesichert
wie im monastisch geregelten „ora et labora". Denn die Brüder stehen in fremden Diensten als Tage- oder Stundenlöhner, immer an
niederster Stelle, sehr oft tun sie jene schwerste Arbeit, die man
„laboreccio" nannte und die niemand wegen ihrer Verächtlichkeit
suchte; sehr oft werden sie bloß als Arbeitskraft ausgenutzt, ohne

daß sie den ihnen zustehenden Lohn bekommen, weshalb sie oft gezwungen sind, ihren Lebensunterhalt durch Betteln zu verdienen. Sie suchen darum immer wieder die zurückgezogene Gegend, das Eremitorium, um wenigstens zeitweise ausschließlich und ungehindert die Gegenwart Gottes zu suchen. Dafür verfaßt Franziskus sogar eine eigene Regel, die Regel für die Einsiedeleien. – Was nun die Arbeit betrifft, kann man einen neuen Ton finden:

> „Ich arbeitete mit meinen Händen. Ich will arbeiten. Ich will sehr wohl, daß alle anderen Brüder die schwere Arbeit auf dem Felde tun. Denn das ist eine ehrbare Arbeit. Wer es nicht kann, soll es lernen. Nicht aus Gier nach Arbeitslohn, sondern damit er ein Beispiel sei und den Müßiggang vertreibe. Wenn uns einmal kein Arbeitslohn gegeben wird, wollen wir zum Tisch des Herrn fliehen und um Almosen bettelnd von Haus zu Haus gehen" (Testament 20–22).

In diesem Text greifen wir zum Teil noch die gleiche Arbeitsauffassung wie bei Benedikt: Der Arbeit kommt eine beschäftigungs-therapeutische Bedeutung zu: Sie bewahrt die Seele vor dem Müßiggang, dem Anfang der Laster. Sie ist auch aus ökonomischen Gründen notwendig: Man verdient sich damit im Normalfall den Lebensunterhalt. Ganz klar entfernt sich Franziskus vom subsidiären Aspekt: Man spürt die Dringlichkeit, die Leidenschaft, mit der Franziskus die Handarbeit, ja die verachtete Schwerstarbeit fordert. Arbeit wird hier zur Solidarität mit den Armen, etwas, was die Regel Benedikts nur in Ausnahmefällen vorsieht, bei Franziskus aber zum Normalfall wird. Nach seiner eigenen Regel gehört die Arbeit sogar zur Ordnung der Gnade, weshalb er in seine endgültige Regel schreibt: „Jene Brüder, denen der Herr die Gnade zu arbeiten gegeben hat, sollen in Treue und Hingabe arbeiten" (BR 5,1).

Freilich muß man jetzt hinzufügen, daß Franziskus Enthaltung übt und Enthaltung fordert, wenn es darum geht, die Natur zu bearbeiten. Franziskus errichtet soziale und ökologische Schwellen, die er in der Arbeit nie überschritten haben will. Die Arbeit hat einen Wert in sich; wenn sie auch noch den Lebensunterhalt sichert, dann ist es gut. Aber eine Akkumulation von Geld, Besitz, Gütern kommt für ihn aus geistlichen Gründen nicht zustande: Für das Morgen darf nicht vorgesorgt werden, die Ungesichertheit des Morgen ist eine Frage von morgen, nicht von heute! Damit ist das Anhäufungsdenken, das Grundübel des Kapitalismus, von vornher-ein verunmöglicht. Das Leben wird auf diese Weise eine wirklich humane Lebensweise bleiben können.

Die andere Schwelle ist der Geheimnischarakter der Natur: Jeder Stein ist eine Kunde von Gott – wie kann man ihn dann einfach so verbrauchen? Jeder Strauch ist Botschaft, wie kann man ihn dann ohne Not verbrennen? Jedes Tier ist Anspruch, wie kann man es dann noch töten? Jeder Mensch ist Träger der Herrlichkeit Got-tes, wie kann man ihn dann noch für seine Zwecke benutzen? (ROTZETTER* U).

Man sieht: Eine franziskanische Arbeitsauffassung ist befreit von den Gedanken ökonomischer Effizienz und von den kalten Träumen, das Reich Gottes mit technischen Mitteln herstellen zu wollen. Freilich ist hinzuzufügen, daß die Franziskaner später ent-weder den monastischen Traum, Gottes Stadt in der Zeit zu errich-ten, mitgeträumt haben, oder ihrerseits technische Hilfsmittel er-funden haben, um den eigenen Traum von einer vom Geheimnis Gottes durchdrungenen Welt zu träumen.

Trotz dieser Entwicklung ist daran festzuhalten, daß franziskani-sche Spiritualität nicht ein Stabilisierungsprogramm ist, sondern ein „Flexibilisierungsprogramm", in der die Mobilität jeden einzel-nen Teilaspekt des Lebens bestimmt.

4 Das gemeinsame Zeugnis

Die beiden spirituellen Perspektiven, welche Umbrien hervorge-bracht hat, erweisen sich bei einer genauen Analyse als wirkliche Polarität. Benedikt lebt ein Stabilisierungsprogramm, Franziskus ein Destabilisierungsprogramm. Benedikt lebt „auf dem Berg", auf Zion, und gibt der Welt innergeschichtlichen Halt. Franziskus wan-dert in den Niederungen des Irdischen und sucht den Berg, ohne ihn hier auf Erden je zu finden. Benedikt vertritt das Endgültige in der Zeit, Franziskus das andauernde Provisorium dieser Zeit.

Diese Polarität muß innerhalb des Christlichen als solche erhal-ten bleiben. Nicht nur weil sie zwei entgegengesetzten Grund-bedürfnissen des einzelnen Menschen und der Gesellschaft ent-gegenkommt und darauf eine entsprechende Antwort gibt, sondern auch, weil die eine die jeweils notwendige prophetische Stimme gegenüber der anderen erhebt. Die eine korrigiert die andere, nur beide zusammengenommen machen den ganzheitlichen Reichtum christlicher Spiritualität aus.

Vor allem ist auf den für beide zentralen Begriff der „humilitas" zu verweisen. Hier liegt wohl der Kern einer Spiritualität, die der Menschwerdung Gottes im Menschen Jesus von Nazaret verpflichtet ist. Der „Humus", mit dem sich Gott endgültig verbunden hat, ist auch heute noch der Ort, an dem sich der geistliche Mensch anzusiedeln hat. Der eine wird – eingebettet in den Humus – die Menschwerdung Gottes bereits als bergende Gegenwart erleben und bezeugen, der andere wird an der absoluten Transzendenz festhalten und – ebenso eingebettet in diesen Humus – Pilger und Fremdling bleiben.

3. Kapitel

Die spanische Funktionspolarität

Dominikus und Ignatius von Loyola – Vermittlung und Erschließung

Die spanische Polarität, von der in diesem Kapitel die Rede sein soll, ist eine solche der Funktion. Das zeigt uns schon die Bezeichnung des Dominikanerordens: „Ordo praedicatorum" – Orden der Prediger. Wir werden sehen, daß auch die Spiritualität der Gesellschaft Jesu, der Jesuiten, eher auf der Ebene der Funktion anzusiedeln ist. Beide sind darum auch – im Gegensatz zu den Benediktinern und Franziskanern, bei denen das Amtspriestertum ursprünglich sekundär ist – eigentliche Priestergemeinschaften. Beide Gemeinschaften hätten von daher auch die Berufung, auf das kirchliche Amtsverständnis zurückzuwirken. Um es vorwegzunehmen: Die Spiritualität des Dominikus ist eine Vermittlungs-Spiritualität, die des Ignatius eine Erschließungs-Spiritualität.

Beide Persönlichkeiten können natürlich auch mit Benedikt und Franziskus in Beziehung gesetzt werden. Dominikus (1170–1221) ist Zeitgenosse des hl. Franz, gehört ebenfalls zur Armutsbewegung, will sogar, wie franziskanische Quellen berichten, der Bruderschaft des Franziskus beitreten, wird aber von diesem in seiner Eigenart erkannt und zu einer selbständigen Gemeinschaft ermuntert. Des Dominikus Armut ist eine auf die Predigt hin verzweckte Armut, bei Franziskus ist sie eine unverzweckte, unabhängige Lebensperspektive – eine sehr interessante Polarität! Ebenso könnte auch ein Spannungsverhältnis zur Lebensform des heiligen Benedikt aufgezeigt werden. Das gleiche gilt von Ignatius, der in seiner ersten Bekehrungsphase gleich alle drei überbieten wollte.

Die Geburtsorte von Dominikus Guzmann und Ignatius von Loyola liegen in Nordspanien. Beide stammen aus dem Landadel.

83

Dominikus ist 1170 in Caleruega geboren, einem Dorf im Süden der Provinz Burgos, in Altkastilien. Unweit davon liegt die Stadt Osma, zu dessen Domkapitel Dominikus nach seinem Theologiestudium und seiner Priesterweihe gehörte.

Ignatius wird 1491 auf dem Schloß Loyola bei Azpeitia im Baskenland geboren.

1 Dominikus und seine Spiritualität der Vermittlung – „contemplata aliis tradere" oder: Die Kraft des Wortes

Mit diesem Titel verweise ich zunächst auf die Formel, mit der THOMAS VON AQUIN* die dominikanische Spiritualität zu beschreiben suchte: „Schauen und das Geschaute anderen weitergeben – contemplari et contemplata aliis tradere". Damit wird der Akzent auf die Weitergabe des Ursprungs gelegt, auf die Vermittlung. Dominikanische Spiritualität ist darum wesentlich eine Spiritualität des vermittelnden Handelns. Das gleiche bringt der Untertitel einer modernen Dominikusbiographie zum Ausdruck: „Von der Kraft des Wortes" (BEDOUELLE*).

1.1 Der zeitgeschichtliche Hintergrund des Dominikus (um 1170–1221)

Der zeitgeschichtliche Hintergrund des hl. Dominikus ist derselbe wie der des hl. Franz. Nur muß hier eine besondere Problemlage speziell erwähnt werden, ohne deren Beachtung auch die franziskanische Spiritualität nicht zu verstehen ist: Das 12. und das 13. Jahrhundert ist die Zeit der bedeutendsten spirituellen Ketzerbewegung aller Zeiten, der sogenannten „Katharer", einer radikal schöpfungsfeindlichen Bewegung, die ganz Südfrankreich, wo man sie Albigenser nannte, und weite Teile Europas infiziert hatte (SOLBACH*). Wegen ihrer dualistischen Einstellung mußten diese Menschen nicht nur die Kirche als Institution ablehnen, sondern auch Besitz und Geld. Die Katharer hatten gerade deswegen einen so großen Anhang, weil sie von der äußeren Erscheinungsform her das Evangelium des armen Jesus und seine Option für die Armen viel glaubwürdiger als die Kirche, die an sich dazu berufen wäre, zu verkörpern schien.

Die Kirche war dieser Bewegung völlig hilflos ausgeliefert. Der Papst ernannte spezielle Prediger, welche buchstäblich vom hohen Roß herunter auf die armen Volksmassen einredeten, die zur katharischen Bewegung übergelaufen waren. Die Katharer selbst brachten es auf den Punkt: „Sie predigen reitend Christus, der barfuß ging, als Reiche den Armen, als Hochgeachtete den Verachteten" (Stephan von Bourbon, zit. bei ZERFASS", 195). Eine solche Predigt mußte kontraproduktiv wirken. Die Kirche erkannte das leider nicht, im Gegenteil: Sie vervielfältige das kontraproduktive Potential, indem sie zum gewaltsamen Kreuzzug aufrief. Es scheint, daß sich die Kirche in eine Art Blutrausch hineinsteigerte. Diesen Eindruck bekommt man wenigstens, wenn man Pierre de Vaux's Schilderungen liest:

„Oh, was für eine wunderbare und unerhörte Sache!" ruft er aus, wo es um das listige Töten des Feindes geht: „Es soll auch nicht verschwiegen werden, daß die fliehenden Feinde aus Angst vor dem drohenden Tod laut riefen: ‚Montfort, Montfort', um sich dadurch als einen der Unsrigen auszugeben und den Verfolgern auf diese Weise zu entgehen. Die Unsrigen vereitelten jedoch diese List: Wenn nämlich einer von den Unsrigen einen der Feinde aus Furcht ‚Montfort, Montfort' rufen hörte, sagte er zu ihm: ‚Wenn du einer von uns bist, so töte jenen Flüchtling', und wies dabei auf einen der Fliehenden. Und jener tötete, von Furcht getrieben, seinen Gefährten. Doch derjenige, der seinen Gefährten getötet hatte, erhielt den Lohn für seinen Betrug und seinen Frevel, denn er wurde unverzüglich von den Unsrigen niedergemacht. Oh, was für eine wunderbare und unerhörte Sache! Die nämlich zum Kampf herangekommen waren, um die Unsrigen zu töten, töteten sich durch das gerechte Urteil Gottes gegenseitig und halfen uns, wenn auch wider ihren Willen" (zit. bei SOLBACH*, 159).

In einem großartigen Drama hat zu seiner Zeit REINHOLD SCHNEIDER* diesen Gegensatz zum Evangelium dargestellt.

1.2 Die Reaktion des hl. Dominikus

Dominikus hatte, wie bereits gesagt, Theologie studiert, wurde Priester und in das Domkapitel von Osma berufen, das nach der Regel des hl. Augustinus lebte. Hier wurde er bald zu einem der profiliertesten Mitglieder und schließlich zur rechten Hand des Bischofs Diego de Acebes. Er trug einen weißen Unterrock und darüber einen schwarzen Mantel. Sowohl die Regel als auch die Bekleidung gehen nahtlos in die neue Lebensweise über, die Dominikus dann aufgrund der Erfahrungen in Südfrankreich annahm. Daß das Lateran-Konzil (1215) ein Dekret erließ, demzufolge keine neuen Ordensregeln verfaßt werden dürften, konnte ihm darum nicht sehr viel anhaben.

Bevor es jedoch zur Gründung des Ordens kam, mußte er seinen Bischof zweimal nach Dänemark (1203 und 1205) und – auf der Rückreise – nach Rom begleiten. Auf diesen Reisen begegneten sie mehrmals den Katharern und damit auch dem erschreckend kontraproduktiven Verhalten der Kirche. Pierre de Vaux schildert uns sowohl den Mißerfolg der Kirche als auch die neue Inspiration des hl. Dominikus, die auf seinen Vorgesetzten, Bischof Diego, zurückgeht. Ich hebe die bedeutsamen und erhellenden Textstellen hervor:

„Als Diego die Kurie verlassen und Montpellier erreicht hatte, begegnete er dort dem Abt von Citeaux, dem ehrwürdigen Arnald, sowie den Brüdern Raoul und Pierre de Castelnau, drei Zisterziensermönchen und Legaten des Apostolischen Stuhles. *Die drei Mönche waren entschlossen, den Auftrag, den man ihnen übertragen hatte, niederzulegen, so sehr waren sie enttäuscht. Keinen oder sozusagen keinen Fortschritt konnte ihre Predigttätigkeit unter den Häretikern verzeichnen. Jedesmal wenn sie ihnen predigen wollten, hielten sie ihnen die sehr schlechte Lebensführung der Geistlichkeit vor. Wollten sie sich aber der Besserung des klerikalen Lebens zuwenden, dann hätten die drei Legaten ihre Predigttätigkeit einstellen müssen.*

Die Antwort des Bischofs in dieser offensichtlich ausweglosen Situation bestand in einem Rat, der sich als überaus wirkungsvoll erwies. Er legte ihnen nahe, ja er drängte sie, sich mit mehr Eifer denn je dem Predigtwerk zu widmen, alle anderen Sorgen beiseite zu lassen und, um den Bösen den Mund zu schließen,

die Predigttätigkeit in aller Demut und Bescheidenheit auszu-
üben. Mit dem Wort verbindet die Tat! Befolgt das Beispiel des
guten Hirten! Geht zu Fuß, ohne Gold und Silber, und ahmt bis
in alle Einzelheiten die Lebensweise der Apostel nach!
Es wollten aber die Legaten von ihrem eigenen Vorgesetzten
diese neuartigen Methoden des Vorgehens nicht annehmen; hingegen erklärten sie, wenn eine wohlbekannte Autoritätsperson
ihnen vorangehen wolle, indem sie sich derart verhalte, dann
würden sie ihr sehr gerne nachfolgen. Was hätten sie mehr sagen
sollen? Dieser von Gott erfüllte Mann anerbot sich. Er sandte die
Leute seines Hauses und seine Reisemittel zurück in seine Stadt
Osma, gab sich mit einem einzigen Begleiter zufrieden und ver-
ließ Montpellier mit Pierre und Raoul, den beiden Legaten-Mön-
chen. Der Abt von Citeaux reiste in seine Abtei zurück, weil dort
demnächst das Generalkapitel der Zisterzienser abgehalten
wurde; auch wollte er von dort einige Äbte seines Ordens mit-
bringen, die ihm behilflich sein könnten, mit Erfolg die Ver-
pflichtung zur Predigttätigkeit, die man ihm eingeschärft hatte,
zu erfüllen" (Matt*, 81).

Mit anderen Worten: Bischof Diego bleibt mit Dominikus zurück
und initiiert eine neue, von Armut und Bescheidenheit geprägte
Verkündigungspraxis, die Barfüßer-Predigt, oder, wie man es bald
zu nennen beginnt, die „praedicatio Christi". Nach dem Tod seines
Bischofs (1207) führt Dominikus diese neue Predigtweise weiter.
Besonderen Erfolg hat er offenbar bei Frauen, so daß er zwischen
1207–1213 das Frauenkloster in Prouille gründen kann.

1215 folgt dann die Gründung des „ordo praedicatorum", des
Predigerordens. Das Gründungsdokument, bei dem ich wiederum
die erhellenden Textabschnitte hervorhebe, ist greifbar in einem
Brief des Bischofs Fulko von Toulouse:

„Im Namen unseres Herrn Jesus Christus bringen wir allen, gegenwärtigen und zukünftigen, zur Kenntnis, daß wir, Fulko,
durch Gottes Gnade bescheidener Inhaber des Bischofssitzes von
Toulouse, den Bruder Dominikus und seine Mitarbeiter *zu Predi-*
gern in unserem Bistum einsetzen. Sie sollen das Übel der Häre-
sie ausrotten, die Laster vertreiben, das Glaubensbekenntnis ver-
künden und den Menschen eine gesunde Moral beibringen. Sie
haben sich vorgenommen, als Ordensleute zu leben und zu Fuß

und in evangelischer Armut umherzuziehen und die Wahrheit des Evangeliums zu predigen.

Weil aber der Arbeiter seines Unterhaltes wert ist und man dem Ochsen, der das Korn drischt, das Maul nicht verbinden soll, und mit noch viel mehr Berechtigung jener, der das Evangelium verkündet, vom Evangelium auch leben soll, wünschen wir dringend, *daß diese Männer, wenn sie ihre Predigttätigkeit ausüben, vom Bistum den Lebensunterhalt und alles Notwendige empfangen.* Im Einvernehmen mit dem Domkapitel der Kirche des Seligen Stephanus sowie des Klerus der Diözese Toulouse überweisen wir für alle Zeiten den genannten Predigern und jenen, die der Eifer für die Sache Gottes und die Liebe zum Heil der Seelen dazu drängt, auf nämliche Weise dasselbe Predigtamt auszuüben, die Hälfte desjenigen Drittels des Zehnten, der zur Ausschmückung und zum Ausbau aller uns unterstehenden Pfarrkirchen bestimmt ist. Damit können sie sich kleiden und sich alles beschaffen, wessen sie in kranken Tagen bedürfen, und sich ausruhen, wann sie wollen. Bleibt am Ende des Jahres etwas übrig, dann bestimmen wir, es solle dies zur Verschönerung der genannten Pfarrkirchen aufbewahrt oder für die Armen verwendet werden, je nachdem der Bischof es für angebracht erachtet. Da das Recht vorsieht, daß ein beträchtlicher Teil des Zehnten stets den Armen zugewendet werden soll, ist es offenkundig, daß wir gehalten sind, in Sonderheit denjenigen einen Teil des Zehnten zukommen zu lassen, *die aus Liebe zu Christus die evangelische Armut erwählt haben ...*

Gegeben im Jahre 1215 nach Christi Menschwerdung, unter der Herrschaft Philipps, des Königs von Frankreich, da der Graf von Montfort die Statthalterschaft von Toulouse innehält und der nämliche Fulko dort Bischof ist" (MATT*, 145).

In diesem Dokument wird ein historischer Vorgang sondergleichen festgehalten: die Übertragung des kirchlichen Predigtauftrages nicht mehr bloß auf einen einzelnen, sondern auf eine ganze Gemeinschaft. Die Predigt ist also nicht nur der Zweckparagraph dieser Gemeinschaft, sondern auch die konzentrierende Kraft einer neuen Spiritualitätsform in der Kirche. Diese gilt es nun in ihren einzelnen Aspekten auszufalten.

1.3 Die Aspekte der dominikanischen Spiritualität

Ich versuche, die dominikanische Spiritualität mit Blick auf unsere heutige Zeit darzustellen.

Eine Spiritualität der Vermittlung

Dominikanische Spiritualität definiert wie kaum eine andere innerhalb der Kirche die Grundhaltung des Vermittlers. Sie will bewußtmachen, was es heißt, selbstloser Träger einer Botschaft, des biblischen Kerygmas zu sein, eine Brücke zwischen dem Urereignis der göttlichen Zuwendung in Jesus Christus und den Menschen, die dieser Zuwendung bedürfen: ein Medium, in dem sich Gott selbst vermittelt, ein Werkzeug, dessen Gott sich bedient, um den Menschen nahezukommen.

Dies erfordert die totale Unterordnung unter das zu vermittelnde Urereignis, ein völliges Aufgeben der eigenen Interessen, eine totale Durchlässigkeit, ja Transparenz für das zu vermittelnde Geheimnis Gottes. Kein Wunder, daß Thomas von Aquin, der große Denker des Dominikanerordens, den Gedanken der Werkzeuglichkeit besonders betont und entfaltet hat.

Eine Spiritualität der kontemplativen Versunkenheit

Wenn der Vermittler sich in das zu Vermittelnde hinein enteignet, dann setzt dies eine fortwährende Kontemplation voraus. „Contemplari et contemplata aliis tradere" – das ist die dominikanische Grundformel, die auf Thomas von Aquin zurückgeht. Es gibt keine Vermittlung ohne das selbstvergessende und selbstvergessene Anheimgegebensein an das Geheimnis des menschgewordenen Wortes Gottes. Ohne die vorausgehende Kontemplation darf nicht gepredigt werden, weil es ohne sie nichts zu sagen gibt. Ich erinnere an die Lebensgeschichte des hl. Antonius von Padua (Rotzetter* W). Dieser damals noch völlig unbekannte Minderbruder bekam seine Chance, nachdem sich die Dominikaner geweigert hatten, zu einem konkreten Anlaß aus dem Stegreif heraus zu predigen. Sie hätten nichts zu sagen, sagten sie, weil sie sich vorher nicht in die Kontemplation hätten versenken können. Diese Bindung des Wortes an die Urquelle, das menschgewordene Wort, ist von so grundsätzlicher Art, daß es niemand wagen solle, „einfach so" zu predigen. Ohne diese kontemplative Rückbindung des Wortes verliert die Verkündigung ihren Inhalt, ihre Konzentration und auch ihre Kraft.

Es dürfte von daher kaum mehr erstaunen, daß der dominikanischen Mystik in den unterschiedlichsten Nuancen besondere Bedeutung zukommt (z. B. Meister Eckhart, Johannes Tauler, Heinrich Seuse, Katharina von Siena). Ich möchte auch an die sogenannten „Neun Gebetshaltungen des hl. Dominikus" (ROTZETTER* D; vgl. 3. Kapitel, 1. 5) erinnern, einen illustrierten Text aus dem 14. Jahrhundert, in dem diese personale Anheimgabe an das fleischgewordene, gekreuzigte Wort in verschiedenen Körperhaltungen zum Ausdruck kommt: im Demut- oder Neigegebet, im Liegegebet, im Büßergebet, im Knien und im Stehen, im „Gewalt- oder Kreuzgebet", im „Streck- oder Pfeilgebet", im Lesen, im Gehen. Diese Bindung wird zudem von der Bildgebung offenbar auf eine verbindliche Weise auch in den kontemplativen dominikanischen Frauengemeinschaften greifbar. Entsprechend werden Vanna von Orvieto und Margareta von Citta di Castello, zwei Mystikerinnen des ausgehenden 13. Jahrhunderts, dargestellt (Abbildungen bei SENSI*, 28f). Die vermittelnde Kraft des Wortes ist entschieden das Ergebnis der personalen Bindung an das Christusereignis. Heute, habe ich den Eindruck, wird selbst im Raum der Kirche „Christus ,evakuiert'", wie M. H. Vicaire (zit. bei MATT*, 76) von den Katharern sagt. Die Entleerung oder Verdunstung des Glaubens hat wesentlich damit zu tun, daß die kontemplative Versenkung an Bedeutung und darum die Verkündigung an Kraft verloren hat.

Eine Spiritualität der Nachfolge des armen Jesus

Aus den Quellentexten, welche die Reaktion des hl. Dominikus darstellten, ergibt sich eindeutig, daß der Vermittler nur dann glaubwürdig ist, wenn die Wortverkündigung einhergeht mit der Tatverkündigung. Dazu gehört vor allem die Armut, das heißt: Das Leben des Verkündigers muß ein Spiegelbild des wandernden Jesus sein, der nichts hatte, worauf er sein Haupt legen konnte (vgl. Matthäus 8,20). Man kann Christus nicht im Gehabe des Reichen verkünden. Das bezieht sich auch auf die Mittel, die man dabei anwendet.

Ich denke, daß von hierher kritische Rückfragen an die kirchliche Verkündigung zu stellen sind. Das barfüßige Verkünden steht in einem gewollten Gegensatz zu den Predigten vom hohen Roß herunter; davon war bereits die Rede. Was das für heute bedeutet, müßte vertieft erfragt werden. Sicher bedeutet es auch eine andere Art der Welterfahrung in zeitlicher Hinsicht. Man beginnt, in Kategorien der „Humilitas" bzw. der Erdnähe, wie ich unterdessen übersetze, der Geduld, der Zärtlichkeit, der Gewaltlosigkeit zu denken und zu handeln (vgl. ROTZETTER* Q).

Hier läßt sich eine Gemeinsamkeit mit Franziskus aufzeigen, wobei zu bemerken ist, daß Dominikus ein anderes Motiv hat. Für Franziskus ist die Armut in sich selbst sinnvoll. Er will sie um des armen Jesus willen lieben. Die Armut ist für Dominikus eine „conditio sine qua non", eine Grundbedingung, ohne die eine Predigt nicht glaubwürdig sein kann.

Eine Spiritualität des Wortes

Dominikanische Spiritualität beinhaltet eine besondere Kultur des Wortes, der Sprache. Paulus hat in seinem ersten Brief an die Korinther das Spezifische des christlichen Glaubens herausgestellt: die Abkehr von den stummen Göttern (vgl. 12,2). Wir bewegen uns vor dem Horizont eines sich mitteilenden, kommunizierenden, sich offenbarenden Gottes, in einem Verhältnis von Wort und Antwort, von Anspruch und Tat, von Gnade und Ethik, von Indikativ und Imperativ. Nochmals: Es geht um ein wesentliches, gewichtiges, verantwortetes Wort, um eine Sprache, die aus dem Schweigen und aus der kontemplativen Rückbindung an das fleischgewordene Wort, aus Gott, kommt.

Eine solche Kultur der Sprache wird nur dann gewährleistet, wenn sie in die Schule der Poesie geht. Das poetische Wort entgrenzt, befreit, läßt Raum, verweist auf das Geheimnis (vgl. ROTZETTER* I). Ich möchte hier auf die Frankfurter Poetik-Vorlesungen von HILDE DOMIN* hinweisen, in denen viele Aspekte aufgezeigt sind, die bedeutsam sein könnten für eine dominikanische Spiritualität und ganz generell für eine Kultur des Wortes im Raum der Kirche. Was sie über „das schwarze Wort" sagt, müßte auch für das schöne, bunte Wort gelten, das wir im Namen Jesu sprechen dürfen. Ich versuche, dies parallel zu ihrem Gedicht „Unaufhaltsam" (DOMIN*, 67) zu formulieren:

Unaufhaltsam

Das eigene Wort,
wer holt es zurück,
das lebendige
eben noch ungesprochene
Wort?

Wo das Wort vorbeifliegt
verdorren die Gräser,
werden die Blätter gelb,
fällt Schnee.
Ein Vogel käme dir wieder.
Nicht dein Wort,
das eben noch ungesagte,
in deinen Mund.
Du schickst andere Worte
    hinterdrein,
Worte mit bunten, weichen
    Federn.
Das Wort ist schneller,
das schwarze Wort.
Es kommt immer an,
es hört nicht auf,
anzukommen.

Besser ein Messer als ein
    Wort.
Ein Messer kann stumpf sein.
Ein Messer trifft oft
am Herzen vorbei.
Nicht das Wort.

Am Ende ist das Wort,
immer am Ende
das Wort.

HILDE DOMIN

Unaufhaltsam

Das göttliche Wort,
wer holt es zurück,
das lebendige
eben noch ungesprochene
Wort?

Wo das Wort vorbeifliegt,
erblühen die Wüsten,
werden die Wiesen bunt,
sprießt Leben.
Ein Vogel käme dir wieder.
Nicht das göttliche Wort,
das eben noch ungesagte,
in deinen Mund.
Jemand schickt andere Worte
    hinterdrein,
Worte mit schwarzen, schweren
    Steinen.
Das göttliche Wort ist schneller,
das Lichtwort.
Es kommt immer an,
es hört nicht auf,
anzukommen.

Besser das göttliche Wort als
    Amors Pfeil.
Amors Pfeil tut weh.
Amors Pfeil trifft oft
am Herzen vorbei.
Nicht das Wort.

Am Ende ist das göttliche Wort,
immer am Ende
das göttliche Wort.

A. R.

92

Hier ergäbe sich nochmals eine Polarität zur ursprünglichen Spiritualität des hl. Franz, der das eigenständige und wissenschaftliche Denken nicht sonderlich geschätzt hat. Erst mit Bonaventura (1217/18–1274) wird das Denken endgültig in die franziskanische Spiritualität integriert. Allerdings wird es auch dann noch, wie wir gleich sehen werden, in einem Spannungsverhältnis zum dominikanischen Denken bleiben. Dominikus fordert im Namen der Predigt das eingehende Studium. Die Handarbeit wird diesem Studium gänzlich geopfert. Es geht darum, daß die Verkündigung nicht nur der personalen Anheimgabe an das Christusereignis entspringt, sondern auch dem vernünftigen Denken.

Dies ist um so bedeutsamer, als sich nicht nur die katharische Lehre vom offiziell vorgegebenen Denken der Kirche entfernt hat, sondern auch, weil das arabische (Averroes, 1128–1198) und heidnisch-griechische Denken (Aristoteles, 384–322 v. Chr.) eine Konfrontation mit dem christlichen Denken heraufbeschwört. Für dieses freie Denken steht der Dominikaner Thomas von Aquin (WEISHEIPL*). Diesbezüglich gibt es aus unseren Tagen einen Textabschnitt von WALTER DIRKS* (191ff), der unübertroffen ist:

„Der positive Dienst des Dominikanertums am freien Denken, die Verwandlung des Prediger- und Ketzermissions-Ordens in den Orden der Theologen und Philosophen, trat freilich erst später ein: in Thomas von Aquin, dem Albert der Große vorgearbeitet hatte.

Es mag den einen oder anderen überraschen, daß Thomas von Aquin hier für ‚das freie Denken' reklamiert wird. Man sieht ihn ja landläufig eher für das Gegenteil eines freien Denkers an: für den ‚Scholastiker', den Meister des Schuldenkens, des gebundenen Denkens, des Systemdenkens. Aber auch hier liegt eine Täuschung aus allzu retrospektiver Sicht vor – aus der Sicht der Humanisten und Luthers und derer, die ihnen folgten. Thomas war insofern ‚gebunden', als er nicht gegen die Kirche, sondern in der Kirche dachte. Das mag dem Ungläubigen wie eine Fremd-Bindung, wie Heteronomie erscheinen. Der Gläubige wird im Denken des Gläubigen, des Heiligen zumal, keine Heteronomie erkennen, und selbst der aufgeklärte Ungläubige wird als Psychologe zugeben müssen, daß man es nicht eine ‚Unfreiheit' nennen kann, wenn einer ‚in einer Welt‘ denkt: Denn auch dieser aufgeklärte Ungläubige hat längst aus der geschichtlichen Erfahrung erkennen müssen, daß der Anspruch des Descartes und anderer, ‚voraussetzungslos‘ zu denken, vom Nullpunkt aus zu denken, mit dem Denken an irgendeinem Punkt autonom anzufangen – daß dieser Anspruch eine Illusion ist.

Thomas denkt als Gläubiger in der Gemeinschaft der Kirche – das ist seine ‚Bindung‘. Er bindet sich an das Dogma, aber er ist nicht unfrei in dieser Bindung, weil er an das Dogma glaubt und weil er durch das Dogma hindurch in Freiheit an Gottes Wort glaubt: Gottes redenden Mund zu hören und ihm zu antworten, ist nicht Unfreiheit. Außerdem hat Thomas sehr genau zwischen diesem Wort Gottes und jedem anderen in der Kirche aufbewahrten und gesprochenen Wort unterschieden. Nicht im Sinn einer ‚doppelten Wahrheit‘; nicht als ob er eine autonome Philosophie neben eine heteronome Theologie gestellt hätte – es lag in einer gläubigen Gesellschaft kein Grund vor, Trennungen von solcher Schärfe vorzunehmen. Aber durch die ebenso unbefangene wie konsequente Art, wie er zwischen dem Gotteswort und dem Menschenwort unterscheidet.

Wir empfinden es als einen antiquierten, als einen mittelalterlichen Zug, wenn Thomas immer von den ‚Autoritäten‘ ausgeht, sei es von den christlichen Vätern, sei es von ‚dem Philosophen‘, Aristoteles nämlich. Wir übersehen dabei ein Doppeltes. Einmal, daß es kein realeres und aussichtsreicheres Denken gibt als dieses Ausgehen vom bereits Gedachten, vom vorhandenen Bewußtsein; wir haben gerade am Scheitern der allzu original sich gebärdenden (und dabei keineswegs wahrhaft originalen) Systeme der neueren Philosophie erfahren, daß das überlieferungslose Denken das Denken eines ‚Narren auf eigne Hand‘ ist. Die ‚Geschichte der Philosophie‘ ist nicht eine historische Nebendisziplin der Philosophie, sondern ein wesentliches Hauptstück; wir können gar nicht anders als ‚weiter denken‘, wenn wir gut denken wollen.

Zweitens übersehen wir, daß Thomas ja gerade die absolute Autorität ‚der Autoritäten‘ gebrochen hat: Er geht von ihren Meinungen aus, aber er spielt sie sodann nicht nur gegeneinander aus, sondern, und das ist das Entscheidende, er gibt dem ‚Sachverhalt‘ den Vorrang: Die Autorität einer Autorität gilt genau so weit, wie die Beweiskraft der Gründe reicht, die sie vorbringt. Das ist – cum grano salis – neu, das ist revolutionär. Thomas hört zu, prüft, nimmt an und verwirft. Er ist ein neuer Denker, ein selbständiger Denker. Freilich auch ein Gläubiger, der nicht daran denkt, das andere Wort in Zweifel zu ziehen: das Wort Christi und der Apostel. Wohl aber zieht er das Wort auch der christlichen Väter in Zweifel, soweit es nicht mit dem Wort Christi identisch ist.

Wenn schon die Anhänger des Avicenna und des Averroes ‚freie Geister‘ waren, da sie es wagten, sich mit Schwung auf das Denken dieser mohammedanischen Philosophen einzulassen, so ist erst recht Thomas ein unabhängiger freier Denker, weil er dasselbe fortsetzt, aber kritisch fortsetzt: Er hat keine Angst vor Zeloten, die in der Weisheit der Araber und der vorchristlichen Griechen nur heidnische Afterweisheit sahen, er verfällt auch nicht dem modischen Averroismus, sondern prüft souverän: Er mißt die vorgefundene These am Sachverhalt, und er prüft im unbefangenen Vertrauen auf die eigene Erkenntniskraft.

Auch der Wille zum System, der die Arbeit des Thomas kennzeichnet, ist kein Indiz gegen die Freiheit seines Denkens, sondern das Gegenteil. Auch in ihm spricht sich die großartige Unbefangenheit und Kühnheit eines Denkens aus, das sich nicht mit Einzelerkenntnissen begnügt, sondern auf ‚die Wahrheit des Ganzen‘ ausgeht.

Gewiß liegt eine der Bedeutungen seiner Summen in der weisen und überlegenen systematischen Zusammenfassung des Gewußten, des schon lange Gewußten, in einer Spätleistung also, in einem großartigen Abschluß. Man kann seine Bedeutung aber mit größerem Recht in den Keimen des Künftigen sehen, in der Selbständigkeit und Elastizität, mit der hier gedacht wird, nicht sehr viel Neues, obwohl Neues genug, vor allem aber auf neue Weise, kritischer und subjektiver – und auf heilige Weise: betend in einer heiligen Existenz. Es scheint ja ein Gesetz des Geistes zu sein, daß die große systematische Zusammenfassung erst dann möglich wird, wenn das zusammengefaßte überlieferte Wissen von den Fermenten neuen und künftigen Wissens durchsäuert ist: Die Eule der Minerva scheint sich nicht ‚am Abend‘ zu ihrem Flug zu erheben, sondern zwar noch in der Nacht, noch ganz vom Wissen des vorigen Tags erfüllt, aber doch erst im allerersten Morgengrauen. So war es bei Aristoteles, so war es bei Hegel (– der ebensowenig ohne den geahnten Marx und Kierkegaard sein Werk vollenden konnte, wie sodann Marx und Kierkegaard ihr Werk ohne ihn –), und so muß man wohl auch Thomas von Aquin sehen. Er konnte ein großer mittelalterlicher Denker sein, weil er ein neuzeitlicher zu sein begann. Er konnte ein System des Gewußten aufbauen, weil er bereits ein freier Denker war.

Einen Unterschied zwischen Franziskus und Dominikus–Thomas muß man freilich sehen und festhalten: Franziskus bekämpft die Gefahr des Reichtums, indem er ein Armer wird. Dominikus und Thomas bekämpfen die Gefahr des autonomen Denkens nicht, indem sie Ungelehrte werden, sondern indem sie betende Gelehrte, betende freie Denker werden. Insofern – nicht als Lebensform, denn die war monastisch und sogar klerikal – entsprechen die Dominikaner eher dem Dritten als dem Ersten Orden des heiligen Franz: Wie dieser die Genossenschaft der Reichen im Geist der Armut war, so war der Dominikanerorden albertinischer und thomistischer Observanz der Orden der freien Denker im Geist des Glaubens. So kann Franziskus als ihrer beider radikaler Avantgardist gelten: als einer, der in die Bresche sprang und auf jeden Besitz und auf jede Wissenschaft verzichtete, damit andere auf christliche Weise reich und wissenschaftlich, freie Bürger und freie Denker sein konnten."

Eine Spiritualität des Argumentes

Die dominikanische Auseinandersetzung mit anderen Denkentwürfen zeigt sich streng argumentativ. Wiederum ist es Thomas, der uns das Beispiel eines disziplinierten und geduldigen Argumentierens gibt. KLAUS HEMMERLE* hat dessen Theologie als eine „Theologie des Zuganges" bezeichnet, weil Thomas dem vernünftigen Denken einen Zugang zum Glauben bahnen wollte. Im Unterschied dazu sei die Theologie des Franziskaners BONVENTURA* „eine Theologie des Ausgangs", weil er von Gott und seiner Offenbarung in Jesus Christus ausgeht. Bonaventura sucht gar nicht erst zu beweisen, seine Theologie ist immer schon denkende Nachfolge Jesu, wogegen Thomas behutsam und einfühlend Brücken schlägt, Indizien aufzählt, Beweise vorlegt.

Thomas von Aquin entwickelt in seiner „Summa theologica" sogar eine Argumentationsmethodik. Er stellt die Meinungen der anderen zunächst einmal vor, fühlt sozusagen in diese Meinungen hinein, versucht sich sogar damit zu identifizieren und gewinnt so sein Argument, mit dem er mit dem andern ins Gespräch kommt.

Dies sind, meine ich, die wesentlichen Aspekte der dominikanischen Spiritualität. Man sage nicht, sie hätte heute nicht ihre Stunde.

2 Ignatius und seine Spiritualität der Erschließung – „in actione contemplativus" oder: Die Mystik der Tat

Während von Benedikt nur seine Regel überliefert ist, während Franziskus Schriften nur im Umfang eines kleinen Taschenbuches hinterlassen hat, aus dem sich ein klares und faszinierend geistliches Porträt erschließen läßt, und während von Dominikus kein einziges schriftliches Wort erhalten ist, haben wir von IGNATIUS VON LOYOLA* (1491–1556) ein immenses Schrifttum: die Regel und die Konstitutionen (BALTHASAR* A), über deren genaue Bezeichnung bis heute Uneinigkeit besteht, sodann seine Autobiographie, sein „Exerzitienbuch" und einen großen Band gesammelter Briefe. Die Spiritualität des Ignatius läßt sich in die von J. Nadal (1507–1580), dem engen Mitarbeiter des Ignatius, stammende Kurzformel verdichten: „in actione contemplativus – in der Aktivität kontemplativ". Die Aktivität erwächst hier nicht mehr nur der vorausgehenden Kontemplation wie bei Dominikus, sondern sie ist erst dann Aktivität im vollen Sinn, wenn sie sich als Ort der Kontemplation erweist. Das Tun offenbart das Christusgeheimnis, die Aktion wird zur mystischen Gottesoffenbarung. Dasselbe sagt Ignatius mit seiner Grundformel: „Gott suchen in allen Dingen" (STIERLI*). Gott zeigt sich in der Begegnung mit dem Universum, in Zeit und Raum, nicht außerhalb der Realität, sondern mitten in ihr. Wenn bei Dominikus die Kontemplation der Ausgangspunkt für die Aktivität ist, so ist sie bei Ignatius das Ziel allen Tuns.

2.1 Der zeitlichgeschichtliche Hintergrund des Ignatius

Schon das Geburtsjahr des Ignatius läßt aufhorchen: 1491 – der Beginn der „Conquista" (Eroberung des „amerikanischen" Kontinents; ROTZETTER* L) – bedeutete für Europa nicht nur einen neuen, nahezu unendlichen Horizont, sondern auch die Möglichkeit, unter anderen Bedingungen noch einmal anzufangen (nach der „Reconquista", der Rückeroberung der islamisch besetzten Teile Spaniens). Man erfuhr dieses Ereignis als eine Befreiung aus alten Gefängnissen. Die Freiheit lockt, der Missionsgedanke rückt ins Zentrum, wenn oft auch unter fragwürdigen Vorzeichen. Politisch bedeutet dies den Beginn der europäischen Weltherrschaft und in geistlicher Hinsicht die Möglichkeit, eine neue, dem Urchristentum entsprechende Kirche aufzubauen.

Der zweite Grundzug dieser Zeit ist die Renaissance: „Die Gruppe, die Ignatius gründet, ist die der neuen Humanität, des Humanismus, der aus der Renaissance entstanden ist. Sie lebt einerseits in tiefer Symbiose mit ihr, eins mit ihren Zielen, aber auch in Opposition, im offenen Krieg mit dem, was in der Renaissance an Unechtem und Unmenschlichem enthalten war" (RIDEAU*, 32).

Schließlich ist die Reformation zu nennen, die einen Bruch in die abendländische Christenheit hineinträgt. Auf der einen Seite bedeutet das die Emanzipation von der Papstkirche, wie sie in Martin Luther und seiner Bewegung greifbar wird, auf der andern Seite die neue Bindung an den Papst, die im 4. Gelübde der Jesuiten ihren Ausdruck finden wird. Darüber hinaus könnte aber ein Vergleich der Biographien Luthers und des Ignatius zu überraschenden geistlichen Übereinstimmungen führen. Es ist auch schon gesagt worden, und zwar durchaus mit einem gewissen Recht, daß mit Ignatius die Neuzeit beginnt oder daß sein „Exerzitienbuch" mit seiner Fragestellung bereits ein Ausdruck davon ist.

„Nach der amerikanisch-ungarischen Philosophin Agnes Heller hat die moderne Zeit in dem Moment angefangen, als der Mensch nein sagen lernte. Nein kann er sagen, weil er sich selbst überlegen kann, was gut und schlecht, richtig und falsch ist. Ob er weint oder lacht, er ist selbst souverän. Als er das entdeckte, hat er sich vom König gelöst, dem damaligen Statthalter irdischer Macht, der ihn ‚im Namen Gottes' gebeugt hatte. Damit begann in Europa die Säkularisierung, das Individuum setzte sich ab von der transzendentalen Staatsgewalt. Das war die Geburt der Menschenrechte" (FLEINER*).

2.2 Die „Geistlichen Übungen" des Ignatius von Loyola

Über Ignatius und seine Gesellschaft gibt es seit Anfang an Urteile und Mißverständnisse, wie sie bei keinem anderen Ordensgründer und keinem anderen Orden anzutreffen sind. Ich möchte hier mit dem Aufzählen der Vorwürfe keine Zeit verlieren, sondern mich direkt der Biographie des Ignatius zuwenden. Sie steht, wie gleich deutlich wird, in einem unmittelbaren Zusammenhang mit einem der Kernpunkte ignatianischer Spiritualität, den sogenannten „Geistlichen Übungen".

Ignatius wird 1491 als Sohn einer kinderreichen und militanten Adelsfamilie geboren. 1515 entzieht er sich durch Flucht einem Prozeß, in dem er wegen nicht mehr identifizierbarer Vergehen angeklagt war. Eine schwere Beinverletzung, die er sich während kriegerischer Auseinandersetzungen als Ritter zugezogen hat, führt ihn an den Abgrund des Todes und – nachdem seine Lebenskräfte obsiegten – zu einer langen Rekonvaleszenz. Er versucht, sich durch Ritter- und Liebesromane die Zeit zu vertreiben, bekommt aber dann die „Legenda aurea" des Jacobus de Voragine (BENZ*) in die Hand. Franziskus, Dominikus und die ganze asze-tisch-geistliche Tradition beginnt ihn zu faszinieren. Auf der anderen Seite bleibt er von den weltlichen Ritteridealen angezogen. Dieses Hin und Her der Gefühle und die Erfahrungen, die er damit macht, wird Ignatius später in sein Konzept von der „Unterscheidung der Geister" bzw. in sein Exerzitienbuch einarbeiten. Schließlich entscheidet er sich für das geistliche Leben. Er nimmt sich zwei Dinge vor: eine Jerusalemreise und den Eintritt in die Kartause von Sevilla.

1522 verabschiedet sich Ignatius von seiner Familie, um nach Jerusalem zu pilgern. Er kommt über Aranzazu und Monserrat, zwei Marienheiligtümern, wo er mystische Erfahrungen macht, nach Manresa. Hier findet er zur eigentlichen Bekehrung. Er wendet sich vom Vorhaben, Franziskus und Dominikus zu überbieten und seine Heiligkeit durch heldenhafte Aszese zu erwirken, ab und läßt sich in die Liebe Christi fallen. 1523 kommt er in Jerusalem an, wo er sich endgültig niederlassen möchte. Dies wird ihm jedoch verwehrt, so daß er für eine längere Studienzeit nach Europa zurückkehrt (1524–1535). Bereits in Barcelona, seinem ersten Studienort, fängt er an, neben seinem Studium anderen bei ihrer Gottsuche zu helfen.

Er wendet in „Geistlichen Übungen" auf andere an, was er an sich selbst erfahren hat: die „Unterscheidung der Geister". Er findet vier Gefährten und zieht mit ihnen – in einer einheitlichen Tracht – nach Alcala. Auch hier bietet er seine Exerzitien an, wird dann aber mit der Inquisition konfrontiert, die ihm und seinen Gefährten auferlegt, sich wieder zivil zu kleiden und keine Seelsorge mehr auszuüben. Sie entziehen sich dem Urteil durch den Weggang nach Salamanca, wo sie ihrer Tätigkeit unbekümmert weiter nachgehen. Wiederum greift die Inquisition zu: Ignatius verbringt 22 Tage im Gefängnis, wird dann aber vom Vorwurf der Irrlehre freigesprochen. Trotzdem trifft ihn und seine Gefährten das Verbot, weiterhin ihre „Geistlichen Übungen" abzuhalten.

Ignatius anerkennt das Urteil, nimmt es aber nicht an – und zieht nach Paris. Hier „verdient" er seinen Lebensunterhalt mit Betteln und beginnt von neuem mit den „Geistlichen Übungen". Davon bewegt, ändern drei Mitstudenten radikal ihren Lebenswandel: Sie leben wie Ignatius arm. Doch führt dies auch hier wiederum zur Inquisition. Die drei Studenten werden gewaltsam in ihre Kollegien und zu ihrer früheren Lebensweise zurückgeführt. Ignatius bleibt hartnäckig; neue Gefährten kommen, die dann die ersten Mitglieder seiner Gesellschaft werden: Peter Faber, Franz Xaver und vier weitere Männer. Am 15. August 1534 legen sie während einer Messe, die Peter Faber, der unterdessen noch einzige Priester der Gruppe, feiert, auf dem Montmartre zusammen mit Ignatius private Gelübde ab. Das Gelübde hatte etwa folgenden Inhalt:

„... in Armut und Keuschheit Christus unserem Herrn nachzufolgen und nach Jerusalem (!) zu gehen oder – bei Unmöglichkeit der Überfahrt dorthin in einem bestimmten Zeitraum – sich dem Papst zur Verfügung zu stellen oder – falls ein Verbleib dort unmöglich sein sollte – zurück nach Rom zu gehen und ihre Dienste gleichfalls dem Papst anzubieten" (IGNATIUS* D, 173).

Hier berühren wir zwei Kernpunkte des Ordenslebens: die Nachfolge Christi in Armut und in Keuschheit. Darüber hinaus sind zwei weitere Lebensaspekte zu nennen, die beide zur „differentia specifica" der Gesellschaft Jesu gehören werden: die äußere Beweglichkeit (nach Jerusalem ziehen) und die direkte Bindung an den Papst. Noch bevor es zur Ausführung des Vorhabens kommt, wird Ignatius jedoch zum vierten Mal von der Inquisition vorgeladen, allerdings mit dem Ergebnis, daß der Inquisitor diesmal voll des Lobes über die „Geistlichen Übungen" ist. Ignatius läßt sich dies notariell vom Inquisitor bestätigen und reist dann zu einer Kur in die Heimat zurück.

1537 treffen sich alle Gefährten in Venedig, wo sie vom Betteln leben. Da werden sie zu Priestern geweiht, nennen sich „Gesellschaft Jesu" und geraten noch einmal mit der Inquisition in Konflikt, die dann aber wieder die Haltlosigkeit der Vorwürfe zu Tage fördert. Sie ziehen nach Rom, und wieder kommt es zur Verfolgung durch die Inquisition, wobei Ignatius selbst ein endgültiges Urteil fordert. Schließlich wird der Gruppe die Rechtgläubigkeit zugestanden. Gemeinsam kommen sie zu der Überzeugung, daß sie einem der Gefährten Gehorsam versprechen sollten. Daraus entsteht dann die „Regel", die Papst Paul III. 1539 bestätigt. Ignatius wird 1541 zum ersten Generalobern gewählt. – Er stirbt nach langer intensiver Tätigkeit am 30. Juli 1556.

2.3 Einzelne Aspekt der Spiritualität der Gesellschaft Jesu – „in actione contemplativus"

Eine Spiritualität der Erschließung

Bei Ignatius fallen Aktion und Kontemplation zusammen. Ich verwende für das, was Ignatius meint, bewußt den Begriff „disclosure" (Erschließung). Denn für Ignatius ist jeder Ort, an dem er tätig ist, ein Ort der Offenbarung. Gott gibt sich in dem Maße in der irdischen Wirklichkeit bzw. in den Menschen zu erkennen, wie sich jemand erkennend und handelnd darauf einläßt. Gott erschließt sich in allen Dingen, in jeder Person, in jeder Situation. Dies verlangt eine zutiefst kontemplative Grundhaltung. Dies wird in jede der folgenden Aspekte eingehen.

Im Dienst der individuellen Gottsuche

Gerade die anhaltende inquisitorische Verfolgung des Ignatius und seiner „Geistlichen Übungen" zeigt, daß hier zwei diametral entgegengesetzte Glaubensverständnisse aufeinanderstoßen: auf der einen Seite das Allgemein-Gültige, das im dogmatisch formulierten Glauben eines Kollektivs, der Kirche, vorgegeben ist, – auf der andern Seite die Überzeugung des Ignatius, daß Gott sich der einzelnen Seele individuell zeigen will. Ignatius hat es selbst erfahren, wie Gott sich inmitten der eigenen Biographie zur Geltung bringt. Darum wollen er und jene, die mit ihm diese Erfahrung teilen, anderen durch „Geistliche Übungen" helfen, das Antlitz Gottes in der eigenen Seele zu schauen bzw. jenen Zustand zu erreichen, in dem „das Verspüren und Verkosten der Dinge von innen her" (IGNATIUS* B, 15) eintritt. Dies ist das Zentrum, aus dem heraus die Gesellschaft Jesu entstanden ist, in dem alle Aktivitäten der Jesuiten ihren Ursprung haben und auf das hin sie wirken:

> „Der Zweck dieser Gesellschaft ist nicht nur, auf die Rettung und Vervollkommnung der eigenen Seelen mit der Göttlichen Gnade zu achten, sondern mit der gleichen [Gnade] sich unter Anspannung aller Kräfte (*intensamente*) einzusetzen, um bei der Rettung und Vervollkommnung der Seelen der Nächsten zu helfen" (BALTHASAR* A, 343).

Die Ehrfurcht vor dem einzelnen Menschen

Unter dem Aspekt von „in actione contemplativus" erscheint dann auch die Behutsamkeit, mit der der Exerzitiengeber dem Exerzitanten begegnen soll, in einem anderen Licht. Nicht nur das eigenständige Denken, sondern auch das Aufleuchten des göttlichen Lichtes in der Seele des Gegenübers gebietet die kurze, verknappende Rede (IGNATIUS* B, 2), ja sogar äußerste Enthaltsamkeit, was Ratschläge betrifft:

> „Auf diese Weise soll derjenige, der die Übungen vorlegt, weder zu der einen noch zu der anderen Seite sich wenden und hinneigen, sondern, mehr wie eine Waage in der Mitte stehend, unmittelbar den Schöpfer mit seinem Geschöpf und das Geschöpf mit seinem Schöpfer und Herrn wirken lassen" (IGNATIUS* B, 15).

Auf diese Weise wird jedes seelsorgliche Gespräch, dem Ignatius und seine „Unterscheidung der Geister" verpflichtet ist, zu einem zutiefst kontemplativen, ja mystischen Akt.

Beweglichkeit und Freiheit – das vierte Gelübde

Es mag überraschen, daß hier Freiheit und Bindung an den Papst in einem Atemzug genannt werden. Aber Ignatius mußte auf genügende Weise erfahren, wie seine Freiheit in Alcala, Salamanca, Paris, Venedig, ja selbst in Rom durch kirchliche Instanzen eingeschränkt wurde. Seine individuell ausgerichtete Seelsorge und die Tatsache, daß er sie ohne kirchlichen Auftrag leistete, wurde überall als Ärgernis empfunden und rief überall die Inquisition auf den Plan. Ignatius jedoch entzog sich allen Einschränkungen jeweils durch einen Ortswechsel und schließlich durch die exklusive Bindung an den Papst.

Anders gesagt: Er löst sich und seine Gemeinschaft von allen untergeordneten hierarchischen Stufen, um für immer die Beweglichkeit und die Freiheit der Seelsorge zu gewährleisten. Im Hinblick auf „die Beförderung der Seelen und die Verbreitung des Glaubens" ist den Päpsten Gehorsam zu leisten,

„wohin immer sie uns senden wollen, ..., soweit es in unserer Kraft liegt, ohne den Rücken zu kehren oder uns irgendwie zu entschuldigen; mögen sie uns zu den Türken schicken oder zu andern Heiden, selbst in jene Länder, die man Indien nennt, oder zu beliebigen Ketzern und Abtrünnigen, oder zu allen beliebigen Gläubigen. Aus diesem Grunde sollen jene, die sich uns anschließen wollen, bevor sie ihre Schultern dieser Last darbieten, lange und gut überlegen, ob sie auch über soviel geistige Mittel verfügen, um nach dem Rate des Herrn diesen Turm vollenden zu können, das heißt, ob der Heilige Geist, der sie antreibt, ihnen soviel Gnade verspricht, daß sie hoffen können, diese Last mit seiner Hilfe zu tragen; und nachdem sie sich auf göttlichen Ruf hin dieser Kampfgruppe Jesu Christi geweiht haben, müssen sie Tag und Nacht mit gegürteten Lenden bereitstehen, ihre so große Schuld einzulösen" (Balthasar* A, 338).

Während Benedikt den Gehorsam zur Stabilität forderte, verlangt Ignatius den Gehorsam zur absoluten Beweglichkeit. Walter Dirks* hat schon recht, wenn er die jesuitische Bindung an den Papst als Emanzipation deutet, als „Emanzipation von der feudalen Pyramide"; „so ergibt sich, daß die Reformatoren und die Gegenreformatoren etwas Gemeinsames haben: Der ‚Freiheit des Christenmenschen' entspricht die ausgeprägte Individualität des jesuitischen Glaubensstreiters" (199).

So gesehen, ist in einem weiteren Schritt des Emanzipationsprozesses durchaus verständlich, daß sich die Gesellschaft Jesu heute von diesem vierten Gelübde verabschieden will – mit entsprechendem Konfliktpotential innerhalb der Gesellschaft und von seiten des Vatikans (ROTZETTER* G; WOODROW*, 269ff). Wichtig bei all dem ist der Wille, in der freien und beweglichen Suchbewegung Gottes zu stehen: Gott in allen Dingen zu suchen und zu finden, oder eben: in der universalen Missionsaktivität Gott zu schauen.

Wissenschaft und basisorientierter Lernprozeß

Auch das wissenschaftliche Tun ist letztlich als Kontemplation zu begreifen. Sie soll nicht nur dem Heil der Seelen dienen, sondern auch

> „als Hilfe dazu hin, Gott unseren Schöpfer und Herrn mehr zu erkennen und ihm mehr zu dienen. Hierzu übernimmt die Gesellschaft die Kollegien und auch einige Universitäten, wo jene, die die Prüfung in den Häusern gut bestanden haben und denen die notwendige Ehre noch abgeht, in dieser und den anderen Mitteln der Seelenrettung unterrichtet werden" (BALTHASAR*, 360).

Auch diesbezüglich gibt es in der neueren Zeit ein Umdenken. Die Kollegien und Universitäten werden ergänzt oder gar ersetzt durch basisorientierte Lern- und Erfahrungsprozesse. Immer mehr treten die Themen Armut, Gerechtigkeit und Frieden in den Horizont der kontemplativen Aktion. Das säkulare Umfeld wird immer mehr zum Ort der Gotteserfahrung.

Der einzelne Jesuit

Schließlich sei noch darauf hingewiesen, daß Jesuiten das gemeinsame Leben kaum kennen. Selbst da, wo sie in Gruppen leben, bleiben sie bewußt ausgesprochene Individualisten, Einzelkämpfer, die die Tiefe des Kampfes und des Engagements als Gottsuche und als Gottesschau, als Kontemplation, als Mystik der Tat auszuloten suchen. Hier gälte es Dimensionen zu erschließen, die immer noch weit weg sind vom heutigen kirchlichen Normbewußtsein. MAURICE BLONDEL* und LEON BLOY*, die schon vor längerer Zeit faszinierende Aspekte einer solchen Mystik der Tat formuliert haben, könnten diesbezüglich wieder neu zur Geltung kommen.

4. Kapitel

Die ästhetische Dimension des Christentums

Die Bedeutung des Karmel

Zu einer Typologie der christlichen Spiritualitätsformen gehört auch der Karmel. Bevor ich diese besondere Spiritualität darstelle, will ich kurz einige Bemerkungen zur ästhetischen Dimension des Christentums einfügen.

1 Die ästhetische Dimension des Christentums

1.1 Begriff und Dilemma

Obwohl der biblischen Spiritualität ganz wesentlich das Bilderverbot zugrunde liegt, braucht auch sie Visualisierungen (ASSMANN*, 108–117), Visionen, Gestalten und Formen, Bilder und symbolische Repräsentationen, Riten und Haltungen, um wahrnehmbar, erfahrbar, leibhaft vollziehbar zu sein. Der Grund liegt in der wesentlich leibhaft-sinnlichen Struktur des Menschen.

In der christlichen Spiritualität verstärkt sich diese Notwendigkeit aufgrund der „Einfleischung" Gottes, wie der zentrale Begriff „Inkarnation" wohl am besten wiederzugeben wäre. Darum kann, ja muß die Spiritualität immer auch unter dem Aspekt der „Sinnlichkeit" und des leibhaften Ausdrucks, der begrifflichen und bildlichen Artikulation, der „sichtbaren Wahrnehmung" bzw. der „Schönheit" und der beglückenden Erfahrung gesehen werden. Es gibt notwendigerweise eine Außenseite der religiösen Erfahrung.

Es wäre allerdings eine verkürzte Sichtweise, diese ästhetische Dimension nur auf diese Außenseite zu beziehen. Sie betrifft ebenso wesentlich auch die Innenseite des Glaubens, die sich in mystischen Erfahrungen und inneren Bildern kundtut. Damit entsteht aber eine bedeutsame Polarität, ja sogar ein kaum auszuhaltendes Dilemma für die biblische Spiritualität (LANG* A; EINHORN*; WISSE*; POZZI*).

Auf der einen Seite muß diese am Bilderverbot festhalten, weil weder Gott noch Mensch, weder Tier noch irgendein Wesen in Bildern fixiert, d. h. gänzlich erfaßt werden kann und darf. Gott und das allen Dingen zugrunde liegende Seinsgeheimnis kann durch nichts dargestellt und durch nichts „eingefangen" werden. Begriffe begreifen nichts: „Ein begriffener Gott ist kein Gott!" (Augustinus) Wir dürfen, ja müssen grundsätzlich sagen: Wer die Wirklichkeit zu begreifen vorgibt, begreift gar nichts. Wer sich vor Bildern niederwirft, ist dem Götzendienst sehr nahe. Deswegen gibt es auch in der Geschichte des Christentums immer wieder Bilderstürme, die Abschaffung und Zerstörung von Heiligenbildern, etwa den Bilderstreit in der byzantinischen Kirche des 8. und 9. Jahrhunderts oder in den Kirchen der Reformation des 16. Jahrhunderts. Dazu kommen bilderfeindliche Bewegungen wie die der Zisterzienser. Innerhalb der Theologie ist an die sogenannte „negative Theologie" zu erinnern, die – seit Dionysius Areopagita (um 500) – immerzu negiert, was von Gott positiv ausgesagt wird. Gott kann, wenn er Gott bleiben soll, nicht ein Gegenstand unseres Denkens sein. Darum ist alles, was von Gott gesagt wird, obwohl es nicht falsch sein muß, gleich wieder in Frage zu stellen. Das geht sogar so weit, daß man selbst den Begriff „Gott" negiert und etwa sagt: Gott ist nicht Gott! Das allerdings darf nicht atheistisch mißverstanden werden, sondern besagt nur, daß alle Begriffe aus unserer begrenzten Erfahrungswelt stammen und darum nicht ausreichen, um das allergewisseste Geheimnis zu benennen. Dies soll erläutert werden durch ANTONY DE MELLOS* (78) Geschichte *Götzendienst*:

> „Der Meister wurde nie müde, seine Schüler vor den Gefahren der Religion zu warnen. Er erzählte gerne die Geschichte des Propheten, der eine brennende Fackel durch die Straßen trug und sagte, er werde den Tempel anzünden, damit die Menschen sich mehr um Gott als den Tempel kümmerten. Dann fügte er hinzu: Eines Tages werde auch ich eine brennende Fackel tragen und beide anzünden, den Tempel und Gott."

Auf der anderen Seite ist der Mensch ein sinnliches Wesen. Er kann nur über die Sinne zur Erkenntnis gelangen und nur über sie angesprochen werden. Der Mensch erfährt sich durch Begriffe und Bilder und setzt sich durch sie in Beziehung. Die Schaffung einer Symbolwelt, in der er das Innerste repäsentiert, darstellt, zeigt, zum Vorschein bringt, gehört zu den Fähigkeiten, die den Menschen vom Tier unterscheiden und recht eigentlich zum Menschen machen. Ebenso teilt sich Gott selbst auf diese Weise mit: durch innere Bilder und Begegnungen, Visionen und Modelle des Lebens, schließlich in seiner „Einfleischung" und Versinnlichung, in der „Inkarnation", das heißt: in Jesus, einer Person, an der Gott, wie es heißt, „Wohlgefallen" hat (Markus 1,11par). So erfährt sich der Gläubige zur Anschauung der Gestalt Gottes und in der Konsequenz zur Nachfolge gerufen.

Trotzdem: Das Dilemma bleibt – und dieses Dilemma muß auch in der Art und Weise, wie sich Theologie und Spiritualität verstehen, immer bewußt bleiben. Die Ästhetik des Glaubens gilt es immer auch in Frage zu stellen.

1.2 Zum Begriff „Theorie"

In der griechischen Kultur, die für die Ausprägung der abendländischen Spiritualität besonders bedeutsam wurde, hat auch der Erkenntnisakt selbst eine ästhetische Dimension. Der Begriff dafür ist „Theorie". Leider ist uns die eigentliche Bedeutung dieses Begriffes abhanden gekommen.

In einer Tageszeitung gibt K. HUBER* eine eindrückliche Begriffserklärung:

„‚Grau, teuerer Freund, ist alle Theorie', sagt Mephistopheles zu Faust. Zu ergründen wäre, seit wann in unserer Kulturgeschichte die Theorie diesen graulichen und greulichen Anstrich bekommen hat. Griechisch *theoria* heißt nämlich Anschauung, Betrachtung, Schaulust, Augenweide, Festfreude, Festspiel, Festzug! Das entspräche modern etwa der Vision, dem Spektakel, der Show! Die griechische *theoria* wäre wie die Badenfahrt, alles voll Farbe und Lust! Der Wortstamm *thea* heißt schauen, anschauen, betrachten, erkennen, bedenken, anstaunen, bewundern. Also derselbe Wortstamm wie in Theater (theatron), dem Ort des Schau-Spiels.

Daß das griechische Wort *theoria* in zweiter Linie – auch! – geistige Erkenntnis, wissenschaftliche Betrachtung ist, zeigt, wie sehr der geistige Akt der Erkenntnis als eine Vision, als etwas Schlagartiges, als Augen-Blick verstanden wird. Daß die Theorie seit langem als grau verschrien wird und man heute nach Visionen (!) ruft, offenbart die verlorene Einheit des Erkenntnisaktes. Eine Spaltung in Denken und Leben, in Grau und Farbe hat sie zertrümmert. So fügt Mephistopheles dem obigen Vers sogleich bei: ,Und grün des Lebens goldner Baum.'
Doch diese Spaltung ist nicht das Letzte. Manche Menschen der Gegenwart erleben auch das Leben als grau. Die Technik und die Ökonomie verwandeln die Lebenswelt in eine Arbeitswelt, der man möglichst zu entfliehen sucht. Wochenende und Ferien werden zu den Zonen des wahren Lebens, das Auto und das Flugzeug werden zu Fluchtfahrzeugen. Die geplante ,Erlebniswelt' wird zur wahren Lebenswelt. Die moderne Elektronik erlaubt jetzt, die Erlebniswelt akustisch und visuell auch selber zu produzieren. Das wahre Leben kann nun sogar das virtuelle sein. Das Theater der Scheinwelten ist in vollem Gang. Und auch dies ist also eine Schau, jedoch nicht wie die antike ,Theorie'. Die Identität von *theoria* und Show ist zerbrochen. Deren Splitter ergeben ein Bilder-Kaleidoskop, das bloß betäubt, ohne Begriff und ohne Leben."

Aus dieser Begriffsbestimmung ergibt sich, daß Theologie insofern, als sie Lehre ist, im Grunde ein Akt des staunenden Blickes ist, ein gebanntes und fasziniertes Erkennen und Sehen Gottes. Wahre Theologie ist von daher immer schon Theorie in diesem spezifischen Sinn, sie darf nicht zur bloßen Abhandlung und zur trockenen Lehre verkommen. Sie muß sich vielmehr ganz zentral als kontemplative Aktion verstehen.

1.3 Kontemplation

Auch Kontemplation ist ein ästhetischer Begriff. Gemeint ist der faszinierte Blick auf den sich offenbarenden Gott. In den vier bisherigen Spiritualitätsformen wurde diese kontemplative Perspektive unterschiedlich beschrieben:

• *Benedikt* zieht nichts auf der Welt diesem gebannten Blick auf Gott vor. Nach ihm realisiert sich Kontemplation im „Opus Dei", im schönen, getragenen, gestalteten Gottesdienst, in der entfalteten Liturgie, im gotterfüllten und beseelten Gesang, in den kunstvoll ausgeschmückten Kirchen oder auch in der stillen, aber aufmerksamen „Lectio".

• *Franziskus* pilgert gottzugewandt, kontemplativ in Gott verankert, durch die ganze Welt, um alles auf diesen geschauten Gott hin zu übersteigen. Die ganze Welt ist das „Kloster", in dem er Gott schaut, besingt – zusammen mit seinen Geschwistern: der Sonne und dem Mond, dem Wind und dem Wasser, dem Feuer und der Erde, den Menschen und den Tieren, den Blumen und den Steinen, der Liebe und dem Tod. „Nichts anderes" will er mit seinen Brüdern leben als den überall und allezeit gesungenen Schöpfungsgesang.

• *Dominikus* erkundet in der langen und einsamen Kontemplation die Tiefen Gottes, um sie dann in der Predigt zu vermitteln und auch anderen erlebbar, erschaubar zu machen.

• *Ignatius* entdeckt das Geheimnis Gottes im Vollzug des Gesprächs, in der Begegnung, in der Tat.

Alle vollziehen, wenn auch auf verschiedene Weise, die ästhetische Dimension des Glaubens. Ohne den faszinierten Blick, das ganzheitliche Ausgespanntsein auf den Gott, der sich zeigt, gibt es keine christliche Existenz. Spiritualität wird hier von ihrer intensivsten, höchsten Entfaltung her definiert.

1.4 Der Weg zur Kontemplation

In der abendländischen Spiritualität ist Kontemplation das Ziel des inneren Weges. Bei Ignatius geht es, wie gesagt, darum, daß wir im Antlitz des anderen und in allen Dingen Gott schauen. Das setzt natürlich eine entsprechende innere Grundhaltung voraus, eine bestimmte „Methodik", dem anderen zu begegnen und in allen Situationen das Geheimnis Gottes zu entdecken. Diese Art und Weise, der Wirklichkeit zu begegnen, ist zugleich zurückgebunden an die eigene Biographie, an den geistlichen Prozeß, den man – und zwar über die „Exerzitien" – durchlaufen hat. In diesem Einübungsprozeß spielen die traditionellen Methoden der Bibelbetrachtung, des Betens und der Kontemplation eine wesentliche Rolle.

Der Weg, den der geistliche Mensch zu gehen hat, um zum Ziel seines Strebens zu gelangen, ist festgeschrieben und läßt sich durch die Begriffe „lectio" – „meditatio" – „oratio" – „contemplatio" bezeichnen. Der Zisterzienserabt GUIGO II.* († 1188/93) zum Beispiel definiert die Begriffsinhalte so:

> „Lesung ist: wenn der Blick des Geistes aufmerksam und eifrig die heiligen Schriften durchwandert. Meditatio ist eine Tätigkeit des Geistes, der sich bemüht, der verborgenen Wahrheit unter Führung der eigenen Vernunft nachzuspüren. Gebet ist: wenn das Herz sich innig Gott zuwendet, um vom Bösen befreit zu werden und Gutes zu erlangen. Contemplatio ist gewissermaßen eine Erhebung des Geistes über sich hinaus in Gott hinein, wobei die Freuden der ewigen Wonne verkostet werden."

Mit anderen Worten:
• *Lectio* – zuerst schaut der geistliche Mensch auf den geistlichen Horizont, vor den ihn Gott selber stellt. Er wendet sich der Vorgabe zu, die ihm gegeben ist, der Offenbarung, Gott selber, der sich in der Heiligen Schrift bezeugt. Dafür gibt es seit Origenes eine Lesehilfe in der Lehre vom Sinn der Schrift (DE LUBAC*): Zuerst macht man sich Gedanken über den Text an sich („sensus literalis"), über das, was wörtlich und buchstäblich im Text steht, weil die Bibel eben nicht einer beliebigen und subjektiven Interpretation ausgesetzt werden darf. Dann gilt es, sich den objektiv vorgegebenen Inhalt in dreifacher Hinsicht anzueignen (= „sensus mysticus"): Dies hat Bedeutung und Aussagekraft für den eigenen Glauben (= „sensus allegoricus"), das Handeln (= „sensus moralis") und die Zukunftsmöglichkeiten (= „sensus anagogicus"). Mit dieser dreifachen geistlichen Aneignung ist bereits der nächste Schritt angezeigt.

• *Meditatio*: Es kann nicht genug betont werden, daß der Begriff „Meditation" in der abendländisch-christlichen Spiritualität klar definiert ist und nichts anderes bedeutet als schriftbezogenes Nachdenken, ein Zurückbeugen der Vernunft auf den vorgegebenen Text, Reflexion über das uns vorausliegende Wort Gottes. Heute dagegen (HUTH*) ist der Begriff nicht mehr ausschließlich an die Bibel gebunden und hat sich zudem auch von der Vernunft abgelöst. – Meditation ist im christlichen Verständnis immer auf den Gott bezogen, der seine Geschichte mit uns Menschen macht. Und deswegen bleibt letztlich nichts anderes als

• *Oratio*: das Gebet, die personale Antwort im Bitten, Danken, Fragen, Preisen. Der geistliche Mensch weiß sich vom Wort Gottes angesprochen und antwortet mit Psalmen, Hymnen, Liedern, vorgegebenen und auch eigenen Gebeten. Schließlich aber soll alles in

• *schweigende Kontemplation* einmünden: in die schauende Versunkenheit [in Gott], in die Beschaulichkeit, in die Betrachtung – alles Worte, die zum Wortfeld „Auge" gehören. Zu Recht, denn „contemplari" bedeutet eigentlich „seine Blicke schweifen lassen" und stammt ursprünglich aus dem hingegebenen, selbstvergessenen Erschauen des Willens Gottes. Zu diesem Zweck setzte man am Himmel einen festen, abgegrenzten Beobachtungsraum (= *templum*) fest, um darin – die Augen schweifen lassend – den Vögeln zuzuschauen (= *contemplari*).

Vielleicht werden von dieser Herkunft des Wortes her Bilder der abendländischen Kunst verständlich. Zum Beispiel die „Majestas Domini": In einem umgrenzten Raum sitzt der, dem die ganze Zuwendung des Herzens gilt (STAATSBIBLIOTHEK*, 52). Die abendländisch-christliche Mystik sieht ganz folgerichtig im Wort „Kontemplation" das Ziel des geistlichen Strebens, das überpersonale und ganzheitliche Bei-Gott-Sein des Menschen, gleichsam die beglückende Sabbaterfahrung im diesseitigen Leben, das liebende und versunkene Ruhen am Herzen des Geliebten. Sehr gut kommt diese ruhende und beseligende Kontemplation in der sogenannten „Johannes-Minne", auch „Johannes-Kommunion" genannt, zum Ausdruck (ASSFALG*, 37). In der Kontemplation sind denn auch die eigentlich mystischen Erfahrungen angesiedelt. Auf jeden Fall wird hier deutlich, daß die ästhetische Dimension gerade auch in dieser Höchstentfaltung des geistlichen Weges zu greifen ist.

Anzumerken ist hier noch, daß dieser geistliche Weg aufgrund einer neuplatonischen Sicht, die praktisch von allen Lehrern der Mystik geteilt wurde, immerzu drei Phasen zu durchlaufen hatte:

die der Reinigung, der Erleuchtung und der Einung. Diese Lehre kann heute nur noch bedingt nachvollzogen werden (AUSSERLEITNER*). Dafür gibt man den vier Wegen nach MATTEW FOX (vgl. SÖLLE*,123) mehr Kredit. Er unterscheidet:

1. die *via positiva* und meint die Erfahrung von Ehrfurcht und Freude über die Geheimnisse und die Schönheit der Natur und aller Wesen;
2. die *via negativa* und meint das Annehmen von Dunkelheit und Leid im Nichts, in der Stille und in der Leere, im Loslassen, im Schmerz;
3. die *via creativa* und meint die Erfahrung des Schöpferischen und die Entfaltung der Phantasie;
4. die *via transformativa* und meint den Kampf um die Gerechtigkeit und die beglückende Erfahrung des Feierns.

Die ästhetische Dimension des geistlichen Weges ist in diesem modernen Vierschritt sogar noch greifbarer als im traditionellen Dreischritt.

1.5 Körperhaltungen

Die ästhetische Dimension hat ihre Außenseite auch in den Körperhaltungen. Einige Bildhinweise mögen dies illustrieren:

• *Eine Miniatur aus einem Stundenbuch aus Brügge* um 1480 (STAATSBIBLIOTHEK*, 96) zeigt das „Con-templum", den objektiv ausgegrenzten Beschauungsraum, in dem sich der Gekreuzigte vor einem unendlichen Horizont befindet. Wir „schauen" den, den Gott zur Beschauung vor-zeigt, umgeben von Maria und Johannes, an denen zwei Gebetshaltungen erkennbar sind: Knien und Stehen. Auf anderen Bildern sitzen Maria und Johannes unter dem Kreuz.

• *Das Gebet der Propheten* (STAATSBIBLIOTHEK*, 123) – ein Bild aus dem gleichen künstlerischen Umkreis und der gleichen Zeit: Auch hier wieder der abgegrenzte Raum, in dem Gottvater sichtbar wird, der das Gebet der Propheten, Gott möge den Messias senden, erhört. Zu beachten sind die nach oben gewandten Gesichter, die ihre Blicke schweifen lassen, kontemplativ mit Gott verbunden sind, vor allem aber die unterschiedlichen Haltungen der Arme und Hände.

• *Die Anbetung des Kreuzes* (STAATSBIBLIOTHEK*, 48) – ein Motiv aus der Mitte des 9. Jahrhunderts: Kontemplation meint hier das Ergreifen, das Berühren des Gekreuzigten, Niederfallen und Anbeten. Im übrigen kniet in den meisten Kreuzesdarstellungen an dieser Stelle Maria Magdalena, die dann austauschbar wird durch beliebige Heilige (z. B. Franziskus, Dominikus).

• *Bernhard von Clairvaux umarmt den Gekreuzigten* – ein Bild aus dem Jahre 1471 (STAATSBIBLIOTHEK*, 74): Der Gekreuzigte neigt sich zum knienden Bernhard, beide umarmen sich auf innigste Weise.

• *Coletta von Corbie* (15. Jh.), die große Reformerin des Franziskanerordens (PIERRE DE VAUX*): Wir sehen auch hier den Beschauungsraum und in ihm den nackten Jesus mit seinen Leidenswerkzeugen. Coletta kniet vor dem Buch und liest bzw. blickt vom Buch auf und reflektiert, betet. Deutlich sind zwei Gebetshaltungen der Hände erkennbar: offene Hände bzw. gekreuzte Hände vor sich.

• *Vanna von Orvieto* (13. Jh.), eine Mystikerin aus dem Dominikanerorden mit ausgebreiteten Armen vor dem Gekreuzigten (SENSI*, 28) und

• *Margerata von Citta di Castello* (SENSI*, 29), ebenfalls dominikanische Mystikerin aus dem 13. Jahrhundert, kniend mit dem flammenden Herzen in der Hand. Man beachte in beiden Bildern die Verwandtschaft der Darstellungsweise. – Wir finden sie auch in den sogenannten

• *Neun Gebetsweisen des hl. Dominikus* – einem Codex aus dem ausgehenden 13. Jahrhundert, der einen eindrücklichen Text entsprechend illustriert. Ich habe diese Haltungen aufgrund des Textes wie folgt zu charakterisieren versucht (ROTZETTER* D):
1. Das Demuts- oder Neigegebet: Man neigt den Körper von der Hüfte an zu einer tiefen Verbeugung.
2. Das Sünder- oder Liegegebet: Man streckt sich mit dem Bauch nach unten auf dem Boden aus.
3. Das Büßer- oder Geißelgebet: Man peitscht seinen Körper in kniender Haltung mit einer Geißel, die mit Eisenteilchen belegt ist.

4. Das Sehnsuchts- oder Knie- und Stehgebet: Man kniet mit beiden Knien auf dem Boden bzw. mit beiden Füßen aufgerichtet auf dem Boden, die Arme nach unten gestreckt, leicht vom Körper weg, die Hände nach vorn offen.

5. Das Versteh- oder Stehgebet: Man steht abwechselnd in verschiedener Händehaltung: die Ellenbogen am Körper anliegend, die Hände offen nach oben gestreckt – die Hände vor der Brust gefaltet – die Hände etwas nach vorne gestreckt, als ob man darin lesen würde.

6. Das Gewalt- oder Kreuzgebet: Man steht aufrecht, die Arme weit auseinandergestreckt, als ob man am Kreuz hinge; mit dieser Haltung will man Gott sozusagen „zwingen", indem man ihn so an den Gekreuzigten erinnert.

7. Das Erfüllungs- oder Streck- bzw. Pfeilgebet: Man reckt sich auf den Fußspitzen in die Höhe und streckt beide Arme, so weit wie möglich, zum Himmel.

8. Das Lese- oder Sitzgebet: Man sitzt an einem Tisch und liest – ohne sich anzulehnen – in einem Buch.

9. Das Pilger- oder Gehgebet: Man geht durch die Landschaft.

Damit dürfte deutlich genug die innere und äußere ästhetische Dimension der Spiritualität zum Ausdruck gebracht sein. Wobei anzumerken bleibt, daß es dazu natürlich noch viel mehr zu sagen gäbe.

2 Die Bedeutung des Karmel

Der Karmel (DOBHAN*) gilt als der heute noch größte und bedeutendste kontemplative Orden.

2.1 Ein atypischer Orden

Der Karmel ist im Vergleich zu den anderen Orden atypisch: Er kennt *keine Gründergestalten*, die für seine Spiritualität maßgebend wären. Der Ursprung des Ordens liegt am Berg Karmel im Heiligen Land, an dessen Hängen sich im 11. und 12. Jahrhundert Einsiedler einfanden und dort in der Wüste ein kontemplatives Leben führten.

- *Die Regel wird von einem Außenstehenden geschrieben,* und zwar in den Jahren 1206–1214 auf Bitten der Einsiedler: von Albertus von Vercelli, Patriarch von Jerusalem. Als die Karmeliter aufgrund kriegerischer Verhältnisse im Heiligen Land gezwungen waren, in den Westen zu gehen, wurde ihre Regel 1247 durch zwei Dominikaner den Bettelorden angeglichen.

- *Die dichteste Ausformung der karmelitischen Spiritualität wird erst nach Jahrhunderten greifbar:* TERESA VON ÁVILA* (1515–1582), JOHANNES VOM KREUZ* (1542–1591), THÉRÈSE VON LISIEUX* (1872–1897), EDITH STEIN* (1891–1942; HARTMANN*), Mirjam Baouardy (1845–1878; FLECKENSTEIN*), MADELEINE DELBRÊL* (1904–1964; ROTZETTER* E), um nur die wichtigsten Namen zu nennen. Teresa und Johannes bedeuten auch einen Neuanfang unter dem Namen der „Unbeschuhten Karmeliter". Leider ist es in der Folge des Zweiten Vatikanischen Konzils (1962–1965) zu schmerzhaften Entwicklungen in diesem Orden gekommen, die schließlich zur Spaltung führten. Die Verantwortung dafür trägt Papst Johannes Paul II., der sich auf die Seite jener Minderheit im Orden schlug, welche sich der Aufforderung des Konzils und Pauls VI. zur Reform verweigerte (ROTZETTER* G).

Bei einem intensiven Studium der genannten Persönlichkeiten, deren Biographien allesamt dramatisch-tragische Züge aufweisen, und bei einem aufmerksamen Vergleich ihrer Schriften wächst zunehmend die Überzeugung, daß dem Karmel innerhalb der christlichen Spiritualitätsformen eine besondere Bedeutung zukommt. Sie betrifft gerade die in diesem Kapitel herausgestellte ästhetische Dimension des christlichen Gottesbezuges.

2.2 Merkmale karmelitischer Glaubensästhetik

Ich möchte zunächst die Grundzüge karmelitischer Glaubensästhetik darstellen, bevor ich einige Texte interpretierend zur Geltung bringe. Denn ich bin überzeugt, daß jedes ihrer Merkmale in der heutigen Zeit eine besondere Aktualität hat.

Der Karmel ist besonders vom Propheten Elija fasziniert (vgl. 1 Könige 17ff). Der Auftrag dieses Ordens ist das Zeugnis für jenen „Gott, der mit Feuer antwortet" (1 Könige 18,24). Selbst dort, wo es für das Feuer überhaupt keine Chance mehr gibt, will der Karmel das Feuer bezeugen; auch dann noch, wenn in der eigenen Seele alles kalt geworden ist, will er das Feuer entfachen. Die Stunde des Gotteszeugnisses ist gerade dann gegeben, wenn nichts mehr für ihn spricht:

> „Nun befahl er: Füllt vier Krüge mit Wasser, und gießt es über das Brandopfer und das Holz! Hierauf sagte er: Tut es noch einmal! Und sie wiederholten es. Dann sagte er: Tut es zum drittenmal! Und sie taten es zum drittenmal. Das Wasser lief rings um den Altar. Auch den Graben füllte er mit Wasser. Zu der Zeit nun, da man das Speiseopfer darzubringen pflegt, trat der Prophet Elija an den Altar und rief: Herr, Gott Abrahams, Isaaks und Israels, heute soll man erkennen, daß du Gott bist in Israel, daß ich dein Knecht bin und all das in deinem Auftrag tue. Erhöre mich, Herr, erhöre mich! Dieses Volk soll erkennen, daß du, Herr, der wahre Gott bist und daß du sein Herz zur Umkehr wendest. Da kam das Feuer des Herrn herab und verzehrte das Brandopfer, das Holz, die Steine und die Erde. Auch das Wasser im Graben leckte es auf. Das ganze Volk sah es, warf sich auf das Angesicht nieder und rief: Jahwe ist Gott, Jahwe ist Gott!" (1 Könige 18,33–39).

Immer wieder ruft Elija das Feuer vom Himmel. Freilich darf diese kontemplative Leidenschaft für das Feuer nicht dazu verführen, das Feuer mit Gott zu identifizieren. Gott übersteigt das Feuer – „er war nicht im Feuer" (1 Könige 19,12). Oder doch? Auf jeden Fall wird Elija schließlich im Wirbelsturm auf einem feurigen Wagen in den Himmel entrückt, in das Feuer Gottes hinein (vgl. 2 Könige 2,11).

Diese mythische Vorstellung wurde in der christlichen Tradition – gerade auch im Karmel – immer auch auf die mystische Erfahrung übertragen, auf die Ekstase, in der der kontemplative Mensch „Feuer und Flamme" für Gott ist. Der kontemplative Mensch ist sich selbst entrückt und in die Sphäre Gottes hineingestellt.

Beziehungsspiritualität

Die Spiritualität des Karmel ist, wie wohl jede Spiritualität, die sich auf die Bibel beruft, eine solche der gelebten Gottesbeziehung. Die Du-Haftigkeit und die damit gegebene Liebessehnsucht kann sich nie genug Metaphern schaffen. Das Hohe Lied der Liebe ist auch für Johannes vom Kreuz die Quelle, aus der er immer neue Bilder, Symbole und Gleichnisse für die Gottesliebe schöpft. Man darf bei ihm sogar von einer Neudichtung dieses Liedes sprechen. Die erotische Liebesbeziehung und die höchsten Formen menschlicher Freundschaft sind die Symbole für das, worum es im Karmel geht. Auch Maria, die Frau aus Nazaret und Schwester der Menschen, ist das Modell erfüllter und befruchteter Gottesliebe.

Schweigende Präsenz

Die Spiritualität des Karmel sieht im Schweigen die eigentliche Form liebender Kommunikation. Worte reichen nicht hin, um das auszudrücken, was zwischen Gott und Mensch geschieht. Das Schweigen, das alle Worte, Begriffe und Bilder hinter sich läßt, ist ein Schweigen liebender Verbundenheit und andauernder Geistesgegenwart. Der Karmel weiß darüber hinaus, daß die Sprache ihre Herkunft im Schweigen hat, daß Sprache – selbst im gesprochenen Wort noch – im Schweigen gründet und Sprache wiederum ins Schweigen mündet. Eine Sprache, die ihr Schweigen verliert, hat nichts mehr zu sagen; sie verliert nicht nur ihre Fähigkeit, das letzte Geheimnis zu sagen, sondern auch die Fähigkeit, Menschen miteinander in Beziehung zu setzen.

Die Dichtung

Die Bedeutung, welche im Karmel dem Schweigen zukommt, führt notwendigerweise zur Dichtung, zum verknappten, verdichteten, wesentlichen Wort. Johannes vom Kreuz drückt seine mystischen Erfahrungen in großartigen Dichtungen, Liedern und Gesängen aus und zählt daher auch zu den großen spanischen Dichtern. Die Prosa ist für ihn sekundär, und nur auf Drängen anderer – und erst noch widerwillig – liefert er seine Bücher nach, um seine Lieder zu deuten. Er bleibt aber der Überzeugung, daß sein dichterisches Wort mehr sagt als viele andere Worte sagen können, die er zur Deutung ausbreitet. Auch die anderen großen Vertreter/innen der karmelitischen Spiritualität drücken sich oft in Gedichten aus. Und selbst ihrer Prosa kann man eine bestimmte Poesie nicht absprechen. Wichtig aber bleibt, daß alle Erklärung und alle Vermittlung im verdichteten Wort ihre Mitte haben – und dieses Wort weist ins Unsagbare, aus dem es ja kommt.

Die dunkle Nacht

Ein zentraler Begriff nicht nur, aber besonders der karmelitischen Mystik ist der Begriff der „dunklen Nacht". Gemeint ist eine im Grunde schreckliche Erfahrung, die sehr oft mit einer Depression verwechselt wird (OTT*, BISCHOF*): das Verstummen der Gefühle, das Austrocknen der Sinne, die Umnachtung des Geistes, kurz: die Nichterfahrung Gottes, die oft bis in die Wortwahl hinein den Nihilismus berührt. Für Johannes vom Kreuz ist erst diese Nacht die Stunde des Glaubens und der Mystik: Glauben, Hoffen und Lieben erreichen ihre eigentliche Tiefe, wo sie ohne sinnliche Erfahrung bleiben, ja sogar keine Begründungen mehr brauchen. Die Liebe trägt sie über alle Erfahrungen hinaus in den scheinbar dunklen Abgrund Gottes hinein.

2.3 Textbeispiele karmelitischer Spiritualität

Die Textbeispiele von Johannes vom Kreuz und Teresa von Ávila sind, was noch besonders hervorgehoben werden soll, ursprünglich in spanischer Sprache geschrieben. Die Übersetzung von Dichtung ist ohnehin eine besonders heikle Sache und kann eigentlich nie ganz befriedigen. Das gilt in besonderer Weise für eine Dichtung, die das Sagbare unendlich übersteigt. Ich gestehe, daß ich bei den zahlreich vorhandenen Übersetzungen sehr oft nicht weiß, welche die treffendere oder verständlichere ist.

(1) Teresa von Ávila

TERESA* (THERESIA*) dürfen wir die wichtigste Persönlichkeit der karmelitischen Spiritualität nennen. Sie ist es, die Johannes vom Kreuz zu einem neuen Anfang bewogen hat. Umgekehrt beeinflußte auch er sie in einem fortwährenden Austausch. Teresa verfaßte zahlreiche Werke: eine Art „Autobiographie", je ein Buch über „den Weg der Vollkommenheit" und über die Klostergründungen sowie die „Seelen-Burg. Die sieben inneren Wohnungen der Seele". Vor allem das letztgenannte Buch gilt als großer Klassiker der mystischen Literatur: Die Seele wird metaphorisch als eine Burg beschrieben, in der in konzentrischen Kreisen sieben Wohnungen angelegt sind, in denen die intime Gemeinschaft mit Gott in immer intensiverer Form erfahren werden kann. Freilich ist hier immer auch die pädagogische Absicht zu erkennen, anderen einen Weg zu Gott zu zeigen. Am genuinsten ist Teresa aber in ihren Dichtungen.

Suche dich, Seele (Theresia*, bzw. Böhme*, 86f)
Das Gedicht zeigt die Innigkeit, mit der sich Teresa mit Gott bzw. Jesus aufs Intimste verbunden fühlt: Er ist in ihr und Teresa in ihm. Gott bzw. Jesus ist das sprechende Subjekt im Gedicht. Er stellt sich sozusagen wie ein Spiegel vor Teresa, damit sie sich in ihm findet und erkennt. Sie soll sich selber in Gott suchen, umgekehrt aber soll Teresa Gott in sich selbst suchen und finden. Welche Dialektik der Begegnung!

Suche dich, Seele, nur in Mir;
Mich aber suche tief in dir.

Seele – derart hat Liebeswalten
dich Meinem Geiste eingeprägt
kein Maler, kundig im Gestalten,
könnte so meisterlich entfalten
das Bild, das deine Züge trägt.

Durch Liebe kamst du in die Welt,
liebreizend, schön, so schön und zier
in Meinem Innern dargestellt!
Wenn dir dein wahres Sein entfällt,
dann such, Geliebte, dich in Mir.

Und wüßtest du einmal nicht mehr,
wie du finden kannst zu Mir
taste nicht blindlings hin und her!
Bin Ich in Wahrheit dein Begehr,
Seele, dann suche Mich in dir.

Bist du doch, Seele, Ruhgemach
und Heim für Mich – du Meine Rast!
So ruf ich immer, ruf dich wach,
wenn du einmal erinnerungsschwach
die Pforte Mir verschlossen hast.

In dir – wo anders such Mich nicht!
Willst du Mich finden, bang nach Mir,
nichts brauchst du als ein Rufen schlicht;
und eilends komm Ich zu dir, licht.
Such innig, Seele, Mich in dir.

Ich lebe, lebend nicht in mir (THERESIA*, 20)
Teresa muß die Liebe zu Gott nicht nur als Glück, sondern auch als
Schmerz erfahren haben, ebenso als Liebeshingabe und als Über-
wältigung, als Freiheit ebenso wie als Haft, als Lebendigsein ebenso
sehr wie als Hinsterben. Ihr Leben erfährt sie als ein Sich-selbst-
entrissen-Sein, in Gott. Immerzu wiederholt sie: „Ich sterbe,
schmachtend nach dem Sterben." Gott selber hat ihr diesen Satz ins
Herz geritzt. Anzumerken ist, daß es von Johannes vom Kreuz ein
Gedicht gibt, das mit den genau gleichen drei Zeilen beginnt
(THERESIA*, 58f).

Ich lebe, lebend nicht in mir!
Ich harre, voll von Schmerzen, herben!
Ich sterbe, schmachtend nach dem Sterben.

Ich lebe außer mir fortan,
seitdem mich Liebe sterben macht.
Leb ich doch in des Herren Bann,
der mich für sich begehrt, entfacht.
Als ich mein Herz ihm dargebracht,
gefiel es ihm, hineinzukerben:
Ich sterbe, schmachtend nach dem Sterben.

In göttlich hehrer Kerkerhaft der Liebe,
die mich nicht entläßt,
halt ich den Herrn als Häftling fest
und halt ich frei des Herzens Kraft.
Es weckt mir solche Leidenschaft

der Herr, gefangen meinem Werben,
daß ich hinsterbe nach dem Sterben.

Lang ist dies Leben, allzu lang!
Hart diese Haft, der Eisenring,
darin die Seele sich verfing,
in der Verbannung heimwehbang!
Zu warten auf den Überschwang
des Ausbruchs – Warten schmerzt wie Scherben!
Ich sterbe, schmachtend nach dem Sterben!

O Leben, sieh, es stürmt von hinnen
die Liebe – zwing sie nicht zur Rast!
Erst wenn du dich verloren hast,
kann ich, o Leben, dich gewinnen.
Laß, holder Tod, solch Sein beginnen!
Sanft kommst du mir, nicht als Verderben.
Ich sterbe, schmachtend nach dem Sterben.

Nur Eins, mein Gott (THERESIA*, 29)
  Minnst Du mit solchem Überschäumen
  mich, o mein Gott, wie ich Dich minne,
  was läßt Dich, fern von mir, noch säumen?
  Was halt ich – zu Dir stürmend – inne?

  „Seele – was will dein Sturm erlangen?"
  Nur eins, mein Gott: Dich anzuschauen!
  „Was weckt dir, Seele, tiefstes Bangen?"
  Dich zu verlieren, ist mein Grauen!

  Der Seele, Gott, in Dir gegründet,
  was ist an Wünschen ihr verblieben
  als Lieben – immer mehr zu lieben
  und – ganz von Liebesglut entzündet –
  erneuten Aufschwungs Dich zu lieben!

  Gib Liebe, Gott, die stark wie Ketten
  Dich innehalte, nie verstört!
  So kann ich dort ins Nest mich betten,
  wo meine Seele hingehört!

Nada te turbe

Wie schwierig die Übersetzung ist, zeigt das Lied, das heute zum Grundbestand liturgischen Singens gehört:

Nada te turbe,	Nichts soll dich ängstigen	Nichts sei dir Trübung,
nada te espante	Nichts soll dich quälen	nichts dir Erschrecken!
quien a Dios tiene	Wer sich an Gott hält	Alles verflüchtigt,
nada le falta	Dem wird nichts fehlen	nicht wandelt sich Gott.
		Es kann Geduld
Nada te turbe	Nichts soll dich ängstigen	alles erlangen.
Nada te espante	Nichts soll dich quälen	Wer Gott nicht losläßt,
Solo Dios basta	Gott allein genügt	kennt kein Entbehren.
		Gott nur genügt.
Teresa von Ávila	KRAMER*	

Behm: THERESIA*, 33

(2) Johannes vom Kreuz

Von Teresa abhängig und sie gleichzeitig beeinflussend ist JOHANNES VOM KREUZ*. Er ist der Verfasser umfangreicher Werke: „Der Aufstieg zum Berge Karmel", „Die Dunkle Nacht", „Die Lebendige Liebesflamme", „Der geistliche Gesang" und „Kleinere Schriften". Dabei ist zu betonen, daß diese klassischen Werke der Mystik immer eine pädagogische Zielsetzung haben. Sie dienen der Begleitung von Menschen, die einen geistlichen Weg gehen wollen. Sie sind also keineswegs nur Ausdruck primärer Erfahrung. Diese ist vielmehr greifbar in den Gesängen und Liedern, die den Büchern vorausliegen.

Gesang der Seele in der Nacht

Der „Gesang der Seele" über die dunkle Nacht ist der mystische Ausgangspunkt für die Werke „Aufstieg zum Karmel" und für „Die dunkle Nacht". Beide Bücher stehen in einem komplementären Verhältnis und dürfen nur als Ganzes gesehen werden. „Der Austieg zum Karmel" ist unvollendet geblieben; das Buch bricht ab, mitten in der Beschreibung der leidenschaftlichen Freude und ihrer Bedeutung für die Seele. Freilich setzt „Die dunkle Nacht" gerade hier ein, so daß man durchaus der Meinung sein kann, daß der abrupte Abbruch von Johannes gewollt sein könnte. Denn die „dunkle Nacht" ist ja für Johannes vom Kreuz die Entrückung des Menschen aus aller Aktivität heraus in das reine Gott-Erleiden hin.

Ich lege hier verschiedene Übersetzungen des in den genannten beiden Werken kommentierten und ausgelegten Gesanges vor, rhythmisiert und zum Teil gereimt. Sein „Sitz im Leben" ist die nächtliche Flucht aus dem Gefängnis, in das ihn seine Mitbrüder einsperren, weil er für sie ganz und gar neue Gedanken äußerte. Seine Flucht bedeutete dann auch den Bruch mit der bisherigen karmelitischen Tradition und den Neubeginn innerhalb des teresianischen Karmels. Diese nächtliche Flucht (1578) wird dann aber zur Metapher für innere Erfahrungen. Hinzuweisen ist auf die Tatsache, daß das Ich des Gesanges weiblich ist und die Seele meint. Das erlaubt die Anlehnung an eine weitere Metapher: die Liebe zwischen Braut und Bräutigam.

Der Heilige selbst umschreibt den Inhalt so: „Es folgt das Lied, in welchem die Seele das beseligende Los besingt, das sie beim Wandel durch die dunkle Nacht des Glaubens in Selbstentäußerung und Läuterung empfand, bis sie zur Vereinigung mit dem Geliebten gelangte" (B: I, 1).

Es war in dunkler Nacht,
Ich brannt' von Liebeswehen, –
O Glück, das selig macht! –
Entwich ich ungesehen
Und ließ mein Haus in Ruhe stehen.

Gehüllt in dunkle Nacht,
Vermummt mußt ich entsteigen.
O Glück, das selig macht! –
In heimlich, dunklem Schweigen
Lag still das Haus, das mir zu eigen.

In jener Nacht voll Glück,
Da sich kein Aug' mir wandte,
Der Augen blöder Blick
Kein weisend Licht erkannte,
Als das, so mir im Herzen brannte.

Mit ihm fand sich'rer ich
Als in des Mittags Schimmer
Ihn, der geharrt auf mich,
Den ich geliebt schon immer.
Ein ander Gut traf ich dort nimmer.

Du warst mir Führer, Nacht;
Nacht, süßer als der Morgen,
Hast Herz zu Herz gebracht,
Hast uns in Lieb geborgen
Mich im Geliebten, ihn in mir verborgen.

An meiner sel'gen Brust,
Die ihm allein zu eigen,
Ruht er in süßer Lust.
Und ich: mich liebend zu ihm neigen,
Ihm Kühlung weh'n mit Zedernzweigen.

Als schon der Morgenwind
Begann sein Haar zu spreiten,
Um meinen Nacken lind
Ließ er die Rechte gleiten;
Mir schmolz das Herz in Seligkeiten.

Ich gab, ergab mich ganz,
Das Haupt am Lieb geborgen.
Es schwand der Dinge Glanz,
Vergessen war mein Sorgen,
Da ich in Lilienduft geborgen.

In einer Nacht gar dunkel,
Da ganz mein liebend Herz vor Inbrunst
    glühte,
O hochbeglückte Stunde!
Entschlich mit leisem Tritte
Ich meiner tief in Ruh versunknen Hütte.

Im sichern Schutz des Dunkels
War die geheime Leiter bald erstiegen;
O hochbeglückte Stunde!
Verhüllt und tiefverschwiegen
Ging ich und ließ in Ruh die Hütte liegen.

O seligste der Nächte,
Da ich beherzt den dunklen Pfad erklimmte,
Da mich kein Blick erspähte,
Kein Licht den Tritt bestimmte,
Als das, das in der innern Brust mir glimmte.

In dieses Lichtes Glanze
Fand sicherer ich, als bei des Mittags Helle
Den Ort, wo meiner harrte
Der Liebste meiner Seele
Dort in der Öd' an unbetret'ner Stelle.

O Nacht, die mich beglückte,
Wie lieb ich dich ob Morgenrotes Scheine;
Dein Dunkel ja mich führte
Zum seligsten Vereine,
Wo ich, in ihn gewandelt, ward die Seine!

An meinem blüh'nden Busen,
Den unversehrt ich stets für ihn bewachte,
Sank er in sanften Schlummer,
Indes ich für ihn wachte
Und mit dem Zederzweig ihm Kühlung fachte.

Und als Aurorens Atem
Sein lockig Haar begann umherzuspreiten,
Ließ sanft um meinen Nacken
Er seine Rechte gleiten,
Mir schwanden alle Sinn' in Seligkeiten.

Von heil'ger Wonne trunken,
Durft ich mein Haupt auf den Geliebten lehnen
Die Welt war mir entsunken,
Gestillet all mein Sehnen,
Begraben unter Lilien, Harm und Tränen.

Günter Stachel[*]

Die Nacht

In einer Nacht ganz dunkel,
erfüllt von Sehnsucht und entflammt von Liebe
– o glückverheißendes Geschick! –
entkam ich, wurde nicht bemerkt;
als schon zur Ruhe war mein Haus gelangt;

im Dunkeln und in Sicherheit
auf der geheimen Leiter und verkleidet
– o glückverheißendes Geschick! –
im Dunkeln und verhüllt,
als schon zur Ruhe war mein Haus gelangt;

in der Nacht, die Glück verhieß,
im ganz Geheimen, so daß keiner mich erblickt,
ich nahm auch gar nichts wahr,
kein Licht war, kein Geleit,
nur das, was in dem Herzen brannte.

Das selbe war mein Führer
viel sicherer als das Licht des Mittags,
dorthin, wo meiner harrte
er, der mir wohl bekannt war,
zum Ort, an dem sich keiner blicken ließ.

O Nacht, die du geführt hast,
– o Nacht, voll Liebreiz mehr als Morgenröte! –
Nacht, die du verbunden den
Geliebten der Geliebten,
Geliebte dem Geliebten gleichgestaltet!

An meiner Brust, der blühenden,
die ganz für ihn allein sich aufbewahrte,
dort ruhte er im Schlafe,
da durft' ich ihn beschenken,
als ihm das Wehn der Zedern Kühlung brachte.

Es war der Hauch der Zinne
– als streichelnd ich die Haare ihm gebreitet –
und mit seiner edlen Hand hat
er mir meinen Hals verwundet,
daß alle meine Sinne mir entschwanden.

Da blieb ich und vergaß mich,
das Antlitz neigt' ich über den Geliebten,
alles verschwand, ich ließ mich,
ließ fallen meine Sorge,
vergessen lag sie unter Lilienblüten.

IN DUNKLER NACHT

In Nacht an Sternen bloß,
von Liebesdrang glühend zum Ziel gerichtet
– o wunderseliges Los! –
entging ich ungesichtet,
mein Haus in Stille lassend tiefbeschwichtet –

tief in des Dunkels Schoß,
verborgene Stufen längs, vermummt, umdichtet
– o wunderseliges Los! –
nachts, jedem Blick vernichtet,
mein Haus in Stille lassend, tiefbeschwichtet!

Geheim, in Zauberringen
der Dunkelheit, wo mich kein Blick erkannte,
wo ich nichts sah von Dingen
und nichts mir Strahlen sandte
als jenes Leitlicht, das im Herzen brannte!

Dies lenkte mich, dies brachte
mich besser als der Tag, der grell durchblaute,
zum Ziel, wo meiner harrte
er, der zutiefst Vertraute –
zum Ziel, wo ich nichts Scheinbares erschaute.

O Nacht, du holdgesinnte,
O Nacht, die holder als das Frührot wachte!
O Nacht, die mich Geminnte
Zu dem Geminnten brachte,
die mich Geminnte zum Geminnten machte!

Auf meines Busens Blüte,
die unberührt sich wahrte feinem Neigen,
sank schlummernd der Erglühte
ich streichelte mein Eigen,
und Zedern kühlten uns mit Fächerzweigen.

Als ich sein Haar durchspielte,
da floß die Luft hernieder von der Zinne;
auf meinen Nacken zielte
ihr heiteres Gerinne
und ließ wegzücken alle meine Sinne.

Ich blieb, mir selbst entschwunden;
Mein Angesicht sank nieder zum Begehrten;
ich ließ mich, weltentbunden,
ließ Sorgen, die mich sehrten
zwischen den Lilien, sorglos, den Gefährten.

In einer dunklen Nacht,
Da Liebessehnen zehrend mich entflammte,
O glückliches Geschick!
Entwich ich unbemerkt,
Als schon mein Haus in tiefer Ruhe lag.

Im Dunkel wohl geborgen,
Vermummt und auf geheimer Leiter,
O glückliches Geschick!
Im Dunkel und verborgen,
Da schon mein Haus in tiefer Ruhe lag.

In dieser Nacht voll Glück,
In Heimlichkeit, da niemand mich erblickte,
Da ich auch nichts gewahrte,
Und ohne Licht noch Führer
Als jenes, das in meinem Herzen brannte.

Und dieses führte mich
Weit sichrer als das Licht des hellen Tages dahin,
    wo meiner harrte
Er, der mir wohlbekannt,
Abseits, da, wo uns niemand scheiden konnte.

O Nacht, die Führer war!
O Nacht, viel liebenswerter als die Morgenröte!
O Nacht, die du verbunden
Die Liebste dem Geliebten,
In den Geliebten die Geliebte umgewandelt!

An meiner blüh'nden Brust,
Die sich für ihn allein bewahrte,
Entschlief er sanft,
Ich streichelte ihn sacht,
Und Kühlung gab des Zedernfächers Wehen.

Als leicht der Morgenwind
Die Haare spielend ihm begann zu lüften,
Mit seiner linden Hand
Umfing er meinen Nacken,
Und alle meine Sinne mir entschwanden.

In Stille und Vergessen
Das Haupt auf den Geliebten hin ich lehnte,
Entsunken alles mir,
Verschwunden war die Angst,
Begraben unter Lilien im Vergessen.

Hier zuzuordnen ist der Text, der mich noch mehr anspricht: das Lied *Wenn es auch Nacht ist*, in dem Johannes vom Kreuz seinen Glauben durch alle Erfahrung der Nacht hindurchträgt:

Wenn es auch Nacht ist (THERESIA*, 39)
Wie weiß ich wohl den Born,
der fließt und feuchtet,
wenn es auch Nacht ist.

Den Blicken bleibt der ewige Born entzogen,
doch weiß ich wohl die Heimat seiner Wogen,
wenn es auch Nacht ist.

In dieses Daseins Nacht,
die nichts durchleuchtet,
weiß wohl mein Glaube,
wo er rauscht und feuchtet,
wenn es auch Nacht ist.

Nicht weiß ich einen Ursprung seinem Wallen;
ich weiß, er selber ist der Ursprung allen,
wenn es auch Nacht ist.

Ich weiß, daß nichts so schön ist und erhaben,
weiß, daß sich Welt und Himmel an ihm laben,
wenn es auch Nacht ist.

Ich weiß, daß niemand Furten dort ertastet,
daß nie ein Fuß in ihm auf Gründen rastet,
wenn es auch Nacht ist.

Nie barg der klare eine trübe Welle;
ich weiß, aus ihm entschäumte alles Helle,
wenn es auch Nacht ist.

Ich weiß, so wuchtig fluten seine Mengen,
daß Völker, Himmel sie und Hölle sprengen,
wenn es auch Nacht ist.

Ich weiß, der Strom, aus diesem Born geboren,
hat des Erzeugers Allmacht nicht verloren,
wenn es auch Nacht ist.

Der Strom, den beide zueinander leiten,
ich weiß, er war wie sie vor allen Zeiten,
wenn es auch Nacht ist.

Ich weiß, daß drei in einem Springquell gründen,
daß alle pulsend ineinander münden,
wenn es auch Nacht ist.

Verborgen weilt der Born, der niemals endet,
im Brot, das Leben ist und Leben spendet,
wenn es auch Nacht ist.

Hier lockt er alle, daß sie Labe finden:
sie letzen sich am Trank, wenn auch gleich Bänden,
weil es noch Nacht ist.

Den ewigen Born, danach mein Wunsch sich weitet,
seh ich im Brot des Lebens dargebreitet,
wenn es auch Nacht ist.

Gesang der Seele in der innigsten Vereinigung mit Gott
1584 widmet Johannes vom Kreuz einer adeligen Dame, die sich
für den karmelitischen Aufbruch engagiert – ein Gedicht, das eine
mystische Erfahrung verdichtet. Dona Anna de Penalosa, wie die
Dame heißt, bittet ihn, das Gedicht zu erklären, woraus das Buch
„Lebendige Liebesflamme" entsteht.

O Liebesflamme, die nur Leben spendet
Und die so zart mir schlägt manch' tiefe Wunde
In meiner Seele allertiefstem Grunde!
Schon ist das Schreckliche in Lust gewendet.
Mach Schluß, falls mir dein Wille diesen gebe,
Zerreiß' der süßen Einigung Gewebe.

O Feuerbränd', die lieblich mich durchbeben!
O wonnevolle Wunde, segensreich!
Du, sanfte Hand, berührst so zart, so weich
Und gibst den Vorgeschmack vom ew'gen Leben,
Bezahlest aller Schulden harte Last,
Die tötend du den Tod in Leben wandelt hast.

Ihr Feuerlampen, voll von Glanz und Gluten,
Inmitten deren gold'ner Strahlenhelle
Die tiefen Höhl'n des Sinn's bis in die tiefste Stelle,
– Einst blind und finster – jetzt mit Lichtesfluten
Durchglüht, in ungewohnter Fülle weih'n
Ihr Licht und Wärm' dem Liebsten im Verein.

Wie du mit sanftem Grüßen
Erwachst und mit Gekose
Im Schoß mir, wo allein du weilst geheime!
Mit deinem Hauch ergießen
Des Himmels reiche Lose
Sich in die Seele mir und minn'ge Träume.

O regste Liebeslohe,
die zärtlich mich verwundet
bis in der Seele Kern und tiefstes Leben!
Gesänftigte, du hohe –
tilg, daß mein Herz gesundet,
dem süßen Treffen tilg die Trennungswehen!

O Flamme, mild umleckend!
O Wunde, lind zu dulden!
O holde Hand! O liebliches Durchdringen,
nach ewigem Leben schmeckend,
vergütend alle Schulden!
Todbringend willst du höchstes Leben bringen.

O Leuchten voll von Brünsten,
dank deren Widerscheine
des Sinns abgründige Höhlen ohne Enden –
nicht länger blind von Dünsten –
in fremder Himmelsreine
dem Liebsten beides, Licht und Wärme, spenden!

Wie liebreich und verstohlen
erwachst du in Gehegen,
tief im Gemüt mir, wo du sieghaft gründest:
mit würzigem Atemholen
voll sonnenholdem Segen
wie unberührbar zart du mich entzündest!

Gesang zwischen der Seele und dem Bräutigam

Im gleichen Jahr 1584 dichtet JOHANNES VOM KREUZ* den „Gesang zwischen der Seele und dem Bräutigam", den er für Mutter Anna von Jesus in einem weiteren Buch erklärt, im „Geistlichen Gesang" (JOHANNES VOM KREUZ* B, IV). Diesmal handelt es sich um eine Art Mysterienspiel, in dem „die Braut" und „der Bräutigam" die Hauptrollen spielen. Es würde zu weit führen, wenn ich auch diese Dichtung vorstellen wollte. Dafür möchte ich abschließend ein Gedicht vorstellen, das in diese Sphäre gehört.

Dich, Gott, zu lieben (THERESIA* A, 5)
> Dich, Gott, zu lieben, kann mich nicht bewegen
> der Himmel, den Du mir verheißen hast;
> und nicht der Hölle grauenvolle Last
> bewegt mich, Deinen Zorn nicht zu erregen.
>
> Du, Herr, bewegst mich! Seh ich doch: Sie legen
> und nageln Dich aufs Kreuz zu letzter Rast.
> Und mich bewegt, wie blutend und erblaßt
> Dein Haupt, verhöhnt, sich neigt dem Tod entgegen!
>
> Zu Dir bewegst Du mich mit solchem Triebe:
> Dich liebe ich, auch wenn kein Himmel lohnte;
> Dich fürchte ich, wenn keine Hölle bliebe.
>
> Mit nichts erkaufst Du, daß ich liebend fronte.
> Selbst wenn im Herzen keine Hoffnung thronte
> ich liebte Dich mit ungeschwächter Liebe!

(3) Thérèse von Lisieux

THÉRÈSE VON LISIEUX*, die in unseren Tagen zur Kirchenlehrerin erklärt wurde, ist bekannt durch ihre Spiritualität der kleinen, alltäglichen Dinge und der vertrauensvollen Kindseins vor Gott. Ihr Gesicht war lange Zeit verstellt durch unglückliche Manipulation ihrer Texte durch wohlmeinende Oberinnen, bis es durch H. U. VON BALTHASAR* (D) eine theologische Deutung und durch J. F. SIX* auch historisch wiederhergestellt war. Lange Zeit wurde diese Frau verniedlicht. Dabei mußte sie in den letzten Wochen ihres Lebens die schrecklichste Nacht durchstehen:

„Sehen sie dort unten das schwarze Loch, in dem man nichts unterscheiden kann. In einem solchen Loch stecke ich mit Seele und Leib. Ja, welche Finsternis! Aber ich bin darin im Frieden … Meine Mutter, wenn Sie Kranke zu betreuen haben, die so starke Schmerzen zu erdulden haben, dann achten Sie gut darauf, niemals in ihrer Nähe giftige Medikamente stehen zu lassen. Ich versichere Ihnen, wenn man solche Schmerzen hat, bedarf es nur eines Augenblicks, um den Verstand zu verlieren. Dann wäre man leicht fähig, sich zu vergiften" (Six*, 311).

Auch Thérèse hat Gedichte geschrieben, und zwar bevor sie anfing, ihre Erinnerungen aufzuzeichnen. Freilich darf man diese Gedichte nicht mit den strengen Maßstäben der hohen Literatur beurteilen. Sie legt ihren Gedichten bekannte Kirchenlieder zugrunde:

„Du hast, Herr Jesus, meine Lieb' erfahren.
Der Liebe Geist entflammt mich immerzu.
Ich liebe Dich, den Vater zu erlangen,
Daß er für immer mir im Herzen blieb'.
Dreifaltigkeit, nun halt' ich Dich gefangen
mit meiner Lieb'!" (Six*, 212).

Interessant ist die spaßige Vermählungsanzeige, die sie analog zu den damaligen Gebräuchen formuliert:

„Einladung zur Hochzeit
von Schwester Therese vom Kinde Jesus
vom Heiligsten Antlitz

Gott der Allmächtige,	Herr Louis Martin,
Schöpfer Himmels und der Erde, Alleiniger Herrscher der Welt, und die Glorreiche Jungfrau Maria, Königin des himmlischen Hofes, beehren sich, Ihnen die Vermählung anzuzeigen ihres Erhabenen Sohnes Jesus,	Besitzer und Herr der Grafschaften vom Leiden und von der Verdemütigung, und Frau Martin, Prinzessin und Ehrendame am Himmlischen Hofe, beehren sich, Ihnen anzuzeigen die Vermählung ihrer Tochter

König der Könige und Herr der Herren, mit Fräulein Thérèse Martin, nunmehrige Edelfrau und Prinzessin der Reiche, die ihr von ihrem göttlichen Bräutigam als Mitgift dargebracht wurden, nämlich: die Kindheit Jesu und seine Passion, woher ihre Adelstitel: vom Kinde Jesus und vom Heiligsten Antlitz.

Thérèse mit Jesus, dem Worte Gottes, der zweiten Person der Anbetungswürdigen Dreifaltigkeit, der durch die Einwirkung des Heiligen Geistes Mensch und Sohn Mariens wurde, der Himmelskönigin.

Da wir Sie zur Trauung, die auf dem Berge Karmel am 8. September 1890 stattfand, nicht einladen konnten (nur der himmlische Hof hatte Zutritt), so werden Sie doch gebeten, sich zum Empfang nach der Hochzeitsreise einzufinden, der morgen, am Tage der Ewigkeit, stattfinden wird, an welchem Tage Jesus, der Sohn Gottes, auf den Wolken des Himmels kommen wird, im Glanze seiner Herrlichkeit, um zu richten die Lebendigen und die Toten.

Da die Stunde noch unbestimmt ist, werden Sie eingeladen, sich bereit zu halten und zu wachen."

(4) Edith Stein

In unseren Tagen ist die jüdische Konvertitin EDITH STEIN* ins Bewußtsein der Kirche gehoben worden. Die Spuren dieser großen Wissenschaftlerin und Philosophin verlaufen im Nichts, in der dunkelsten Nacht des Holocaust. Sie hat sich berühmt gemacht mit ihrer „Kreuzeswissenschaft", einer eingehenden, wissenschaftlich hervorragenden Studie über Johannes vom Kreuz, den sie zum Teil auch selbst übersetzt hat. Damit ist eine Theologie des Kreuzes ebenso gemeint wie der Nachvollzug des Kreuzes in der „Dunklen Nacht." Edith Stein formuliert, können wir sagen, die karmelitische Spiritualität für das 20. Jahrhundert. Und sie durchlebt ihre „dunkle Nacht" in der undurchdringlichen Finsternis der nationalsozialistischen Vernichtung.

Edith Stein ist wie ihr großes Vorbild selbst eine mystische Dichterin (HERBSTRITH*). Dafür einige Beispiele:

Wer bist du, Licht? (HERBSTRITH*, 23)
  Wer bist du, Licht,
  das mich erfüllt
  und meines Herzens Dunkelheit erleuchtet?

  Du leitest mich
  gleich einer Mutter Hand,
  und ließest du mich los,
  so wüßte keinen Schritt ich mehr zu gehen.

  Du bist der Raum,
  der rund mein Sein
  umschließt und
  in sich birgt.

  Aus dir entlassen, sänk' es in den Abgrund
  des Nichts,
  aus dem du es
  zum Sein erhobst.

  Du, näher mir
  als ich mir selbst
  und innerlicher
  als mein Innerstes
  und doch ungreifbar
  und unfaßbar
  und jeden Namen sprengend:
  Heiliger Geist – Ewige Liebe.

Laß blind mich deine Wege geh'n (KAWA*, 34)
  Laß blind mich, Herr, die Wege geh'n,
  die Deine sind.
  Will Deine Führung nicht versteh'n,
  bin ja Dein Kind!
  Bist Vater der Weisheit, auch Vater mir.
  Führest durch Nacht Du auch,
  führst doch zu Dir.
  Herr, laß gescheh'n, was Du willst,
  ich bin bereit!
  Auch wenn Du nie mein Sehnen stillst
  in dieser Zeit.

Bist ja Herr der Zeit.
Das Wann ist Dein.
Dein ew'ges Jetzt, einst wird es mein.
Mach alles wahr, wie Du es planst
in Deinem Rat.
Wenn still Du dann zum Opfer mahnst,
hilf auch zur Tat.
Laß überseh'n mich ganz
mein kleines Ich,
daß ich mir selber tot,
nur leb' für Dich.

Du senkst voll Liebe (HERBSTRITH*, 8)
Du senkst voll Liebe
deinen Blick in meinen
und neigst dein Ohr
zu meinen leisen Worten
und füllst mit Frieden tief das Herz.

Doch deine Liebe
in der kein Genügen
in diesem Austausch,
der noch Trennung läßt.
Dein Herz verlangt
nach mehr.

Dein Leib durchdringt
geheimnisvoll den meinen,
und deine Seele eint sich
mit der meinen:
Ich bin nicht mehr,
was einst ich war.
Du kommst und gehst,
doch bleibt zurück die Saat,
die du gesät
zu künftger Herrlichkeit,
verborgen in dem Leib
von Staub.

(5) Anhang

Zum Abschluß ein modernes Gedicht, das die Spiritualität des Karmel sehr gut zusammenfaßt. Duruelo ist der Ort, an dem Johannes vom Kreuz seinem Leben als „Unbeschuhter Karmelit" einen neuen Anfang setzte. „Nichts" ist das häufigste Wort – ein Wort, das gleichzeitig „alles" enthält.

Duruelo

Nichts zu sehen
außer zwei feinen Kirchlein
und ein paar Gehöften, einfach.

Nichts zu hören
außer einem bellenden Hund
und ein paar muhenden Kühen.

Nichts zu entdecken
außer einem Konvent der Karmelitinnen
ein paar, die da wachen und beten.

Nicht ist dieses Nichts
unser Nichts.

Gründergeist des Johannes vom Kreuz
den Gott in diese Wüste geschickt.

Und sie blüht, unvergessen
unter bleierner Sonne.

Gott führt weiter
Von einem Nichts zum andern.
Und schenkt doch alles.
Hedwig Beckmann

5. Kapitel

Esoterik und „Unterscheidung der Geister"

Kritische Auseinandersetzung aus der Sicht der geistlichen Theologie

Nachdem ich eine Art Typologie der grundlegenden Ausdrucksformen christlicher Spiritualität beschrieben habe, wende ich mich nun der Esoterik zu. Als geheimes und hintergründiges Phänomen durchzieht sie die abendländische Tradition und erreicht heute eine Wirkung, daß ihr niemand mehr gleichgültig begegnen kann. Hier tut Unterscheidung not!

Die geistliche Theologie der christlichen Tradition hat seit dem Apostel Paulus unter anderem auch die Aufgabe, Kriterien zu entwickeln, um religiöse Phänomene in der Außenwelt, aber auch religiöse Empfindungen im eigenen Innern kritisch zu sichten. Dabei wird diese kritische Einstellung als gottgeschenkte Begabung angesehen, als Wirkung des innewohnenden Heiligen Geistes selbst, als Charisma (vgl. 1 Korinther 12,10).

Diese Fähigkeit, zu prüfen und zu unterscheiden, stellt für den 1. Johannesbrief eine unbedingte Notwendigkeit dar, ja, sie gehört geradezu zur Sendung des Christen: „Liebe Brüder, traut nicht jedem Geist, sondern prüft die Geister, ob sie aus Gott sind; denn viele falsche Propheten sind in die Welt hinausgezogen. Daran erkennt ihr den Geist Gottes: Jeder Geist, der bekennt, Jesus Christus sei im Fleisch gekommen, ist aus Gott. Und jeder Geist, der Jesus nicht bekennt, ist nicht aus Gott. Das ist der Geist des Antichristen, über den ihr gehört habt, daß er kommt. Jetzt ist er schon in der Welt" (4,1ff).

Diese geistgewirkte, kritische Fähigkeit wird in den geistlichen Bewegungen, in den Orden zum Beispiel, besonders entfaltet (vgl.

SCHLAGETER*). Sie gehört zur Grundausrüstung der geistlichen Führung und hat im Exerzitienbuch des IGNATIUS VON LOYOLA* den wohl bekanntesten und stringentesten Ausdruck gefunden.

1 Der Begriff „Esoterik"

Es dürfte schwierig sein, zumal in der Alltagskommunikation einen einheitlichen Begriff von „Esoterik" vorauszusetzen. Man vergleiche nur einmal die Ausführungen im hervorragenden „Wörterbuch der Mystik" (DINZELBACHER* A) mit den knappen, aber wesentlichen und informativen Sätzen des neuen LEXIKON FÜR THEOLOGIE UND KIRCHE*. Man hat nicht den Eindruck, daß beide von der gleichen Sache reden. „Unterscheidung" ist also bereits beim Phänomen selbst geboten. Wir sollten wissen, wovon wir reden, wenn wir mitreden wollen.

1.1 Esoterik als verinnerlichte Religion

Entgegen dem religionswissenschaftlichen Befund und der Begriffsgeschichte – ich werde darauf zurückkommen – ist „Esoterik" heute oft gleichbedeutend mit „Innerlichkeit" bzw. „innerlicher" Form von Religion. Man verweist auf die griechische Herkunft des Wortes, auf „eiso", was so viel wie „drinnen" bedeutet. Esoterik wäre demnach ein Gegensatz zu einer veräußerlichten, „exoterischen" Religion, zu einer Religion, die in Dogmen, Riten, Gebetsformeln, Institutionen erstarrt ist.

Gegen eine rein „exoterische" Religion haben schon die biblischen Propheten ihre Stimme erhoben. Ihre Kultkritik, die durch viele Zitate belegt werden könnte, gipfelt in der Tatprophetie Jesu: „In der Schrift steht: Mein Haus soll ein Haus des Gebetes sein. Ihr aber macht daraus eine Räuberhöhle" (Matthäus 21,13; Jesaja 56,7; Jeremia 7,11). Und letztlich ist die Veräußerlichung des Christentums, das durch die Konstantinische Wende zur Staatsreligion (Mailänder Edikt Kaiser Konstantins d. Gr. im Jahr 313) und in deren Folge bald zu einem Massenphänomen geworden ist, die Ursache für das Entstehen des Ordenslebens. Unter diesem Aspekt könnte also der Begriff „Esoterik" durch ein existentiell gelebtes und innerlich personal vollzogenes Ordensleben, wie es etwa bei den Wüstenvätern, in den Klöstern des hl. Pachomius (um 287–347) und des heiligen Benedikt (um 480 – ca. 547) greifbar wird, beansprucht werden.

Aber auch die Ordensgeschichte selbst zeigt nochmals die gleiche Polarität. Gegenüber den veräußerlichten Formen Clunys (dann Ausgangspunkt einer durchgreifenden mönchischen Reform) erhebt sich Bernhard von Clairveaux (1090–1153) mit einer neuen, in den äußeren Formen kargen, wenn wir so wollen „esoterischen" Innerlichkeit. Das gleiche könnte von den Franziskanern und Kapuzinern gesagt werden, die die äußeren Formen des Gebetes radikal reduzierten und ganz auf das Innere setzten. „Si cor non orat, in vanum lingua laborat" heißt ihr Motto, und sie schreiben es groß an die Wände ihrer Gebetsräume: „Wenn das Herz nicht betet, müht sich umsonst die Zunge." Oder wie es lautmalerisch auf dem Chorgestühl aus dem Jahr 1504 in San Damiano (am Fuß von Assisi) heißt:

„Non vox sed votum, non clamor sed amor, non cordula sed cor, psallit in aure dei – Nicht die Stimme, sondern die Hingabe, nicht die Lautstärke, sondern die Liebe, nicht die Saite, sondern das Herz singt im Ohr Gottes."

Postulat des Glaubens

Eine solche „Esoterik" ist ein notwendiges Postulat des biblischen Glaubens selbst (WEHR*, 23–53). Dieser versteht sich ja als personale Anheimgabe. Der glaubende Mensch verweist mit allen Fasern des Herzens auf Jesus von Nazaret, der in seinem Kreuzestod jede trennende Wand zwischen Mensch und Gott niedergerissen hat. Der Glaubende kann fortan unmittelbar, also ohne vermittelnde Instanzen wie Ämter und Formeln mit Gott in Kontakt treten. Auf Esoterik bzw. auf eine ganz und gar innerliche Form des Glaubens hin läuft das Gebet des Apostels Paulus:

„Daher beuge ich meine Knie vor dem Vater, nach dessen Namen jedes Geschlecht im Himmel und auf der Erde benannt wird, und bitte, er möge euch aufgrund des Reichtums seiner Herrlichkeit schenken, daß ihr in eurem Innern durch seinen Geist an Kraft und Stärke zunehmt. Durch den Glauben wohne Christus in eurem Herzen. In der Liebe verwurzelt und auf sie gegründet, sollt ihr zusammen mit allen Heiligen dazu fähig sein, die Länge und Breite, die Höhe und Tiefe zu ermessen und die Liebe Christi zu verstehen, die alle Erkenntnis übersteigt. So werdet ihr mehr und mehr von der ganzen Fülle Gottes erfüllt" (Epheser 3,14–19).

Postulat der gesellschaftlichen Situation

Eine solche Esoterik ist aber nicht nur ein Postulat des Glaubens, sondern auch ein Postulat der gesellschaftlichen Situation, in der wir uns heute befinden. In einer Zeit, in der das Christentum und die Gesellschaft soziologisch mehr oder weniger identisch waren, war Esoterik im beschriebenen Sinn der Weg ganz weniger Menschen, wenn nicht einer Elite. Heute aber ist diese Übereinstimmung weitgehend weggebrochen. Das Christentum wird in unserer Gesellschaft nur als esoterisches Christentum überleben können. Dies hat Karl Rahner gemeint, als er vor vielen Jahren sagte, der „Fromme von morgen" werde ein Mystiker sein müssen, „einer, der etwas erfahren hat, oder er wird nicht mehr sein" (SUDBRACK* B, 19).

Kirchliches Reformpostulat

Wir sind innerhalb der Kirchen noch weit davon entfernt, im genannten Sinn esoterisches Christentum zu sein. Wir müssen uns sogar fragen, ob die epochale Fluchtbewegung aus den Kirchen in das Massenphänomen Esoterik außerhalb der traditionellen Kirchen nicht gerade der Beweis dafür ist, daß „Innerlichkeit", „verinnerlichter Glaube", „Mystik", wie Karl Rahner sie verstand, im kirchlichen Bezugsrahmen kaum oder gar nicht mehr vorhanden ist. Ich selbst bin seit Jahren der Meinung, daß unsere Gottesdienste und Gebetsformen zu veräußerlicht sind und daß unsere Kirchen insgesamt an einem mystischen Defizit leiden.

C. G. JUNG*, „Anwalt für die erschütternden Erfahrungsmöglichkeiten der Seele", wie ihn Pfarrer Werner Meyer bei dessen Beerdigung nannte, hat bereits 1935 festgestellt:

„Die christliche Kultur hat sich in erschreckendem Ausmaß als hohl erwiesen: Sie ist äußere Politur; der innere Mensch aber ist unberührt und darum unverändert geblieben. Der Zustand der

Seele entspricht nicht dem äußerlich Geglaubten. Der Christ hat in seiner Seele mit der äußerlichen Entwicklung nicht Schritt gehalten ..., die innere Entsprechung des äußeren Gottesbildes ist aus Mangel an seelischer Kultur unentwickelt und darum im Heidentum steckengeblieben ... Zu wenige haben es erfahren, daß die göttliche Gestalt innerstes Eigentum der eigenen Seele ist. Ein Christus ist ihnen nur außen begegnet, aber nie aus der eigenen Seele entgegengetreten ..." (zit. bei: WALACH*, 42).

Der berühmte Psychologe ABRAHAM MASLOW sagt auf eine Weise, daß es zu einer Anklage der Theologie und der Priesterausbildung wird:

„Jede Theologie kann als der vergebliche Versuch betrachtet werden, die ursprüngliche mystische Erfahrung, wie sie von den Propheten überliefert worden ist, in kommunizierbare Worte, Formeln, symbolische Rituale und Zeremonien zu übersetzen. Organisierte Religion kann wiederum gesehen werden als das Bemühen, Gipfelerfahrungen Menschen zu übermitteln, die selbst keine Gipfelerfahrungen machen. Dazu kommt, daß viele, die versuchen, im Auftrag der Kirche anderen diese Gipfelerfahrung näher zu bringen, selbst zu jenen zählen, die über keine Gipfelerfahrungen verfügen oder einen schweren Zugang dazu haben" (zit. bei WALACH*, 42).

GERHARD WEHR* (11) schrieb 1974, also noch vor der großen Esoterikwelle, „angesichts der geradezu totalen Extraversion des Christentums" sein bemerkenswertes Buch über das esoterische Christentum.

Um dieser Provokation noch eins draufzusetzen, kann man EUGEN BISER, den Nachfolger Romano Guardinis auf dessen Lehrstuhl, zitieren. Ich hebe die bedeutsamen Aussagen Bisers hervor:

„Wir leben in einer religiös gestimmten Zeit. Das ist eine der großen, wenn auch längst nicht hinreichend wahrgenommenen Vergünstigungen der Stunde. Daß sie weder hinreichend begriffen noch genutzt wird, ist vielfach begründet, nicht zuletzt durch die Krise, in die der Glaube geraten ist: durch die sich zusehends verstärkende *Randunschärfe*, die in erster Linie die abgeleiteten Glaubensinhalte wie die Jungfrauengeburt oder die ‚letzten Dinge' verunklarte und zu Gegenständen eines fruchtlosen Disputs werden ließ; durch eine ausgesprochene *Konzentrationsschwäche*, die eine erschreckend große Anzahl von Christen veranlaßte, den *Zentralartikel von der Auferstehung Jesu mit der asiatischen Reinkarnationsvorstellung zu vertauschen*, und nicht zuletzt durch die Sprachlosigkeit, die die Mehrheit der Christen hierzulande dazu brachte, *ihren Glauben wie eine private Verschlußsache zu behandeln.* ... Kaum braucht erwähnt zu werden, daß zu den Hindernissen (des Glaubens) auch die sich ständig vertiefende Kirchenkrise gehört, insbesondere in jener resignativen Form, die zu der Feststellung nötigt, daß der schon von Nietzsche beschworene ‚Geist der Schwere' in den kirchlichen Lebensraum Einzug gehalten hat. Er wurde von seinem Entdecker dafür haftbar gemacht, daß die *Freiheit der Ordnung geopfert, die Kreativität dem Gesetz unterworfen und die spontane Eingebung in vorgegebene Normen gepreßt wird.* Im Kirchenraum führte er zu der dem Evangelium denkbar fremden und fernliegenden Vorstellung, daß das fromm und Gott wohlgefällig sei, was dem Menschen schwerfällt und weh tut. Wenn eine Wende zum Besseren einsetzen soll, dann nur unter der Bedingung, daß es gelingt, diesem Ungeist zu wehren. Was mit allen Kräften ins Werk gesetzt werden muß ist deshalb ein am kirchlichen Lebensgefühl ansetzender Exorzismus: die Austreibung des Dämons, der alles niederdrückt und lähmt, der die Spontaneität und Glaubensfreude zum Verschwinden brachte und alles einem Zustand der Kälte und Erstarrung verfallen läßt" (BISER*,16).

1.2 Esoterik als Insiderwissen

Das Wort „Esoterik" ist begriffsgeschichtlich seit dem 3. Jahrhundert nachgewiesen. Es ist eine Komparativbildung zu „eiso", also etwa mit „weiter innen" (als andere/s) zu übersetzen. Esoterik wird so gleichbedeutend mit „Insiderwissen", mit einem Wissen, daß nur schwer zugänglich ist, das heißt für Außenstehende „hermetisch" verschlossen bleibt. Diese Verschlossenheit kann in verschiedenen Nuancierungen auftreten.

Zunächst sei darauf hingewiesen, daß „Mystik" bzw. Gipfel- und Tiefenerfahrungen sprachlich nur unvollkommen zu vermitteln sind. Es zeigt sich, daß in diesem Zusammenhang regelmäßig Sprachschöpfungen entstehen, zuvor nicht vorhandene Begriffe, Wörter, die eine andere Bedeutung haben, völlig überraschende, ungewohnte Bilder, Ausdrucksformen, die nicht oder noch nicht dem allgemein verständlichen Sprachbereich angehören. Mystiker-texte bleiben daher wegen ihres „hermetischen" Charakters – ähn-lich wie die Dichtung (zum Beispiel eines Paul Célan) – oft fremd, unverstanden und sind daher häresieverdächtig. Einige Sätze von MARGARETE PORETE* (86), einer Mystikerin, die 1310 auf dem Scheiterhaufen endete, mögen als Beleg gelten. Ihr Buch ist als Dia-log zwischen der Liebe und der Seele konzipiert:

> „DIE LIEBE: ... die Seele ... ist verwandelt in Gott, spricht die Liebe, wodurch sie ihre wahre Form erhalten hat. Ohne Anbe-ginn wurde sie ihr verliehen und geschenkt vom einzigen Einen, welcher sie in seiner Güte ewig geliebt hat.
>
> DIE SEELE: Ach, Liebe!, spricht diese Seele. Der Sinn dessen, was eben gesagt wurde, hat mich zu nichts gemacht und das durch dieses Eine bewirkte Nichts hat mich in den Abgrund unterhalb von weniger als nichts versetzt, maßlos. Doch die Erkenntnis meines Nichts, spricht diese Seele, gab mir das Alles. Und das Nichts dieses Alles hat mir Bitte und Gebet benommen, und ich bete um nichts."

Diesen Text kennzeichnet nicht nur eine paradoxe Sprechweise, sondern auch eine eigene Theo-Logik der Mystikerin. Sie weiß im übrigen sehr genau, daß die theologische Zunft ihren Text mißver-stehen muß, wenn sie sich nicht gewissen hermeneutischen Prinzi-pien unterwirft: der Demut, „der Schatzhalterin der Wissenschaft", der Liebe und dem Glauben, welche immer über der Vernunft stehen müssen. Wo die kalte Vernunft am Werk ist, kommt kein Er-kennen und schon gar kein Verständnis zustande:

> „Ihr, die ihr in diesem Buche lesen werdet,
> wollt ihr es richtig verstehen,
> so nehmt euch in acht, was ihr darüber sagt,
> denn es ist schwer zu erfassen.

An die Demut müßt ihr euch halten,
sie ist die Schatzmeisterin der Wissenschaft
und die Mutter der übrigen Tugenden.

Ihr Theologen und sonstwie Gebildeten,
ihr werdet nicht zum Verständnis gelangen,
wie scharf eure Denkfähigkeit auch sei,
wenn ihr nicht demütig vorgeht,
und beide, Liebe und Glauben,
euch nicht die Vernunft überwinden lassen:
sie beide sind die Herrinnen des Hauses.

Die Vernunft selbst gesteht es uns ein
im dreizehnten Kapitel dieses Buches,
und sie schämt sich deswegen nicht:
Liebe und Glaube verleihen ihr Leben,
von ihnen macht sie sich niemals frei,
denn sie haben die Oberherrschaft über sie,
darum gehört es sich, daß sie sich demütigt.

Laßt demütig werden eure Wissenschaften,
die auf der Vernunft sich gründen,
und setzt all euer Vertrauen
in jene, die gegeben sind durch
die Liebe, erleuchtet vom Glauben.
Und so werdet ihr dieses Buch verstehen,
das aus der Liebe die Seele leben macht.
Ende" (15).

Gruppensprache

Eine nur schwer verständliche Sondersprache finden wir auch bei
Gruppen, in Orden und geistlichen Gemeinschaften. Sofern sie aus
spezifischen Grunderfahrungen entstanden sind, haben sie auch ein
eigenes Wissen und eine eigene damit zusammenhängende Sprache, die nur sie selbst verstehen und die man durch den Prozeß der
Initiation (Noviziat) erlernen muß.

Eine Insidersprache, die aufgrund besonderer Grunderfahrungen entsteht, kann darüber hinaus auch ganz bewußt gepflegt werden. Man will sich unterscheiden und von der übrigen Gesellschaft abgrenzen.

Das Christentum selbst ist in den ersten Jahrhunderten, in einem heidnischen Umfeld, als eine Religion in Erscheinung getreten, die nur Insidern verständlich sein konnte. Das Vaterunser, das Credo, die Eucharistie gehörten zum „Arcanum", zum Geheimnis, das nur den Vollmitgliedern vorbehalten war. Dies aber konnte man nur durch einen langen Initiationsprozeß allmählich werden. Nach außen schützte man das Geheimnis in einer strengen Disziplin (WEHR*, 53–63).

Bei all diesen „esoterischen" Formen ist jedoch darauf hinzuweisen, daß die Fremdheit und Abgeschlossenheit nur scheinbar, nicht aber grundsätzlich ist. Sie bewegen sich innerhalb der akzeptierten Logik der abendländischen Philosophie bzw. innerhalb eines Gedankensystems, das durch den biblischen Glauben vorgegeben ist. Die Fremdheit kann durch Kommunikation, Argumentation und Information aufgehoben werden. Dies aber ist bei den eigentlichen, „hermetischen Formen" nicht mehr möglich.

1.3 Esoterik als Geheimlehre

Esoterik – und das ist nun der eigentlich religionswissenschaftliche Begriff – kann auch als „Geheimlehre [begriffen werden], die, tradiert von Meistern und Adepten, ihren Inhalt durch die Zeit unverändert behält" (DINZELBACHER* A, 150).

Hermes Trismegistos

Zunächst muß von der bereits mehrfach erwähnten „Hermetik" ausführlicher gesprochen werden. Darunter verstehen wir eine Lehre, die im sogenannten CORPUS HERMETICUM*, einer gnostisch-neuplatonischen Schriftensammlung aus dem Ägypten des 1.–3. Jahrhunderts n. Chr. greifbar ist. Benannt ist dieses Schrifttum nach dem ägyptischen Gott des Wissens, Hermes Trismegistos (= Thot). Dieses

Schrifttum hat einen kaum vorstellbaren Einfluß auf das theologische Denken des Mittelalters gehabt. Es wurde häufig zitiert und hat immer wieder auch die Funktion einer „Gegenbibel" ausgeübt. Der geoffenbarten Religion, die in der Bibel bezeugt ist, steht die Ur-Theologie des Ägypters Hermes Trismegistos entgegen. Anders gesagt: Die Geschichtstheologie des Mose (ASSMANN*, 37ff) wird durch kosmische Vorgänge „bestritten". Im Grunde handelt es sich um Religionsäußerungen, die JAN ASSMANN* „Kosmotheismus" nennt. Damit bezeichnet er den Versuch der antiken Welt, hinter den vielen Naturgöttern einen einzigen Gott auszumachen. Feierlich klingen die sogenannten zwölf hermetischen Gesetze:

„Wahr, wahr, ohne Zweifel und gewiß:

1. *Das Untere gleicht dem Oberen*
2. *und das Obere dem Unteren, zur Vollendung der Wunder des Einen.*
3. *Und wie alle Dinge aus dem Einen sind, aus der Meditation des Einen, so werden auch alle Dinge aus diesem Einen durch Abwandlung geboren.*
4. *Sein Vater ist die Sonne, seine Mutter der Mond; der Wind hat es in seinem Bauch getragen; seine Säugamme ist die Erde.*
5. *Es ist der Vater aller Wunderwerke der ganzen Welt. Seine Kraft ist vollkommen, wenn es in Erde verwandelt worden ist.*
6. *Scheide die Erde vom Feuer und das Feine vom Groben, sanft und mit großem Verstand.*
7. *Es steigt von der Erde zum Himmel empor und kehrt von dort zur Erde zurück, auf daß es die Macht der Oberen und Unteren empfange.*
8. *So wirst du die Herrlichkeit der ganzen Welt besitzen, und alle Finsternis wird von dir weichen.*
9. *Dies ist die Kraft aller Kräfte, denn sie besiegt alles Feine und durchdringt das Feste.*
10. *So wurde die Welt erschaffen.*
11. *Daher werden wunderbare Abwandlungen und Anwendungen bewirkt, zu denen hier die Mittel gegeben.*
12. *Und Hermes Trismegistos bin ich genannt, weil ich die drei Teile der Weisheit der ganzen Welt besitze" (ROOB*, 9).*

Dieses hermetische Denken hat Grundzüge, die fast alle auch in heutigen Esoterikformen vorkommen:

• Es ist *gnostisch*, das heißt: Es geht von einem sogenannten Ur-wissen aus, das in die Vergessenheit geraten ist und das man durch Wieder-Erinnerung bzw. Wieder-Erkennen zurückgewinnen kann.

• Es ist *mystisch-ekstatisch*, das heißt: Es zielt auf emotionale Existenzüberschreitung, auf spirituelle – eben gnostische – Erfahrung.

• Es ist *kosmologisch* orientiert, das heißt: Es zielt auf das Welt-ganze, allerdings in einem Sinn, der vom semitisch-biblischen Schöpfungsgedanken grundlegend abweicht. Die Schöpfung ist nicht die freie Tat eines schöpferischen Gottes, sondern eine Katastrophe, die „Frucht eines Irrtums, und nur wenige Auserwählte können sie und auch Gott selbst erlösen" (Eco* B, 27).

• Es benutzt *magische Praktiken*, „Praktiken [also], mit denen der Mensch seinen eigenen Willen auf die Umwelt in einer Weise über-tragen will, die nach naturwissenschaftlicher Betrachtungsweise irrational erscheint" (Meyers Lexikon*).

• Es ist der *Astrologie* verpflichtet, dem „Versuch, das Geschehen auf der Erde und das Schicksal des Menschen aus bestimmten Ge-stirnstellungen zu deuten und vorherzusagen" (Duden*).

• Es vertritt eine ganz bestimmte Lehre von den Kräften, welche in den *Pflanzen und Steinen* geborgen sind.

• Es ist *„alogisch"*: Was die Hermetik zu einer eigentlich ver-schlossenen Lehre bzw. zu einem rational unzugänglichen Gebilde macht, ist der Widerspruch zur allgemein akzeptierten Logik. Diese ist ja durch drei evidente Grundprinzipien bestimmt:

– durch das *Identitätsprinzip*, mit anderen Worten: A ist identisch mit A, oder: Ich bin ich, Du bist Du, dieser Baum ist dieser Baum ...

– durch das *Prinzip der Nichtwidersprüchlichkeit*, mit anderen Worten: A kann nicht gleichzeitig sein und nicht sein, oder: Ich bin oder ich bin nicht, beides geht nicht, Du bist oder Du bist nicht, dieser Baum ist oder er ist nicht ...

– durch das *Prinzip des ausgeschlossenen Dritten*, mit anderen Worten: A ist entweder wahr oder falsch, ein Drittes gibt es nicht, oder: Herr Meier hat den Doktortitel – entweder ist dieser Satz wahr, oder er ist falsch, es gibt kein Drittes.

Diese drei Prinzipien gelten nun im mystischen Konzept der Her-metik nicht mehr; es ist eben „hermetisch", ein Denken, zu dem das logische Denken keinen Zutritt hat. Ich bin Ich oder ich bin nicht Ich – beides gilt! Dieser Stein ist ein Baum – gut so! Herr Meier hat einen Doktortitel, und er hat keinen – beides stimmt.

Wir werden gleich sehen, wie sehr das hermetische Denken im Verlauf der Geschichte präsent blieb und wie sehr es auch heute noch bestimmend ist. Deswegen müssen wir dieses Denken noch näher anschauen. UMBERTO ECO* (A, 62), der italienische Linguist, hat es wie folgt charakterisiert:

„Jetzt können viele Dinge gleichzeitig wahr sein, auch wenn sie sich widersprechen. Sagen aber die Bücher die Wahrheit, auch wenn sie einander widersprechen, dann ist jedes Wort in ihnen eine Anspielung, eine Allegorie. Sie sagen etwas anderes, als sie zu sagen scheinen. Jedes von ihnen enthält eine Botschaft, die keines von ihnen für sich allein je enthüllen kann. Zum Verständnis der geheimnisvollen, in den Büchern enthaltenen Botschaft mußte man nach einer Offenbarung jenseits allem von Menschen Gesagten suchen, nach etwas, was mittels Vision, Traum oder Orakel von der Gottheit selbst mitgeteilt wurde. Eine unbekannte, unerhörte Offenbarung mußte von einem noch unbekannten Gott reden und von einer noch geheimen und tiefen Wahrheit (denn nur, was unter der Oberfläche liegt, kann lange unbekannt bleiben). So wird die Wahrheit gleichgesetzt mit dem, was nicht oder in einer dunklen Weise gesagt wird und jenseits des äußeren Anscheins und des Buchstabens verstanden werden muß. Die Götter sprechen (heute würden wir sagen: Das Sein spricht) in hieroglyphischen und enigmatischen Botschaften.“

Eine solche Auffassung hat natürlich verheerende Folgen für das gegenseitige Verstehen, ganz allgemein für die mitmenschliche Kommunikation, aber auch für die Deutung von Texten. Alles wird beliebig, der Sinn entgleitet, zerrinnt. Es gibt letztlich keine verbindlichen Aussagen mehr. Nochmals UMBERTO ECO* (A, 64f):

„… Wie oben, so unten. Die Welt wird zum großen Spiegeltheater, in dem jedes Ding alle anderen widerspiegelt und zum Zeichen für sie wird.

Man kann von universeller Sympathie und Ähnlichkeit nur sprechen, wenn man das Prinzip des Nichtwiderspruchs ablehnt. Die universelle Sympathie wird bewirkt durch eine Emanation [einen

Ausfluß] Gottes in die Welt; doch am Ursprung der Emanation steht ein unerkennbares Eines, das der eigentliche Ort des Widerspruches ist. Das christliche neuplatonische Denken wird später zu erklären versuchen, daß wir Gott wegen der Unangemessenheit unserer Sprache nicht in eindeutiger Weise definieren können. Das hermetische Denken hingegen sagt, unsere Sprache sei, je mehr sie uneindeutig und polyvalent ist und je mehr sie mit Symbolen und Metaphern arbeitet, um so geeigneter, ein Eines zu benennen, in dem sich das Zusammenfallen der Gegensätze verwirklicht. Wo aber das Zusammenfallen der Gegensätze zum herrschenden Prinzip wird, da unterliegt das Identitätsprinzip. Tout se tient [dt.: Alles hängt zusammen].

Als Folge davon wird die Interpretation unendlich. Im Streben nach einem letzten und unerreichbaren Sinn akzeptiert man ein unaufhaltsames Weggleiten des Sinnes. Eine Pflanze wird nicht nach ihren morphologischen und funktionalen Merkmalen definiert, sondern aufgrund einer, und sei es nur partiellen, Ähnlichkeit mit einem anderen Element des Kosmos. Ähnelt sie entfernt einem Teil des menschlichen Körpers, so hat diese Pflanze Sinn, weil sie auf den Körper verweist. Doch dieser Teil des Körpers wiederum hat Sinn, weil er auf ein Gestirn verweist, dieses hat Sinn, weil es auf eine Tonleiter verweist, diese, weil sie auf eine Engelshierarchie verweist, und so weiter bis ins Unendliche.

Jeder weltliche oder himmlische Gegenstand verbirgt ein Initiationsgeheimnis. Ein offenbartes Initiationsgeheimnis jedoch, so sagen viele Hermetiker, nützt gar nichts. Immer wenn man glaubt, ein Geheimnis aufgedeckt zu haben, wird es ein solches nur dann bleiben, wenn es, in einer auf ein endgültiges Geheimnis gerichteten Bewegung, auf ein anderes Geheimnis verweist.

Freilich ist das Universum der Sympathie ein Labyrinth der Wechselwirkungen, in dem jedes Ereignis einer Art spiralförmiger Logik folgt, bei der die Vorstellung von einer zeitlich angeordneten Linearität der Ursachen und Wirkungen in eine Krise gerät. Ein endgültiges Geheimnis kann es nicht geben. Das endgültige Geheimnis der hermetischen Initiation besagt, daß alles Geheimnis ist. Das hermetische Geheimnis muß ein leeres Geheimnis sein, denn wer behauptet, irgendein Geheimnis aufzudecken, ist kein Initiierter und auf einer Ebene stehengeblieben, die nur einen Oberflächenbereich des kosmischen Mysteriums erfassen läßt.

Das hermetische Denken transformiert das ganze Welttheater zu einem Sprachphänomen; und es entzieht gleichzeitig der Sprache jede Kommunikationsfähigkeit."

ECO* gibt viele Textbeispiele, in dem erschreckend deutlich wird, daß man „unendlich viele Dinge und zugleich immer nur dasselbe sagt – nur erfährt man nie, wovon eigentlich die Rede ist" (A, 116). Das nachstehende Beispiel stammt von dem französischen Benediktiner Dom ANTOINE PERNETY*, der auch ein *Mythisch-hermetisches Wörterbuch* verfaßt hat.

„Man braucht die Worte der Philosophen fast nie wörtlich zu nehmen, weil alle ihre Begriffe eine zweifache Bedeutung haben und sie bestrebt sind, möglichst vieldeutige Wörter zu finden. Benutzen sie zuweilen bekannte und gängige Wörter, so muß man, je einfacher, klarer und natürlicher ihre Rede erscheint, um so mehr davon ausgehen, daß es sich um einen Kunstgriff handelt. *Timeo danaos et dona ferentes*. Bei jenen Stellen hingegen, wo die Autoren verworren, geschraubt und fast unverständlich erscheinen, sollte man aufmerksamer lesen: Hier ist die Wahrheit verborgen ...

Die Begriffe Konversion, Trocknung, Mortifikation, Verdichtung, Vorbereitung und Alteration *bezeichnen in der Hermetischen Kunst dasselbe.* Die Sublimation, die Descension oder Zirkulation der Materie, die Destillation, die Putrefaction, die Calzination, die Congelation, die Fixation, die Cereation sind zwar an sich verschiedene Dinge, bilden aber im Werk ein und dieselbe, im selben Gefäß fortgesetzte Operation. Die Philosophen haben die ganzen aufgezählten Namen den verschiedenen Dingen oder Veränderungen gegeben, die sie im Gefäß nacheinander beobachten konnten... Darum muß man diese Operation als eine einzige, aber durch unterschiedliche Begriffe ausgedrückte betrachten; und man wird begreifen, *daß alle jetzt folgenden Ausdrücke stets dasselbe bedeuten*: im Alambicus destillieren; die Seele vom Leib trennen; brennen; aquifizieren; calzinieren; cerieren; zu trinken geben; einander anpassen; essen lassen; vereinigen; korrigieren; durchbohren; mit der Schere schneiden; teilen; die Elemente vereinigen; sie ausziehen; sie erheben; sie konvertieren;

eines ins andere verwandeln; mit dem Messer schneiden; mit dem Schwert, der Axt, dem Krummsäbel dreinhauen; mit der Lanze, dem Speer, dem Pfeil durchbohren; binden; lösen; verderben, schmelzen; erzeugen; zeugen; gebären; schöpfen; befeuchten; tränken; vermischen; amalgamieren; vergraben; einwachsen; waschen; mit Feuer waschen; abmildern; polieren; feilen; mit dem Hammer schlagen; abtöten; schwärzen; verwesen lassen; umkreisen; röten; auflösen; sublimieren; auslaugen; eingraben; auferwecken; zurückstrahlen; zermalmen; zerstäuben; im Mörser zerstampfen; auf dem Marmor zerstäuben – *und viele andere ähnliche Ausdrücke, die alle lediglich sagen wollen, daß man auf die gleiche Weise bis zu einem dunklen Rot erhitzen soll.* Man soll also darauf achten, das Gefäß stehenzulassen und nicht vom Feuer zu nehmen, weil alles umsonst gewesen wäre, wenn die Materie erkaltet" (zit. bei: Eco* A, 117).

Man lache nicht über solche Beliebigkeit, sie könnte auch von einem modernen Autor stammen. Gott, Jahwe, Abba, Christus, Satan, Priapos, Shiva und was noch alles sind völlig dasselbe:

Es ist vollbracht
„Es ist die Zeit der Sonnenfinsternis, die dem Erdbeben vorangeht. Durch die Nacht strahlt wie Phosphor der bleiche Leib des sterbenden Gottes, aber er strahlt, ohne zu erleuchten. Auch die Sterne haben ihr Licht verloren; denn alles Helle hat ER in sich genommen.
Einsamkeit umgibt das Kreuz, und die Erde ist wie ausgestorben. Da ruft zwischen Todesröcheln der Heiland über die Öde hinweg: ‚Gott, mein Gott! Warum hast du mich verlassen?'
Sein Ruf findet keinen Widerhall. Die Natur erkennt die Stimme nicht mehr, wie sie das Licht nicht mehr kennt. Aber aus der Dunkelheit ballt sich der Gegengott. Auf schwarzen Wolken thronend schwebt er heran vor das Kreuz. – Es ist Shiva, der Zerstörer, es ist Priapos mit dem obszönen Symbol, mit der höhnenden Fratze dessen, was man Liebe nennt.
Und der Götze spricht: ‚Wen rufst du? Nur wir sind noch; nur du bist und ich, dein ewiger Gegensatz, sonst nichts mehr. Du rufst nach dem Gott, den du auf dich gezogen hast. In deinem Streben nach eigener Göttlichkeit hast du die Welt entgottet; wo ist noch ein Gott außer dir? Deinen Haß wolltest du ausrotten, aber in-

dem du dein Schwert gegen ihn erhobst, verfielst du ihm. Nun hat sich dein Geschöpf gegen dich gewandt und dich ans Kreuz genagelt. Sieh ich bin dein Geschöpf, die Ausgeburt deines eigenen Hasses. Vernichten wolltest du mich, aber du hast mich gemästet.

Als ich dir damals die Schätze der Welt versprach, wenn du vor mir niederfielst, da verschmähtest du sie, da haßtest du schon die Werke dessen, den du jetzt rufst; denn du wolltest ihm gleichen; da entgegnetest du verächtlich: Es steht geschrieben: Du sollst den Herrn, deinen Gott anbeten und nur ihm allein untertan sein. Wer ist jetzt dein Herr, wenn nicht ich; denn nichts mehr ist außer uns beiden. Auch ich muß vergeh'n im Augenblick, da du stirbst. Aber war das dein ganzes stolzes Lebenswerk? Du lehrtest doch: Liebt eure Feinde! – jetzt liebe mich, deinen ärgsten und letzten Feind.

Nur weil deine Liebe nicht vollkommen war, hast du mich geschaffen, wie du mich in meiner gräßlichen Verzerrung vor dir siehst. Damals in der Wüste war ich schön. Noch einmal befehle ich dir nun, mich anzubeten. Liebe mich! Erkenne, daß ich dein Gott, dein Vater bin.'

Da erhebt Jesus langsam das Haupt, und seine Augen heften sich an das furchtbare Antlitz des Feindes. Dann von grenzenloser Liebe verklärt, spricht er zu ihm: ‚Vater, in deine Hände befehle ich meinen Geist!'

Und das Licht, das dem heiligen Leib entströmt, beginnt wieder die Erde zu erhellen. Die Sonne tritt hervor, und die schwarzen Wolken, der Thron des Gegengottes, zerfließen in nichts.

Ein tiefes Donnern erschüttert die Luft, die Erde erbebt, der Vorhang im Tempel zerreißt, und offen liegt vor den Augen der Gläubigen das Allerheiligste. Des Heilands brechender Blick umschließt die erlöste Natur. Und laut klingt seine Stimme: Es ist vollbracht!" (E. Reisner, zit. bei: WIDMER*, 81).

Wirkungen des hermetischen Denkens in der Geschichte

Das hermetische Denken ist im Lauf der Jahrhunderte immer gegenwärtig und wirksam gewesen. Das zeigt die nachfolgende Liste von esoterischen Ausdrucksformen, die sich zum Teil ausdrücklich auf die ägyptische Vorgabe beziehen:

- *Die Kabbala* (DINZELBACHER* A, 292), eine mystische Lehre (Kabbala = Überlieferung), die im 12. Jahrhundert unter den Juden in der Provence entstanden ist und sich vor allem über spanische Juden bis ins 17. Jahrhundert weit verbreitet hat. Jüdische Konvertiten haben diese Mystik auch in das Christentum hineingetragen. Berühmte Namen der christlichen Kabbala sind: Graf Giovanni Pico de la Mirandola (1463–1494); Johannes Reuchlin (1455–1522) mit seinen bezeichnenden Werken *De verbo mirifico: Über das wunderbare Wort* und *De arte cabalistica: Über die Kunst der Kabbala*; Jacob Böhme (1575–1624), der in vielen Werken eine faszinierende Synthese von Christentum und Kabbala zustande brachte; Baron Knorr von Rosenroth (1636–1689), uns bekannt als Verfasser des Liedes *Morgenglanz der Ewigkeit* mit seiner *Kabbala denudata: Entblößte Kabbala* und Franz von Baader (1765–1841). Sie alle versuchen, das Christentum unter Zuhilfenahme kabbalistischer Vorstellungen zu deuten.

Heute greift zum Beispiel DOUGLAS-KLOTZ* auf diese Tradition zurück, um den angeblichen Sinn des Vaterunsers zu erheben. Dabei werden die einzelnen Vaterunser-Bitten nach der hermetischen „Beliebigkeitsregel" ausgelegt: Jedes Wort hat unendliche Auslegungsmöglichkeiten.

- *Die Alchemie* (DINZELBACHER* A, 8), eine Lehre, die von der Überzeugung ausgeht, daß sich „Gott" der „Eine ... zu Millionen machte" und daß alle Dinge durch eine entsprechende „Chemie" verwandelt werden können, um den „Stein des Weisen" zu finden. Entstanden in vorchristlicher Zeit in Ägypten, dringt die Alchemie im 12. Jahrhundert als „ars nova" in das europäische Denken ein. Wie sehr dieses Denken heute noch fasziniert, zeigt der Bestseller „Der Alchimist" des brasilianischen Autors PAULO COELHO*.

- *Die Rosenkreuzer* (DINZELBACHER* A, 443), die „Fraternitas Rosae Crucis", eine Weiterführung von Kabbala und Alchemie, als literarische Fiktion des Theologen Valentin Andrae im 17. Jahrhundert entstanden, aber auf den legendären Ritter Christian Rosencreutz (1378–1484) zurückgeführt. Ziel ist Christus, zu dem die Brüder mit asketischen Ritualien aufsteigen, bzw. Adam vor dem Sündenfall.

- *Die Freimaurer*: Zu nennen ist hier vor allem der ehemalige Jesuit Karl Leonhard Reinhold (1757–1825), der die ägyptische Philosophie der Freimaurer darstellte in der Schrift *Die Hebräischen Mysterien oder die älteste religiöse Freimauerey* (vgl. ASSMANN*,

173ff). Hinzuweisen ist auch auf Wolfgang Amadeus Mozart und seine Zauberflöte, aber auch auf Johann Wolfgang von Goethe, Friedrich von Schiller, Ludwig van Beethoven, die unter dem Einfluß Reinholds gestanden haben und von daher ihre naturorientierten Erkenntnisse herleiteten.

- _Die Theosophie_ (DINZELBACHER* A, 488) bzw. _Anthroposophie_ (DINZELBACHER* A, 25), wie sie unter anderem von E. P. Blavatskaja (1831–1891) und Rudolf Steiner (1861–1925) vertreten wird. Durch die Entwicklung der geistigen Fähigkeiten soll der „Geheimschüler" zur höheren Erkenntnis und dann auch zur Schau des Welt-Ganzen bzw. Göttlichen gelangen. Das entsprechende Weltbild besteht aus drei Grundeinsichten: 1.: Wir leben in einer gestuften Welt. 2.: Wir sind von überirdischen Meistern beeinflußt. 3.: Wir werden in einem linear aufsteigenden, evolutiven Sinn reinkarniert werden (nicht wie im Osten im Fluch der kreisenden Inkarnationen leben müssen).

Es gäbe sicher noch mehr nennenswerte historische Gruppierungen und „Wissenschaften", welche in der hermetischen Tradition stehen. Doch sollen diese Hinweise genügen.

Die heutige Esoterik

Seit 1980 erfährt das hermetische Denken eine Regeneration von bisher unbekanntem Ausmaß. Es wird, hat man den Eindruck, zum Massenphänomen: Thorwald Dethlefsen, Friedjof Capra, Stanislav Grof, Ken Wilber und viele andere Autoren haben eine überaus große Leserschaft gefunden. Die bisherige Hermetik wird erweitert durch unterschiedlichste Traditionen wie zum Beispiel jene

- des _Schamanismus_, eine Praxis, welche mit Hilfe verschiedener Requisiten (zum Beispiel der _Schamanentrommel_) sowie durch Tanz und Narkotika in Trance oder Ekstase versetzt, um übersinnliche Erkenntnisse zu gewinnen.
- Auch andere, vor allem asiatische Traditionen sowie afrikanische und indianische werden aufgenommen: _Buddhismus, Hinduismus, Taoismus_ (Chakren, Mantren, Tantra, I-Ging, vor allem die Reinkarnationlehre). Diese religiösen Traditionen werden eigenständig und oft sehr subjektiv gedeutet,
- und zwar durch Erkenntnisse aus den Bereichen _Psychologie, Physik, Biologie, Systemtheorie._

Man erklärt ein neues Zeitalter, in dem alle psychischen und ökologischen Risiken und Defizite unserer Gesellschaft überwunden werden können. Esoterik versteht sich sogar als einen „Paradigmenwechsel", das heißt: Während bisher das wissenschaftliche Denken alles beherrschte und durchdrang, wird von nun an, sagt man, ein ganzheitliches esoterisches Denken eine geschichtliche Wende zum Wohl der Menschen herbeiführen.

Selbstverständlich tritt diese moderne Form der hermetischen Esoterik nicht einheitlich auf. Es gibt die unterschiedlichsten Formen. Allen gemeinsam aber ist – neben den oben genannten Prägungen des hermetischen Denkens – eine neue Dogmatik: ein nicht mehr hinterfragbares, selbstverständliches, für „evident" erklärtes Wissen, Prinzipien, Dogmen, die man einfach anzunehmen, zu glauben hat.

Ich zitiere KARL-HEINZ SINZINGER*, einen Esoterikkurse-Veranstalter:

> „Der esoterische Weg umfaßt die Arbeit am Innern des Menschen und soll dessen Bewußtsein fördern. Ziel ist, seine geistige Seite weiterzuentwickeln und sich von der Materie lösen zu können. Wir haben ja einen grobstofflichen Körper und einen Lichtkörper, Ebenen, die unsichtbar sind. Diese Seite des Menschen soll erfahren und gefördert werden."

„Wir haben ja einen grobstofflichen Körper und einen Lichtkörper." Wir haben ja – ist das wirklich so selbstverständlich? Da steht ein anderes Weltbild dahinter. Ich könnte beliebig viele Bücher aufführen, die diese ganz andere Logik enthalten. Ich nenne ein sehr typisches Beispiel, ein modernes Buch (UYLDERT*) über die verborgenen Kräfte der Edelsteine. Da lebt praktisch jeder Satz aus Voraussetzungen, die ganz selbstverständlich anzunehmen sind. Fast jeder Satz steht unvermittelt da, hermetisch, nicht einzusehen, und je länger die Ausführungen andauern, um so mehr entfernt man sich von den Voraussetzungen des logischen Denkens:

> „Um der Entstehungsgeschichte der Edelsteine nachzugehen, müssen wir sehr weit in der Entwicklungsgeschichte unseres Planeten Erde zurückgehen. Außer der naturwissenschaftlichen Methode, bei der man dem kausalen Denken folgt, können wir auch eine andere Art des Denkens anwenden: das Denken in

Analogien. Wir stellen fest, daß bei der Schöpfung jeder Lebensform auf der Erde immer ein Schema zugrunde liegt, so daß wir einen Schöpfungsprozeß in der Urzeit verfolgen können, analog einem derartigen Prozeß in unserer Zeit" (ebd., 7).
Und weiter:

Die Entwicklung des Menschen

„Der Entwicklungsgang eines Menschen von der Zeugung bis zum Tode verläuft nach einem Schema. Darin sehen wir, daß die neun Monate der Entwicklung im mütterlichen Schoß sozusagen die Prähistorie eines Menschen sind. Sein Wesen ist im Äther schon fix und fertig bei der Zeugung, aber es muß noch allmählich zu einem körperlichen Wesen verdichtet werden. Daran arbeiten die großen kosmischen Kräfte, die wir die *Planetengeister,* Elohim oder Erzengel nennen können, mit. Jeden Monat baut eine der Kräfte die mit ihrem Wesen übereinstimmenden Organe im werdenden Körper auf. Wie dieses Zusammenwirken der Kräfte ausfällt, hängt von ihren Aspekten untereinander im Augenblick der Zeugung (Empfängnis) ab. Der Mensch entsteht genau, wie das Urbild angibt. Dieses Urbild bringt das unsterbliche Ich schon mit, und es hängt mit früheren Erscheinungsformen dieses Ichs zusammen.
Der heilige Prozeß des Aufbaus der Lebensform findet in der schützenden Umhüllung der Gebärmutter statt und hängt auch von der Fruchthaut ab, die der Eierschale eines Vogels entspricht. Im Fruchtwasser schwebt der entstehende kleine Mensch, der vom mütterlichen Blut durch die Nabelschnur ernährt wird" (ebd., 7ff).

Beurteilung des hermetischen Denkens

Die genannten hermetischen Wissenschaften treten uns nicht in einer geschlossenen und einheitlichen Gestalt entgegen. Entsprechend muß auch „unterschiedlich", das heißt unter Anwendung der kritischen Kraft des Verstandes (Logik) und der charismatischen Fähigkeit der „Unterscheidung der Geister" gesprochen werden.

- *Unverbindliche Gleichrangigkeit von christlichem Glauben und hermetischer Esoterik*

Eine solche Haltung widerspricht gerade dem Anliegen der Esoterik selbst. Statt eine personale Entscheidung zu treffen, schwimmt man im Wasser der Meinungen. Statt einer innerlich zusammenhängenden Überzeugung hat man lauter Unverbundenes und Widersprüchliches im Sinn. Statt einer faszinierenden „Theorie", statt einer verzaubernden Schau hat man lauter kleine Steinchen, die nie ein Bild ergeben können.

Auch vom christlichen Standpunkt aus ist eine solche Gleichrangigkeit bzw. Unentschiedenheit unmöglich. Paulus würde ein solches Verhalten „Sünde" nennen (vgl. Römer 14,22f), was er jedoch nur vom Standpunkt des erfahrenen Glaubens aus sagen kann. Solche „Gläubigen" kennen schlicht die faszinierende Schönheit und den köstlichen Geschmack nicht, die beglückende Herrlichkeit, die in der einheitlichen, kohärenten Gestalt des Glaubens liegt.

- *Die Aneignung hermetischer Elemente durch den christlichen Glauben*

Sie hat sowohl durch einzelne Personen als auch durch bedeutende Bewegungen immer wieder stattgefunden, wie bereits die vorhin genannten Beispiele bewiesen haben dürften. Jakob Böhme ist ein sprechendes Beispiel dafür. Das Christentum hat sich durch alle Jahrhunderte als fähig erwiesen, Fremdes zu integrieren: die Begrifflichkeit der griechischen Philosophie, das byzantinische Hofzeremoniell, das römische Rechtsdenken, das germanische Bedürfnis zu sehen und und und. So kann man im Dom zu Siena und in vielen anderen Kirchen die Sternzeichen und die außerbiblischen „Prophetinnen" bewundern. Auch gegenüber hermetischen Phänomenen hatte man keine Berührungsängste. Es kommt einzig auf die konzentrierende Kraft des biblischen Gottesglaubens an. Dann gerät sozusagen alles in seinen Sog. Auf der anderen Seite wird alles, was dem Glauben wesentlich widerspricht, intuitiv abgestoßen. Die Frage, die sich hier also stellt, lautet: Wie stark ist die konzentrierende Kraft des Glaubens? Und dann geht es möglicherweise nur noch um Differenzierungen innerhalb des Glaubens selbst: Rechtgläubigkeit bzw. Andersgläubigkeit, Kirchlichkeit bzw. Sekte, Hexe oder Heiliger (DINZELBACHER* B).

Freilich wird eine Institution, welche die konzentrierende Kraft des Glaubens erfährt, feiert und bezeugt, von innen her unfähig sein, die Auseinandersetzungen mit Mitteln zu gestalten, die dieser Kraft widersprechen. Ich meine daher, daß die Inquisition ein Beweis dafür ist, daß die Kirche aus ihrem Kern herausgefallen ist.

- *Die Aneignung christlicher Ausdrucksformen durch die hermetische Esoterik*

Auch diese umgekehrte Richtung ist möglich! So begegnen wir den altafrikanischen Formen des Spiritismus in Brasilien (Macumba, Umbanda und Candomble) zum Teil in der Gestalt christlicher Riten und Symbole. Das gleiche geschieht, wenn etwa PETER ORBAN* und sein Frankfurter Symbolon-Verlag die Kindheitsgeschichten der Evangelien erzählen (vgl. ROTZETTER* H, 95–111). Die Logik ist die Logik des hermetischen Wissens. Es dürfte schwierig sein, einer solchen Form mit großzügiger Toleranz zu begegnen. Die Argumentation ist unmöglich, da die akzeptierten Prinzipien der Logik ausfallen. Nur vorbehaltlose Identifikation führt zu einer plausiblen Sicht der Dinge.

Man muß sich da und dort sogar fragen, ob man solche Formen nicht sogar bekämpfen soll. Denn sie führen den Menschen nur allzu oft nicht zu sich selber, was ja der legitime Anspruch der Esoterik ist, sondern können, wie ich meine, weit von sich wegführen, ja sogar persönlichkeitszerstörend sein.

2 Kriterien der geistlichen Theologie

Ich möchte mich jetzt auf einen Weg einlassen, der nicht unproblematisch ist. Kriterien der geistlichen Theologie sind nämlich nochmals gewissermaßen „Insiderkriterien"; sie lassen sich nur aus dem existentiellen, erfahrenen Glauben heraus entfalten. Damit steht die geistliche Theologie auf einem ähnlichen Boden wie die Hermetik. Was sie aber davon unterscheidet, sind zwei Sachverhalte:

(1) Die geistliche Theologie drückt sich innerhalb der akzeptierten Logik aus. Das hat unter anderem zur Folge, daß sich selbst ein Ungläubiger verstehend und argumentierend darauf einlassen kann, auch dann noch, wenn er inhaltlich anderer Meinung ist. In jüngster Zeit ist eine solche Auseinandersetzung zwischen Gläubigen und Atheisten auf sehr hohem Niveau in der italienischen Presse geführt worden (vgl. MARTINI*).

(2) Die geistliche Theologie steht zudem in einem Zeitkontinuum von mehreren tausend Jahren. Das heißt: Wir haben es mit einer geistlichen Reflexion auf dem Fundament von Erfahrungen zu tun, die nicht nur am Rande oder gar im Untergrund der religiösen Tradition angesiedelt sind, sondern den breiten Hauptstrom bis heute darstellen. Selbst atheistische und säkularisierte Formen (z. B. der Marxismus), die sich vom religiösen Urgrund entfernt haben, sind noch von dieser Reflexion geprägt.

Die geistlichen Kriterien erwachsen aus dem Gottesglauben selbst. Gerade wer den in der Bibel bezeugten Gott erfährt und ihm existentiell verbunden ist, wird ob der inneren Harmonie und Schönheit staunen und die konzentrierende Kraft des Glaubens, von der eben die Rede war, erleben.

2.1 Die „mosaische Unterscheidung"

Nicht zufällig steht am Ursprung des jüdisch-christlich-islamischen Monotheismus der Satz: „Ich bin der Ich-bin-da" (Exodus 3,14). Mit diesem Satz unterscheidet sich die mosaische Religion von anderen Religionen und grenzt sich von ihnen ab (ASSMANN*). Hier geht es um eine klare Identität, nicht um Beliebigkeit und auch nicht um Verschwommenheit. Das Unsagbare und Unnennbare, das Geheimnis schlechthin, das sich jeder Vorstellung und darum auch jeder Grammatik, jeder Sprache, ja sogar jeder Aus-Sprache entzieht, zeigt sich. Der Name Gottes, der für dieses „Ich bin der Ich-bin-da" steht, Jahwe, darf vom frommen Juden nie ausgesprochen werden, wie das 1. Gebot fordert. Statt dessen sagt er innerlich erschüttert und ergriffen, staunend und anbetend: „Adonai". Der Fromme darf jenes Wort der Selbstkundgabe Gottes nicht aus-sprechen, gerade weil es eine letzte Identität offenbart, ein leuchtendes Antlitz zeigt, eine erschauern lassende Gegenwart vermittelt.

Die Menschheit hat vor dem brennenden Dornbusch einen entscheidenden Schritt aus der Beliebigkeit und Verschwommenheit heraus in die Eindeutigkeit hinein getan. Jahwe ist eben nicht identisch mit dem Sonnengott Ägyptens, dem Fruchtbarkeitsgott Baal (westsemitisch) bzw. der Fruchtbarkeitsgöttin Astarte (phönizisch). Hier hat sich die Menschheit aus der Diktatur der unendlich vielen Götter und der identitätslosen Gleichsetzung der verschiedenen

Götter emanzipiert. Sie hat sich gleichzeitig in den Raum personaler Verantwortung und Liebe begeben. Es entsteht eine neue Verbundenheit, der „Bund", eine geschichtsmächtige Synergie von Gott und Mensch, weshalb man das Offenbarungswort in Exodus 3,14 als gegenwärtige Wirkkraft verstehen muß: „Ich bin der Ich-bin-da." Es wird keine geschichtliche Situation und keine persönliche Stunde mehr geben, in der Gott sich nicht als befreiende Gegenwart erweisen will. Alle Knechtschaften sollen fallen, gerade auch die religiös begründete.

Seit Mose, dem Gott sich als der „Ich-bin-da" zu erkennen gab, kann man daher Gott und Natur nicht mehr gleichsetzen. Gott ist entschieden etwas anderes als die biologische Lebenskraft, welche die Naturabläufe konsequent vorantreibt, etwas anderes als Baal, Priapos, Gaya, Mars und die vielen anderen Götter, welche nichts anderes sind als die Selbstvergottung der eigenen menschlichen Kräfte des Zeugens und Gebärens, des Werdens und Vergehens, des Lebens und des Sterbens, des Friedens und des Krieges. Gott ist nicht ein Naturvorgang, er erfüllt die Natur, aber er ist auch eine die Natur überbordende Gegenwart. Gott ist ihr Schöpfer, die Schöpfung ist kein Irrtum und keine Katastrophe, sondern ein kreativer Akt, mit dem Gott sich aus sich hinauswagt in das, was nicht Gott ist.

Die Natur und die Geschichte sind die Bühne, auf der Gott auftritt bzw. das, wodurch Gott „spricht". Als solcher ist er auch der Befreier aus Natur und Geschichte. Modern gesprochen: Er durchbricht das darwinsche Gesetz der Selektion, nach dem sich der Stärkere gegenüber dem Schwächeren durchsetzt. Die Geschichte Gottes mit den Menschen ist die Geschichte, in denen gerade die Schwachen, die Armen, die Opfer „erwählt" werden und als wahrhaft freie und geliebte Subjekte die Geschichte dem Reich Gottes entgegenführen.

Freilich hat dieses Gottesbild nochmals seine eigene Geschichte. Unter dem Motiv „Gewalt" hat Gerhard Baudler* drei Entwicklungsstufen bzw. Schichten des biblischen Gotteszeugnisses aufgewiesen. Im Umfeld der biblischen Gottesahnung steht als bleibender Gegenpol „die Vergottung menschlicher Tötungsgewalt". So ist es verständlich, daß *El* eine erste, äußerste Schicht darstellt, in der Gott als „Tötungsgewalt" erfahren und bezeugt wird. In der zweiten, mittleren Schicht steht dann *Jahwe*, der rettende „Ich-bin-da"-

Gott, der Motor der Befreiung und des Heils, der gegenüber den Seinen fürsorglich ist, aber deren Feinde vernichtet. Schließlich, ganz zuinnerst „*der Vater des mütterlichen Schoßes*", wie Epheser 2,3 eigentlich zu übersetzen wäre (CHOURAQUI*) und wie er sich bereits im Alten Testament als der konsequent liebende und gewaltlose Gott zu erkennen gibt. Von diesem väterlich-mütterlichen, gewaltfreien Gott her muß das ganze biblische Gotteszeugnis gelesen und heute aktualisiert werden. Mit anderen Worten: Man darf die Bibel nicht fundamentalistisch deuten, vielmehr müssen einzelne Texte vom innersten Kern her verstanden werden.

Wir glauben also einen personalen Gott, einen Gott, der uns sein Angesicht zeigt und von uns ein individuelles Profil erwartet. Nicht Beliebigkeit und Verschwommenheit, sondern Identität und Verantwortung, der existentielle Vollzug des „Ich bin der Ich-bin-da" ist das Zentrum, um das sich Judentum, Christentum und Islam sammeln müssen. Diese Offenbarung war zwar zunächst volksbegründend, aber von Anfang an auf alle Völker hin angelegt. Daß sich hier so nebenbei das Problem einer neuen Ökumene erhebt, dürfte selbstverständlich sein. Auf jeden Fall gilt es, sich treffen zu lassen von diesem Antlitz, das hinter allem steht und durch alles hindurch leuchtet.

„Unsere Welt ist, wenn es darum geht, in ihr zu leben, zu lieben und heilig zu werden, nicht durch eine neutrale Theorie des Seins gegeben, nicht durch die Ereignisse der Geschichte oder die Naturphänomene, sondern durch das Vorhandensein jener unerhörten Zentren von Andersartigkeit, welche die Antlitze sind, Antlitze, die es anzusehen, zu achten, zu liebkosen gilt" (I. Mancini, zit. bei: MARTINI*, 50).

Diese unbeschreibbare, unnennbare, nie in Sprache einholbare Praxis des sich vergegenwärtigenden Lebens für die Armen, Schwachen, Leidenden und Opfer der Geschichte, des sich enthüllenden Gesichtes Gottes in der Natur, in den Völkern, in den anderen, in uns selbst, die Enthüllung auch des eigenen Gesichtes für die anderen ist Gnade und Anspruch, beglückende mystische Erfahrung und ethische Forderung zugleich. Wer Jahwe erfährt, wird solidarisch sein. Wer angeschaut wird, öffnet seine Augen für die anderen und schaut sie an. Und zwar auch zurückverweisend auf die vergangenen Generationen durch die Kraft der Erinnerung, des

Gedächtnisses, das nie verdrängt oder vergißt. Aber ebenso nach vorn verweisend in die Zukunft hinein, im Feiern der Verheißungen für die Welt, des befreiten Lebens und des geglückten Daseins für alle – weil Gott da ist, der „Ich bin der Ich-bin-da", jetzt und immerdar. Amen.

Ein so verstandener Monotheismus ist weit davon entfernt, abdanken zu müssen. Vielleicht hat er erst heute im Zeitalter der Globalisierung seine Stunde. Auf jeden Fall zeigt sich hier das Geheimnis Gottes, das Bekehrung verlangt, totale Anheimgabe, die Konzentration der seelisch-geistigen Kräfte auf das eine Geheimnis, in dem alles mitgesagt und mitgedacht ist.

Wer so glaubt, ist frei. Er wird meinetwegen Reiki praktizieren, um sensibel zu werden für die Energie, die allem innewohnt. Er wird vielleicht die eigenen Chakren aktivieren, die sieben Energiezentren, die nach der Lehre einer asiatischen Tradition auf der vorderen Längsachse des Menschen angesiedelt sind, aber er wird beides immer innerhalb einer vorausgesetzten Logik tun. Er wird ebenso frei sein, weder dieses noch jenes zu tun. Und er wird anderes nicht tun können, weil er damit in Widerspruch geriete zum Motor, der sein Leben bewegt. Er wird zum Beispiel seine religiöse Praxis nicht so gestalten, daß ihm das Schicksal des Planeten Erde, die Hungernden vor der eigenen Tür, die Leidenden, die schrecklichen Tiertransporte auf Europas Straßen gleichgültig bleiben.

2.2 Die „christliche Unterscheidung"

Alles was bisher gesagt wurde, findet seine Radikalisierung in der Gestalt Jesu von Nazaret. Jesus ist für uns deshalb der Christus, weil er das Antlitz des „Ich bin der Ich-bin-da" auf eine Weise zur Geltung bringt, die ihresgleichen sucht. Im Menschen Jesu wird glaubbar, daß diese Zusage „Ich bin der Ich-bin-da" so weit geht, daß Gott unter den Leidenden ein Leidender, unter den Kranken ein Kranker, unter den Verängstigten ein Verängstigter, unter den zum Tod Verurteilten ein zum Tod Verurteilter, unter den Ermordeten ein Ermordeter, unter den von Gott Verlassenen ein Gottverlassener ist. Gott entäußert sich so sehr seines Wesens, daß er unter den Menschen ein Mensch, unter den Sklaven ein Sklave und unter den Verbrechern ein „Verbrecher" ist (vgl. Philipper 2,5f).

Die Gestalt Jesu ist so leuchtend und einmalig, daß sogar Atheisten (M. MACHOVEC*) von ihr fasziniert sind. Neuestes Beispiel ist Umberto Eco (ECO* B, 91) in seinem öffentlichen Brief an Kardinal Carlo M. Martini von Mailand:

> „Aber Sie sagen, ohne das Wort und Beispiel Christi fehle es jeder weltlichen Ethik an einer grundlegenden Rechtfertigung, die eine unausweichliche Überzeugungskraft hätte. Warum dem Nichtgläubigen das Recht entziehen, sich das Beispiel des vergebenden Christus zu Herzen zu nehmen? Versuchen Sie einmal, Carlo Maria Martini, zum Wohle der Diskussion und der Auseinandersetzung, die Ihnen wichtig ist, wenigstens für einen Augenblick die Hypothese zu akzeptieren, daß es Gott nicht gebe. Daß der Mensch durch einen Irrtum des täppischen Zufalls auf der Erde erschienen sei, nicht nur seiner Sterblichkeit ausgeliefert, sondern auch dazu verurteilt, ein Bewußtsein zu haben, mithin als das unvollkommenste aller Wesen ... Dieser Mensch würde nun, um den Mut zu finden, auf den Tod zu warten, notgedrungen ein religiöses Wesen werden, er würde sich bemühen, Erzählungen zu ersinnen, die ihm eine Erklärung und ein Modell liefern könnten, ein exemplarisches Bild. Und unter den vielen, die er sich ausdenken könnte – manche strahlend, manche erschreckend, manche pathetisch tröstlich –, hätte er in einem bestimmten Moment, wenn er zur Erfüllung der Zeit gelangt ist, die religiöse, moralische und poetische Kraft, das Modell des Christus zu konzipieren, das Modell der universalen Liebe, der Vergebung für die Feinde und des zur Rettung der anderen geopferten Lebens. Wenn ich ein Reisender aus einer fernen Galaxie wäre und vor einer Spezies stünde, die sich dieses Modell zu geben gewußt hat, würde ich überwältigt ihre enorme theogone Energie bewundern und würde diese jämmerliche und niederträchtige Spezies, die so viele Greuel begangen hat, allein dadurch als erlöst betrachten, daß sie es geschafft hat, sich zu wünschen und zu glauben, dies alles sei Wahrheit.
>
> Geben Sie die Hypothese jetzt ruhig auf und überlassen Sie sie anderen, aber geben Sie zu: Selbst wenn Christus nur das Sujet einer großen Erzählung wäre – die Tatsache, daß diese Erzählung von ungefiederten Zweibeinern, die nur wissen, daß sie nichts wissen, erdacht und gewollt werden konnte, wäre ebenso wunderbar (wunderbar geheimnisvoll), wie daß der Sohn eines wirk-

lichen Gottes wahrhaftig Mensch geworden sein soll. Dieses natürliche und irdische Mysterium würde nicht aufhören, die Herzen der Nichtgläubigen zu verwirren und zu veredeln.

Deswegen bin ich der Meinung, daß eine natürliche Ethik – respektiert man die tiefe Religiosität, die sie beseelt – sich in ihren zentralen Punkten mit den Prinzipien einer auf den Glauben an die Transzendenz begründeten Ethik treffen kann, zumal diese ja zugeben muß, daß die natürlichen Prinzipien aufgrund eines Heilsprogramms in unsere Herzen gemeißelt sind. Wenn dann, wie es sicher der Fall ist, Randzonen bleiben, die nicht deckungsgleich sind, ist das nichts anderes, als was bei der Begegnung zwischen verschiedenen Religionen geschieht. Und bei Glaubenskonflikten müssen Nächstenliebe und Besonnenheit überwiegen."

Hier zeigt sich ein wirklich faszinierendes Bild Jesu. Es kommt aus ohne die theologischen Kategorien, die der geistlichen Theologie lieb sind. Um wieviel mehr muß einer fasziniert sein, der diesen Jesus nicht nur als ein Modell geglückter Ethik und als hervorragende Frucht des Menschengeschlechts begreift, sondern als den Lebendigen und Auferstandenen bestaunt, feiert, empfängt, in sich trägt, im Hier und Jetzt gebären will, – um es mit den mystischen Kategorien des hl. Franz* (Brief an die Gläubigen) und der hl. Klara* (215) zu sagen. – Es sind vor allem folgende Aspekte, die der Christusbegeisterte feiert:

- *Die Verleiblichung Gottes*

eine endgültige, irreversible Verbindung Gottes mit der Geschichte der Menschen und dem Schicksal der Schöpfung. In diesem Menschen Jesus ist der Alte Bund ewig neu! Gott ist der „Ich bin der Ich-bin-da" in der kleinsten Regung, sogar dort, wo niemand mehr an ihn zu denken wagt. Er ist immer noch kleiner, als wir ihn denken können: Er leuchtet uns entgegen aus der Futterkrippe, im Stall, zwischen Ochs und Esel, – dort wo die akzeptierten Regeln der Humanität außer Kraft gesetzt sind, bei den Obdachlosen, den Ausgestoßenen, den Flüchtlingen, den Fremden und Pilgern jeder Art, im Kleinsten des Kleinen: „Deus semper minor – Gott ist immer der Kleinere", „in minimis Deus maximus! – Gott ist im Kleinsten der Größte"! Gott revolutioniert in seiner Menschwerdung sämtliche Hierarchie- und Wertvorstellungen der Welt. Der „Ich bin der

Ich-bin-da" ist ein subversiver Gott. Schon in der Geburt zeigt sich – das ist der theologisch-spirituelle Gehalt der Kindheitsgeschichten –, was für ein Gesicht Jesus während seines relativ kurzen Lebens zeigen wird: das Gesicht der radikalen Liebe, die sich nicht scheut, sich auf die Seite der Ausgestoßenen, der Exkommunizierten, der Armen, Kranken, Leidenden zu stellen – und dabei bleibt, auch dann, als deutlich wurde, daß Jesus gerade deswegen eines gewaltsamen Todes sterben werden müsse. Selbst in diesem gewaltsamen Tod noch bleibt sich Jesus treu als der, der er von Anfang an sein wollte: Jesus zeigt das Gesicht der sich hingebenden, sich opfernden, sich verströmenden Liebe Gottes, des „Ich bin der Ich-bin-da", gerade „in hora mortis. Amen – in der Stunde des Todes".

• *Die gekreuzigte Liebe Gottes*

Wir feiern und besingen in unseren Kirchen jeden Tag „den Tod des Herrn", die Liebe, die nicht umzubringen ist, sondern sich gerade im Scheitern, im Mißerfolg, im Tod nochmals als Liebe erweist, die auch jetzt noch „für uns" aktuell ist. Selbst die Nacht noch gebiert das Licht der Liebe, selbst der durch Mark und Bein gehende Todesschrei ist ein Schrei der Liebe Gottes. Hier gibt es nur noch Vergebung, nur noch Hingabe, keinerlei Festhalten an sich selbst, die totale Entbindung, Entfesselung der Liebe. Nur in der völligen Hingabe, nur als sich verströmende, sich total ausgießende Liebe ist die Liebe wirklich Liebe und Gott wirklich Gott.

• *Der auferweckende Gott*

Wir feiern also einen Gott, dessen Lebensmacht größer ist als der Tod, einen Jesus, der nicht in seinem Tod geblieben ist, sondern hier und jetzt und für alle Zeiten das Leben ist, die Wahrheit, der Weg. Wir schauen in das Antlitz des Auferstandenen, wenn wir als seine Gemeinde zusammenkommen. Wir sind sein Leib, den er beseelt. Wir stehen in lebendigen Beziehungen, sind ein neuer Raum, den er erfüllt, eine neue Menschheit, die durch ihn begründet ist, der Anfang einer neuen Geschichte, den er setzt, eine Familie, die aus seinem Geist lebt, ein Haus, in dem die Träume vom Reich Gottes geträumt, gefeiert, besungen werden. Und – „wenn einer alleine träumt, bleibt es ein Traum; wenn aber zwei miteinander den gleichen Traum träumen, dann ist es der Beginn einer neuen Wirklichkeit" (Dom Helder Camara).

Jesus von Nazaret ist für den Glaubenden – noch mehr als für den Atheisten – eine faszinierende Gestalt. Eine Gestalt nicht nur der Geschichte, sondern der täglichen Erinnerung und Gegenwart. Er selbst ist die konzentrierende Gestalt – und zwar in einem ganz spezifischen Sinn: Der Christ glaubt, daß Jesus Christus so sehr die Liebe Gottes verkörpert, daß sie unserem guten Bemühen und all unseren Werken immer schon vorausliegt. Seine Liebe genügt: „Dios solo basta", singt Teresa von Ávila – wir können uns fallen lassen, uns anheimgeben, uns total anvertrauen, wir müssen unser Heil nicht leisten, müssen uns nicht vervollkommnen, müssen unsere ewige Sicherheit nicht selbst veranstalten, unseren ewigen Bestand nicht mit unseren eigenen Kräften sichern. Die Anheimgabe an die Liebe Gottes genügt, heilt, richtet auf, rettet. Darum kann der Christ zwar Kreistänze tanzen und in die ekstatischen Rhythmen der Derwische einschwingen, aber er muß es nicht tun. Was er aber nicht tun kann, ist: jene Form des Reinkarnationsglaubens übernehmen, die sich als Selbsterlösung begreift. Dies läßt sich mit dem Zentralgeheimnis des Glaubens, mit Kreuz und Auferstehung nicht vereinen. Der Mensch muß sich ja gar nicht durch eigene Leistung in die Endgültigkeit hinein retten. Er darf sich in die vorausgesetzte und bedingungslose Liebe Christi werfen und darin selig sein. Er darf sich in die barmherzigen Arme des Auferstandenen bergen und darin die Fähigkeit finden zur reinen selbstlosen Tat der Liebe.

Vielleicht darf dem noch hinzugefügt werden, daß das Christentum nochmals einen Emanzipationsschritt bedeutet: nämlich die Befreiung aus der möglichen Monotonie des Monotheismus, aus der möglichen Diktatur des Einen. Wohlverstanden: Ich möchte hier nicht das Judentum beschuldigen, eine Diktatur des Einen errichtet zu haben. Aber sowohl innerhalb des Christentums als auch innerhalb des Judentums, vom Islam ganz zu schweigen, gab es und gibt es die Diktatur des Einen. Wer sich der konzentrierenden Gestalt des Christusereignisses überläßt, weiß, daß das Viele innerhalb des einen Gottes aufgehoben ist. Der Eine wird als der Dreifaltige erfahren. Der Eine relativiert sich selbst, indem er sich als Vater und Sohn und Heiliger Geist zu erkennen gibt.

Schon Paulus hat daraus ein revolutionäres Kriterium abgeleitet: „Darum erkläre ich euch: Keiner, der aus dem Geist Gottes redet, sagt: Jesus sei verflucht! Und keiner kann sagen: Jesus ist der

Herr!, wenn er nicht aus dem Heiligen Geist redet" (1 Korinther 12,3; vgl. 1 Johannes 4,2f; Römer 10,9).

Gott – Geist – Jesus: Was bedeutet diese Trinität für die religiöse Erfahrung? Paulus sagt: Es muß eine Übereinstimmung geben zwischen dem, was in Jesus Christus offenbar geworden ist, und dem, was sich im Inneren der Menschen durch den Heiligen Geist vielfältig bezeugt. Denn es ist derselbe Gott, der sich in Jesus Christus eine historische Gestalt und in den Herzen eine pneumatische, meinetwegen „esoterische" Gestalt gibt. Es kann letztlich keinen Widerspruch geben. Ich sage „letztlich", weil diese Übereinstimmung eben nicht notwendig auf der Hand liegt und nicht einfach an Sätzen ablesbar ist. Es bedarf der inneren Glaubenserfahrung und auch ihrer intensiven Reflexion, um – vielleicht nach einem mühevollen Prozeß – zu erkennen, daß es letztlich keinen Widerspruch gibt zwischen der Christuserfahrung und der Geisterfahrung der vielen einzelnen Menschen.

Spüren wir etwas von der Freiheit, die vom trinitarischen Glauben ausgeht, der uns gerade von der Jesuserfahrung her gleichsam aufgedrängt wird? Es ist viel mehr möglich, als wir für möglich halten! Aber es gibt auch Glaubensvollzüge, die vom Christusereignis her nicht mehr möglich sind, soweit wir das jetzt feststellen können. Ein eindrückliches Zeugnis ist das Buch des ehemaligen Esoterikers J. WICHMANN* *Rückkehr von den fremden Göttern. Wiederbegegnung mit meinen ungeliebten Wurzeln.*

2.3 Die „kirchliche Unterscheidung"

Mit der „mosaischen" und der „christlichen" Unterscheidung ist eine weitere gegeben, nämlich die „kirchliche". Damit ist gemeint, daß sich der „Herr", der „Kyrios", der Auferstandene und Lebendige eine Gemeinde, eine Ekklesia, zusammenruft. Die Kirche sollte der Ort sein, an dem das Christusereignis seine bleibende Auferstehung feiert, besser gesagt: der Raum, in dem das Christusereignis eine neue Realität schafft. Man kann, wie ich in der Einführung gezeigt habe, ausgehend von den drei Evangelischen Räten die Kirche beschreiben als den überschaubaren Ort, an dem Christusbegeisterte realisieren, daß sie als Gottes geliebte Geschöpfe alles mit allen teilen, daß sie sich als Angesprochene, Gerufene und Berufene Gottes miteinander als Hörende, Gehorsame, Ant-Wortende, Ver-Antwortliche begreifen und eine neue gemeinsame Sprache finden, daß sie als Geliebte Gottes miteinander einen Liebesbund gestalten – und zwar immer im Horizont der verheißenen universalen Tischgemeinschaft (mehr dazu in: ROTZETTER* S, 137–166).

In diesem Zusammenhang ist es jetzt nicht weiter notwendig, von der Institution zu reden. Aber ich denke schon, daß es im Zuge der Instituionalisierung auch Ämter geben muß, welche mit der besonderen Gabe der „Unterscheidung der Geister" begabt sind. Aber diese ist wahrhaft eine gegebene Gabe, ein Charisma, eine Fähigkeit, die geschenkt ist, bevor man den Auftrag bekommt, ein Amt auszuüben. Diesbezüglich sind einige Rückfragen an Amtsträger gestattet. Wir haben es da nicht selten mit einer wenig geistvollen Umkehrung der geistlichen Ordnung zu tun. Paulus setzt für ein Amt ein entsprechendes Charisma *voraus*. Die Kirche setzt zuerst das Amt und hofft auf die Amtsgnade, die oft genug ausbleibt. Dies gesagt, ist es für mich selbstverständlich, daß die konzentrierende Kraft des mosaischen und christlichen Glaubens gefördert und behütet werden muß – mit Mitteln, die diesem Glauben kongruent sind. Darüber hinaus ergeben sich aber noch andere Kriterien:

- *Die Abkehr von den stummen Götzen* (vgl. 1 Korinther 12,2)

Für Paulus ist klar, daß eine Christengemeinde sich von der vorher unwiderstehlichen Kraft der stummen Götzen abgewandt hat. Sie bewegt sich vor dem Horizont eines sich mitteilenden Gottes. Das Wort Gottes muß darum im Zentrum stehen, die Heilige Schrift, aus der sich der Glaube nährt. Das Wort setzt das hörende Schweigen voraus und will in ehrfurchtsvoller Stille vernommen und bedacht werden. Dieses Schweigen und diese Stille sind immer auf das Wort und seinen Absender bezogen und werden sich nie absolut setzen dürfen. Ebenso darf es hier keine Beliebigkeit und Verschwommenheit in den Glaubensüberzeugungen und Meinungen geben, sonst würde man wieder den stummen Götzen anhangen.

- *Kommunion in der Vielfalt* (1 Korinther 12,4ff)

Für Paulus gibt es in der Kirche nicht nur legitimerweise, sondern notwendigerweise eine unendliche Vielfalt der Gaben, Fähigkeiten, Einsichten, inneren Erfahrungen. Aber sie stehen nicht unverbunden da, weil sie von dem einen Heiligen Geist zugeteilt und aufeinander in Liebe bezogen sind. Jeder darf sich also persönliche Geisterfahrungen, einen ganz persönlichen Glaubensweg und selbst esoterische Praktiken zutrauen, vorausgesetzt sie sind von der konzentrierenden Kraft des Glaubens her möglich. Und er muß sich fragen, ob es auch den anderen nützen könnte. Es darf, richtig verstanden, die ausschließliche Privatheit der religiösen bzw. geistlichen Erfahrung innerhalb der Kirche eigentlich nicht geben. Geisterfahrung sucht aus ihrem Wesen heraus Solidarität, Kommunion.

• *Kommunikation* (vgl. 1 Korinther 14,14ff)
Paulus fordert eine Gemeinde, die miteinander kommuniziert – und das nun auch im Sinne der verbalen Kommunikation. Man muß „mit Verstand" reden, muß das „Amen" sagen, seine Zustimmung geben oder seinen Widerspruch bekunden können. Es ist vieles möglich in der Kirche, selbst das völlig Fremde, aber es muß – wenigstens durch solche, welche die entsprechende Gabe der Unterscheidung haben, wenn man das nicht selber leisten kann – deutbar, verstehbar, tolerierbar, wenn schon nicht nachvollziehbar sein.

• *Konstruktivität* (vgl. 1 Korinther 14,13)
Nach Paulus soll jede geistliche Erfahrung daraufhin geprüft werden, ob sie ein konstruktiver Beitrag für das Gemeindeleben darstellt. Nochmals wird damit die „außerkirchliche" Esoterik hinterfragt.

• *Liebe* (vgl. 1 Korinther 13)
Paulus hat keinen Zweifel, daß das Fundament der Kirche die Liebe ist. Diese vorausgesetzt, ist immer noch mehr möglich. Auf der anderen Seite ist vieles, was an sich bedenkenlos ist, aus liebender Rücksicht auf die schwächeren Glieder der Kirche, zu bedenken, hintanzustellen oder gar zu unterlassen (vgl. 1 Korinther 8).

Natürlich kann man sich fragen, warum heute die mehrfach erwähnte Privatheit und Außerkirchlichkeit der esoterischen Erfahrung zum Massenphänomen geworden ist. Das liegt unter anderem auch daran, daß die Kirche kein überschaubarer Raum mehr ist, in dem die vorgenannten Aspekte der „kirchlichen Unterscheidung" noch einen Sinn machen. Die „Konzentrationsschwäche", von der EUGEN BISER* spricht, ist auch ein kirchenstrukturelles Problem. Der Erfahrungsort Kirche schwindet in dem Maße, wie man immer größere Pastoraleinheiten schafft und den Zugang zum Priestertum ungebührlich systemkonform eng definiert. Der biblische Glaube verdunstet, weil er keinen konkreten Erfahrungsort mehr hat. Darum müssen die genannten Unterscheidungskriterien auch auf die Institution Kirche angewandt werden.

2.4 Die „individuelle Unterscheidung"

In den bisherigen Ausführungen wurde schon immer vorausgesetzt und auch immer wieder gesagt, daß der mosaisch-christlich-kirchliche Glaube auf eine ganz und gar existentielle Gestalt hinzielt, auf den innerlichen Nachvollzug und die personale Erfahrung. Jeder einzelne ist berufen, seine Individualität gerade durch den objektiv faßbaren Glauben zu finden. Für das Finden des je persönlichen Weges gibt es vor allem in den Ordenstraditionen Hilfen, die unter anderem auch zur Ausgestaltung der heutigen Psychologie geführt haben. Auf konzentrierte Weise ist diese „Unterscheidung der Geister" im Exerzitienbuch des Ignatius von Loyola* greifbar.

- _In der ersten Anweisung_ stellt Ignatius drei Kriterien auf:
1. die Beherrschung des eigenen inneren Chaos', der Leidenschaften und Affekte,
2. die Erkundung des göttlichen Willens,
3. das Heil der Seele.

Alles, was diesen drei Zielen dient, ist legitim, „jede Art, das Gewissen zu erforschen, sich zu besinnen (_meditar_), zu betrachten (_contemplar_), mündlich und rein geistig (mental) zu beten und andere geistliche Tätigkeiten". Auf der Ebene der Methoden und Wege, der Ausdrucks- und Hinführungsformen ist größtmögliche Freiheit zu gewähren bzw. zu beanspruchen. Eine Eingrenzung ergibt sich einzig aus den genannten drei Zielen.

- _In der zweiten Anweisung_ betont Ignatius die „historia"; gemeint ist die Orientierung an der Heiligen Schrift. Dabei kommt es aber nicht auf die Menge gelesener Texte an, auch nicht auf die Fähigkeit, viele Zitate wiedergeben zu können, sondern allein auf den „Geschmack": „Denn nicht das Vielwissen sättigt und befriedigt die Seele, sondern das Verspüren (_sentir_) und Verkosten (_gustar_) der Dinge von innen her (_internamente_)." Mit anderen Worten: Die Bibel verlangt ganzheitliche und existentielle Betrachtungsweisen, allein wissenschaftliche Darlegungen und Auseinandersetzungen genügen nicht.

- _Die dritte Anweisung_ benennt die Grundhaltung, mit der allem zu begegnen ist, sowohl den ausgewählten Methoden als auch den ausgewählten Themen: _die Ehrfurcht._ Ich habe nicht den Eindruck, daß diese Haltung derzeit genügend Ausdruck findet. Allzu sehr ist Religion in den verschiedensten Ausdrucksformen zum Marktartikel und zum Konsumgut verkommen. Weder die eigene Tradition noch die fremden Religionen werden im allgemeinen mit der nötigen Ehrfurcht bedacht, sowohl innen wie außen.

• *Die vierte Anweisung* spricht dann *von der kontinuierlichen Zeit, mit der man dranbleiben soll.* Diese Beharrlichkeit widerstrebt dem modernen Umherschweifen („surfen"), das auch in religiösen Dingen unverbindlich bleibt. Mühe und Askese, Disziplin und Verbindlichkeit gehören notwendigerweise zum religiösen Weg, den der Mensch einschlägt.

• *Die fünfte Anweisung* fordert die inneren Haltungen der *Spontaneität, den großmütigen Geist und die Freiherzigkeit.* Denn anders kann man dem Geheimnis Gottes nicht angemessen begegnen. Da darf es keinen Krämergeist, keine Berechnung, keine Verzweckung und auch keine ultimativen Forderungen geben.

• *In der weiteren Folge* der Anweisungen und Betrachtungen wird Ignatius immer nuancierter und immer detaillierter in der Beschreibung der „Unterscheidung der Geister". Vor allem geht es ihm dann noch darum, *ein Gespür zu bekommen für das Wirken Gottes in der eigenen Seele.* Dabei steht fest, daß der einzelne Mensch *gottunmittelbar* ist: Gott spricht im Innern des Menschen, und darum muß der Exerzitienbegleiter äußerst behutsam und ehrfürchtig dem Geheimnis des einzelnen Menschen begegnen, wie ich im Kapitel über die ignatianische Spiritualität bereits erläutert habe. Trotzdem ist der Mensch der *Täuschung und dem Wahn* ausgeliefert, den Einflüsterungen des Teufels, wie man sagte. Deswegen braucht es die *Selbstkritik* und immer wieder das *Gespräch mit einem kritischen Menschen.*

Das ganze Exerzitienbuch des Ignatius hat die eine Intention: der Stimme Gottes Gehör zu verschaffen und nicht etwa anderen Stimmen zu erliegen. Diesbezüglich haben wir in unseren Tagen sehr viel zu lernen.

6. Kapitel

Mystische Erfahrung und gesellschaftliche Prophetie

In den beiden vorhergehenden Kapitel ging es um mystische Erfahrungen. Jetzt gilt es zu bedenken, daß diese Tiefenerfahrung des Menschen Geschichte macht, sich aus-wirkt. Mystik führt notwendig in den Widerstand gegen die gottfeindlichen Mächte, die in der Gesellschaft am Werk sind. Der jüdische Philosoph E. LEVINAS* hat diese Einheit von Mystik und Politik, von Gottesschau und Weltveränderung in eine gute sprachliche Form gebracht: „Gott kennen heißt wissen, was zu tun ist... Die Ethik ist nicht die Folge der Gottesschau, sie ist diese Schau selbst" (ebd., 29).

1 Mystische Erfahrung und Persönlichkeitsprofil

In einem ersten Schritt will ich aufzeigen, daß mystische Erfahrung notwendigerweise das personale Profil des mystischen Menschen in Erscheinung bringt.

1.1 Der Begriff „Mystik"

Der Begriff „Mystik" hat seine Geschichte (DINZELBACHER* A; SUDBRACK* B). Er meint sowohl die persönlichen Tiefen- bzw. Gipfelerlebnisse als auch – allgemeiner – die persönliche Betroffenheit sowie die ganzheitliche und existentielle Überzeugung des einzelnen. Folgende Aspekte seien im einzelnen skizziert.

Wortbedeutung

„Mystik" kommt vom griechischen Verb *myein* und bedeutet (Augen und Mund) schließen, verschweigen, beschweigen. Damit steht Mystik von allem Anfang an in einem bestimmten Verhältnis zur Sprache bzw. zum kommunikativen Verhalten. Mystik ist sich bewußt, daß nicht alles verlautet, besprochen, in Begriffe gefaßt werden kann. Sprache, Kommunikation, Anteilhabe gehen weit über die Grenze hinaus, die Worte und Begriffe erzeugen. Wirklichkeit geht tiefer, ist umfassender als das, was in Worten gesagt werden kann. Vielleicht muß man sogar betonen, daß Sprache erst dort ihre eigentliche Funktion erreicht, wo sie sich ganz und gar der mystischen Tiefe bewußt wird, von der sie getragen, gestützt und umfangen ist. Ebenso ist mit dem Begriff „Mystik" ein bestimmtes Verhältnis zur Außenwelt mitgedacht. Das Äußere wird so sehr ins Auge gefaßt, daß es im Schließen der Augen im eigenen Innern weiterbesteht. Die Außenschau wird dann zur Innenschau. Erst dieser mystische Vorgang macht den Menschen zum Menschen.

Begriffsgeschichte: „mystisch"

Da ist zunächst das Adjektiv: „*mystikós*" (griech.). Es bezieht sich in der christlichen Tradition auf eine bestimmte Art, die Bibel zu lesen. Es bezeichnet die eigentliche Kernaussage der Bibel, auf die hin und von der her jede Geschichte, jeder Satz und jeder Buchstabe zu lesen sind. Noch besser: „mystisch" ist jene Schau, die im buchstäblichen Text den verborgen gegenwärtigen Jesus erspürt. Dieser das Vordergründige und Oberflächliche durchdringende, eben „mystische" Blick wurde dann übertragen auf die Sakramente und Riten der Kirche und schließlich sogar auf die Realität der Schöpfung. Alles wurde zum „medium", zur vermittelnden Instanz für das verborgene Geheimnis Gottes bzw. Christi. Mystik ist auf dieser Stufe immer eine bestimmte Betrachtungsweise, ein existentielles Hinterschauen der Wirklichkeit, welche das verborgene Geheimnis Gottes offenbart.

Begriffsgeschichte „Mystik"

Erst im 17. Jahrhundert wird aus dem Adjektiv ein Substantiv: Mystik wird von da an vom verborgenen Geheimnis losgelöst;

wichtig wird die subjektive Erfahrung, ein bestimmter Bewußtseinszustand, der sich nur noch vage auf die Wirklichkeit als ganze bezieht und eigentlich in sich selbst ruht. Man spricht dann von „Gipfelerlebnissen" oder von „Tiefenerfahrungen", vom Hineinwachsen in die Höhen, die uns möglich sind, und vom Ausloten der Untiefen, die im Menschen begründet sind, von „Bewußtseinserweiterung" usw.

Dieses subjektive Verständnis findet sich auch in fernöstlichen Meditationsmethoden und psychodelischen Techniken (LSD, Drogen). Mystik wird „gegenstandslos", sie verliert ihr „Objekt": den Heiligen Gott. Mystik ist hier gleichbedeutend mit Einheits- oder Ganzheitsgefühl, mit Verschmelzungs- und Einigungserfahrungen, wobei der religiöse Kontext nur noch einer von vielen ist. Man kann sich auch mit der Nation oder mit der Natur verschmelzen.

Lehre der katholischen Kirche

Nach der Lehre der katholischen Kirche ist Mystik gemäß einer scholastischen Begriffsbestimmung die Erkenntnis Gottes, die der eigenen Erfahrung erwächst, ein Glaube, der aus dem eigenen Innern kommt: „cognitio experimentalis de Deo – Erfahrbares Erkennen Gottes", im Unterschied zu einer Erkenntnis bzw. einem Glauben, die bzw. der durch Unterweisung, Überlieferung, Bücher und Lehrer vermittelt wird. Je nach theologischem Standpunkt legt man den Akzent entweder auf das eigene personale, geistige Durchdringen Gottes (Erkenntnis, Wissen von Gott) oder auf die mehr emotionale und sinnlich affektive Glaubensfähigkeit. Darin haben Visionen ebenso Platz wie die Erfahrung der „dunklen Nacht".

Volksfrömmigkeit

In der kirchlichen Volksfrömmigkeit standen aber meist eher sekundäre Phänomene der Mystik im Vordergrund: Elevationen, Stigmatisation, Privatoffenbarungen, innere Stimmen, Bilder, Erlebnisse und Erfahrungen aller Art. So konnte der Eindruck entstehen, Mystik sei etwas für einige Privilegierte, Auserwählte, besonders Begabte.

Vor allem in der franziskanischen Tradition hielt man immer daran fest, daß Mystik ein allgemein zugängliches Phänomen ist. Und überall suchte man die genannten sekundären Phänomene zu relativieren.

Im 20. Jahrhundert spricht man von der „Demokratisierung der Mystik" (SÖLLE*). Vor allem ist hier der berühmte Satz von Karl Rahner (zit. bei: SUDBRACK* C, 99ff) aus dem Jahre 1966 einzuordnen:

„Der Fromme der Zukunft wird ein Mystiker sein, einer der Gott erfahren hat, oder er wird nicht mehr sein", und er fügt hinzu: „Recht verstanden [ist Mystik] kein Gegensatz zum Glauben im Heiligen Pneuma, sondern dasselbe." Anderswo dann:

„Man hat schon gesagt, daß der Christ der Zukunft ein Mystiker sei oder nicht mehr sei. Wenn man unter Mystik nicht seltsame parapsychologische Phänomene versteht, sondern eine echte, aus der Mitte der Existenz kommende Erfahrung Gottes, dann ist dieser Satz sehr richtig und wird in seiner Wahrheit und seinem Gewicht in der Spiritualität der Zukunft deutlicher werden."

„Die Mystiker sind nicht eine Stufe höher als die Glaubenden, sondern Mystik in ihrem eigentlichen, theologischen Kern ist inneres, wesentliches Moment des Glaubens."

Was Fulbert Steffensky im Gespräch mit Dorothee Sölle sagt, ist ein bedenkenswerter Abschluß dieser Begriffsbestimmung von „Mystik":

„... daß wir alle Mystiker sind. Dieser Satz ist ja nicht eine Feststellung, sondern eine Forderung ans Leben! Es soll kein Mensch nur sein Leben fristen, es soll kein Mensch sich erschöpfen im reinen Überleben. Jeder soll der Wahrheit nahekommen dürfen. Für jeden Menschen soll es Orte der Absichtslosigkeit geben; die Schau; die Wahrnehmung der Lebensschönheit; die *fruitio* (der Genuß Gottes). ‚Wir sind alle Mystiker!' Der Satz enthält das Menschenrecht auf Schönheit und Schau. Gibt es so etwas wie das Menschenrecht auf die Schau Gottes? Auf einem Umweg sind wir da bei deinem zweiten Begriff: Widerstand. Mystik ist die Erfahrung der Einheit und der Ganzheit des Lebens. Mystische Lebenswahrnehmung, mystische Schau ist dann auch die unerbittliche Wahrnehmung der Zersplitterung des Lebens. Leiden an der Zersplitterung und sie unerträglich finden, das gehört zur Mystik. Gott zersplittert zu finden in arm und reich, in oben und unten, in krank und gesund, in schwach und mächtig, das ist das Leiden der Mystiker. Der Widerstand von Franziskus oder Elisabeth von Thüringen oder von Martin Luther King wächst aus der Wahrnehmung der Schönheit. Und das ist der langfristigste und der gefährlichste Widerstand, der aus der Schönheit geboren ist" (SÖLLE*, 14).

1.2 Mystik und personales Profil

Mit dem eben zitierten Wort Fulbert Steffenskys sind wir bei der Tatsache angelangt, daß Mystik wie kaum etwas anderes zum individuellen Profil einer Person beiträgt. Wer Gott erfährt, erfährt auch sich selbst auf ganz neue Weise. Und wer sich selbst so erfährt, wird an der gegebenen Wirklichkeit leiden und, wie wir noch sehen werden, zum Propheten einer neuen Wirklichkeit.

Widerstand: die Kehrseite oder die direkte Folge der Mystik

Über den Zusammenhang von Widerstand und Mystik sollten wir gründlich nachdenken. Denn je mehr jemand wirklich in die Erfahrung des Glaubens hineinwächst, um so mehr ist auch mit Widerstand zu rechnen. Der Glaube, wenn es denn personaler Glaube ist, bringt den Widerstand gegen alles Ungöttliche geradezu hervor.

Personale Tiefe führt zu einem unterscheidbaren Antlitz

„Mystik" gehörte vor noch nicht allzu langer Zeit zum Vokabular der Weltfremden. Wer mit beiden Füßen auf dem Boden der Wirklichkeit stand, hatte mit „Mystik" nichts am Hut, wollte nichts damit zu tun haben. Daß dies jedoch mit einer allzu engen Sicht der Wirklichkeit zu tun haben, ja vielleicht ein freiwilliges Gefängnis sein könnte, trat als Möglichkeit gar nicht ins Bewußtsein. Inzwischen wissen wir, daß wir dieses Gefängnis eines allzu engen Selbst- und Weltverständnisses durchbrechen müssen, wenn wir noch eine Zukunft haben wollen, gehört doch gerade das, was wir ersehnen und erträumen, erhoffen und erwarten, zu dem, was wir Wirklichkeit nennen.

Sobald man aufhört, in geschlossenen Welten zu leben, in abgegrenzten engen Räumen, und sobald man beginnt, sich selbst als unendliches Offensein auf Unendliches hin zu begreifen, erahnt man wieder in allen Dingen ein unaussprechliches und letztlich unnennbares Geheimnis. In dem Maße aber, wie sich dieses zeigt, sich dem Menschen zur Erfahrung bringt und wie es zu einer ganz persönlichen Wahrnehmung und Überzeugung, eben mystisch in die Erfahrung kommt, wird der Mensch zu einem unterscheidbaren Wesen. Er schließt dann „Aug' und Mund" und schaut – dieses Geheimnis „beschweigend" – nach innen. Mystik ist also eine Erfahrung, die der einzelne Mensch macht und die nicht an Stellvertreter delegiert werden kann. Gotteserfahrung ist etwas Intimes, Persönliches, Unmittelbares, Innovatives.

Genau genommen ist „Mystik" also ein wesentlicher Aspekt dessen, was wir „Person", „Persönlichkeit" nennen. Nur der mystische Mensch erfüllt in jeder Hinsicht das, was wir mit „Person" bzw. „Persönlichkeit" meinen. Denn nur er lotet die Tiefen der eigenen Person aus, und nur er „ergreift" bzw. erfährt die höchsten Möglichkeiten, die ihm als Abbild Gottes eröffnet sind.

Glaube aus erster Hand

Früher wurde der Glaube definiert als Annahme dessen, was Gott geoffenbart hat und von der Kirche zu glauben vorgestellt wird. Das aber ist „Glaube aus zweiter, dritter oder gar über Generationen hin aus tausendster Hand" und nicht zugleich auch eine zutiefst persönliche Überzeugung. Ein solches Glaubensverständnis bleibt im Grunde äußerlich: Man spricht das gemeinsame Glaubensbekenntnis, feiert miteinander die Glaubensinhalte und vertritt auch in der Öffentlichkeit die Wertvorstellungen der Kirche. Es trägt in dem Maße, wie das soziale Gefüge trägt und der „Gläubige" unangefochten in der Gesellschaft steht. Gerät das Gefüge ins Wanken, wankt auch ein solcher Glaube vieler einzelner – ein überdeutliches Phänomen unserer Tage.

Mystik aber ist „Glaube aus erster Hand", aus ureigener Erfahrung, die der Gottunmittelbarkeit des einzelnen Menschen erwächst. Hoffentlich besteht letztlich kein unüberbrückbarer Abgrund zwischen diesen beiden Formen des Glaubens. Bei genauem Hinschauen zeigt sich auf jeden Fall, daß die mystische Erfahrung den Glauben aus zweiter Hand transformiert zu ureigenem, gewissem, Leben tragendem Glauben, daß sie den Menschen als Menschen und Glaubenden personalisiert und profiliert.

Erweiterung der Sprachfähigkeit

Diese individuelle Personalisierung und Profilierung geht bis in die Sprache hinein. Es ist ein historisches Faktum, daß es nicht zuletzt die Mystiker waren, die aufgrund ihrer inneren Erfahrungen wesentlichen Anteil nahmen an der Ausformung der Sprache. Ob italienisch, spanisch, deutsch, schwedisch, englisch – gleichgültig welche Sprache, es waren diese mystischen Erfahrungen, welche die Ausdrucksmöglichkeiten der Sprache in Gang brachten, erweiterten, vertieften, festigten. Franz von Assisi, Jacopone da Todi, Ramon Llull, Johannes vom Kreuz, Brigitta von Schweden, Hildegard von Bingen, Hadewijch mögen für jeweils ihre Sprachen Hinweis genug sein. Kein Wunder, daß die Linguistik mehr an Mystik interessiert ist als die Theologie, die ja eigentlich dafür zuständig wäre.

Mystische Erfahrung profiliert die Persönlichkeit in ihrer konflikthaften Geschichtsmächtigkeit

Das gilt nicht nur sprachlich, wie eben betont wurde, sondern auch politisch. In vielen Fällen ist das gleichbedeutend mit Andersartigkeit, Fremdheit, Konflikt, Widerstand, ja Kreuzigung. Es ist also von vornherein anzunehmen, daß der mystische Mensch auffällt und darum aus den unterschiedlichsten Gründen in Konflikt mit der ihn umgebenden Gesellschaft oder Kirche gerät. Ursprünglich läßt sich dies sehr deutlich an der primären Bezugsperson des christlichen Glaubens ablesen: Aus seiner Gottunmittelbarkeit bzw. seiner intimen Verbundenheit mit dem „Abba-Vater-Gott" heraus interpretiert Jesus den Jahwe-Glauben neu, und zwar nicht allein mit Gleichnissen, Erklärungen, Sätzen, sondern mit seiner revolutionären Liebespraxis und seinem Anspruch, alle existentiellen Bedürfnisse des Menschen zu befriedigen. In Jesu konkretem Leben zeigt sich, wie Gott da ist und da sein will. Das aber profiliert ihn gegenüber den geltenden Maßstäben seiner Zeit und seines Volkes dermaßen, daß deren Vertretern bzw. Verfechtern nur noch seine gewaltsame Beseitigung bleibt. Religiöse und gesellschaftliche Systeme können es nicht zulassen, sich durch die Gotteserfahrung eines einzelnen auf solch profilierte Weise provozieren zu lassen. Hier wird zugleich noch einmal das Schicksal aller prophetischen Menschen angezeigt, welche aus erfahrener Gottunmittelbarkeit heraus Zustände anklagen und Veränderungen fordern.

Es ist daher nicht verwunderlich, daß sich auch das System Kirche immer skeptisch zeigt gegen das Aufbrechen religiöser Tiefenschichten in den Menschen. Nicht nur die Glaubensdogmatik, sondern auch die damit gegebene Macht sehen sich in Gefahr, wo jemand tiefe Erfahrungen macht und reflektiert, neue und eigene Perspektiven entfaltet, aus den Tiefen Gottes heraus Visionen hat, die eine neue Zukunft verheißen.

Der mystische Mensch befindet sich auf einer gefährlichen Gratwanderung zwischen Heiligsprechung und Hexenverbrennung, wie P. DINZELBACHER* (B) unlängst in einem erschreckenden Buch nachgewiesen hat. Welches Schicksal der mystische Mensch erleidet, hängt meist davon ab, welche Reaktion der Umwelt sich durchsetzt. Die Mystikerin MARGARETE PORETE* hat ein hervorragendes Buch geschrieben, das auch heute noch in seiner mystischen Tiefe fasziniert. Das Buch blieb nur deshalb erhalten, weil man es einem Mann unterschob. Sie selbst wurde 1307 verbrannt. Nicht verbrannt, sondern als Heilige verehrt wurde dagegen ihre Zeitgenossin Angela von Foligno, deren Gedanken für das kirchliche System eigentlich viel gefährlicher gewesen wären.

Der gleiche Konflikt zeigt sich auch in gesellschaftlicher Hinsicht. Der Märtyrer ist dadurch zu definieren, daß er wegen seines erfahrenen Gottesbezuges mit den ganz anders gearteten Wertvorstellungen der Gesellschaft in einen tödlichen Konflikt gerät. Ob Thomas Morus oder Dietrich Bonhoeffer, ob Mahatma Gandhi oder Martin Luther King – sie wurden ermordet, weil der inwendig erfahrene Gott diese Männer in den Widerstand gegen gesellschaftliche Gegebenheiten führte.

Dieses Widerstandspotential aus mystischer Erfahrung und Erkenntnis wird denn auch folgerichtig zum Echtheitskriterium einer authentischen Religiosität. Mystik ist darum etwas ganz anderes als Esoterik, die sich allzu oft nur an der Pflege der inneren Gärten ergötzt – gleichgültig, welche Inhalte und Mittel dafür herhalten müssen. Hauptsache: Ich bin bei mir, im Licht, im Heil; alles andere – welcher Gott, ob überhaupt Gott, welche Welt und was darin zu tun wäre – ist „Wurst"! Mystik dagegen läßt sich auf den Gott ein, der die Welt erschaffen hat und die Geschichte der Menschen innerlich begleitet. Mystik wird darum in der christlichen Tradition immer daran gemessen, ob sie Beziehungsfähigkeit begründet und erweitert bzw. ob sie zur Tat führt.

Eine Mystik, die sich nicht als Liebestat äußert, als Speisung der Hungrigen, als Bekleidung der Nackten, als Befreiung der Gefangenen usw., war nie Mystik, sondern Täuschung und Wahn! Ebenso müßte gesagt werden: Eine Mystik, die sich abfindet mit der Ungerechtigkeit, der Arbeitslosigkeit, mit dem „Laissez-faire-Kapitalismus", mit der Todesstrafe, den Waffenarsenalen, mit den Atommülltransporten, dem nationalistischen Fremdenhaß etc. – war und ist nie Mystik. Prophetie und Protest, alternative Tat und gesellschaftliche Reformen sind Wesen und Wirkung einer Erfahrung Gottes, der nicht nur der ideologische Überbau einer bestehenden Gesellschaft oder eine Projektion individueller Bedürfnisse ist. Gott hat keinen andern Mund als den unseren, keine anderen Hände als die unseren ...

2 Gesellschaftliche Prophetie – mystische Einheit Gottes und der Welt

Wirkliche Mystik führt, wie gesagt, in die Welt und in die Geschichte. Dies ergibt sich aus der Gottesschau selbst, wie das Zitat des jüdischen Philosphen Lévinas* in der Einleitung zu diesem Kapitel bereits deutlich gemacht hat. Diesem Motiv gilt es jetzt etwas präziser nachzugehen.

Das Leitwort des Christen steht an der Brüstung des Straubinger Nonnenchores (Huber*, 8) aus dem Jahre 1789: „Caritas DeI aC proXIMI In hIs bInIs VnIVersa LeX – Die Liebe Gottes und des Nächsten, in diesen beiden liegt die ganze Offenbarung Gottes". Die Dynamik der Gottesliebe und die Dynamik der Menschenliebe bildet eine untrennbare mystische Einheit. Man darf nicht trennen: hier Gott – da Welt, entweder Gott oder Mensch. Gott und Mensch zusammen genommen sind ein einziges, ein unauflösliches Ganzes – und diesem Ganzen gebührt alle liebende Aufmerksamkeit: Cari-

tas DeI aC proXIMI In hIs bInIs VnIVersa LeX. Der christliche Mystiker ist von daher ein Prophet der mystischen Einheit von Gott
und Mensch.

2.1 Die biblische Revolution

Die Welt, die Kirche – wir haben diese Einheit noch nicht in genü-
gender Weise erkannt. Immer noch können wir das Ganze nicht zu-
sammensehen. Immer noch trennen wir. Dabei gibt es kaum etwas,
was so sehr den Kern, ja das unveräußerliche Erbe der christlichen
Tradition ausmacht. Hier wäre an sich nichts weniger als der Keim
einer göttlichen Revolution gesät: die von Gott selbst inszenierte
„unio mystica", die mystische Vereinigung Gottes und des Menschen, die göttliche Gleichrangigkeit von liebender Zuwendung
zum Menschen und von Gottesliebe (vgl. Markus 12,36ffpar).

Das Geheimnis Jesu

Die Grundlage dieser Identität ist das Geheimnis Jesu selbst, der
Mensch, in dem Gott sich aus-sagt, mitteilt, zeigt.

- *Der Mensch Jesus – der inkarnierte Gott*
Gott zeigt sich in einem menschlichen Gesicht, mit menschlichen
Augen, Ohren, Mund und Händen. Gott ist Mensch geworden, das
WORT ist FLEISCH geworden. Gott zelebriert in Jesus von Nazaret
sozusagen seine eigene Hochzeit (vgl. Johannes 2); er inszeniert
eine mystische Vereinigung, indem er, der unendliche, unsagbare,
unaussprechliche Gott, den Menschen so sehr in die Arme nimmt,
daß es kein Zurück mehr gibt. Gott verliert sein Herz so sehr an die
Menschen, daß sein Herz nur noch in einem menschlichen Herzen
zu finden ist. Man kann Gott nicht mehr im luftleeren Raum lieben
– man kann fortan Gott nur noch lieben, indem man Menschen in
die Arme nimmt; und man liebt den Menschen nur noch, wenn
man auch die unendlich-göttlichen Abgründe, die sich hinter jedem Menschen auftun, zu umarmen sucht.

- *Der gekreuzigte Mensch – der gekreuzigte Gott*
Da die Menschen, die der Einheit Gottes und des Menschen in Jesus
von Nazaret gegenüberstehen, diese nicht erkennen, kommt es zum

Drama der Liebe. Gottes Liebe geht in Jesus bis zu dem Punkt, wo sie zum Schweigen gebracht, getötet, gekreuzigt wird. Gott identifiziert sich auf diese Weise bis zur Unkenntlichkeit mit dem Menschen: Gerade fromme Menschen sind es, die Gott im Menschen nicht erkennen; immerzu trennen sie: hier Gott – dort der Mensch, und glauben sogar, Gott einen Dienst zu tun, indem sie Jesus oder diesen oder jenen Menschen umbringen. Und auf sich selbst fixierte, egoistische, gewalttätige, kriminelle Menschen werden die Göttlichkeit, die sich mit dem Menschen verbindet, allemal leugnen und auf ihre Weise Gott kreuzigen. Und so wird Gott bis heute und wohl bis zum Ende der Welt gekreuzigt, auf jeden Fall so lange, wie Menschen den eigenen Interessen geopfert, ja getötet werden.

- *Der auferstandene Jesus hat Milliarden Gesichter*

Gott will – obwohl er, im Menschen Jesus zum Schweigen gebracht, ermordet wurde – seine Identifikation mit dem Menschen aufrechterhalten. Das ist es, was Christen im Glauben an die Auferstehung Jesu bezeugen und bekennen. Aber eben: Anstatt die Auferstehung als etwas zu glauben, was uns hier und jetzt begegnet, betreiben wir Archäologie, sprechen von der Bedeutung des „leeren Grabes" und suchen Jesus unter den Toten (vgl. Lukas 24,5).

Dabei haben alle Auferstehungserzählungen etwas gemeinsam: Es handelt sich um Entdeckungs- und Erlebnisgeschichten, in denen sich der Mensch gewordene Gott in gewöhnlichen Menschen offenbart. Nur lesen wir halt die Geschichten als solche, die bereits alles wissen und damit immer an der eigentlichen Aussage vorbeigehen.

Emmaus: Da ist ein (unerkannter) schriftkundiger Jude, der – so glauben die beiden Männer – es versäumt hat, sich auf dem Stand der gerade aktuellen Information zu halten; er weiß nichts von der Kreuzigung, die in Jerusalem stattgefunden hat. Und so erzählen ihm die beiden ehemaligen Jünger Jesu ihre Verzweiflung, ihre Not, ihre Nacht, einfach alles, was sie von Jerusalem wegtreibt. Der Jude kennt, wie gesagt, das Alte Testament, er weist auf Jesaja und andere Propheten; er hat ganz offensichtlich die Gabe der Unterscheidung der Geister und kann deuten, einen Bezugsrahmen herstellen, in dem Golgota zu einem verstehbaren Ereignis wird. Vertrauen entsteht, Nähe, ja Intimität, so daß sie sich dann entschließen, den Tag zusammen zu beenden mit einem Mahl – und plötzlich ist der Fremde der Allervertrauteste und Geliebte, Jesus, Gott in seiner Einheit mit dem Menschen.

Da ist ein Gärtner, der offensichtlich gewohnt ist, Blumen zu gießen, Beete zu bepflanzen, Bäume zu pflegen. Und eine Frau, die alles verloren hat, was sie verlieren konnte – den, den sie so sehr liebte –, wendet sich diesem Gärtner zu, fragt ihn, bedrängt ihn, mutet sich ihm zu. Und der Gärtner sagt schließlich nur ein einziges Wort: „Maria!" – und plötzlich ist der Gärtner der Allervertrauteste und Geliebte, Jesus, Gott in seiner Einheit mit dem Menschen. Ich könnte fortfahren: In keiner einzigen Geschichte, die von Jesus nach seinem Tod am Kreuz erzählt ist, wird er ohne weiteres und sofort erkannt. Der Auferstandene trägt jedesmal irgendein menschliches Gesicht, hat – müssen wir schließen – Millionen und Milliarden Gesichter, worin er erkannt werden, sich zeigen, sich offenbaren will als der Allervertrauteste und Geliebte, Jesus, Gott in seiner Einheit mit dem Menschen.

Daran wird christlicher Glaube zu messen sein: ob wir den inkarnierten Gott, den gekreuzigten und auferstandenen Jesus erkennen – nicht in erster Linie an Weihnachten, am Karfreitag oder in der Osternacht, das gewiß auch, aber vor allem in den alltäglichen Begegnung unter uns Menschen.

Eine neue Art der Gottesverkündigung: die Praxis der Liebe

Auf der Grundlage der Inkarnation entsteht eine neue Art der Gottesverkündigung. So sehr der jungen Kirche Gebet und Gottesdienst wichtig waren, das Eigentliche geschah, wie sie nie genug betonen konnte, in der alltäglichen Liebespraxis, für die sie ja sogar ein neues, vorher kaum gebrauchtes Wort fand: Agape/Liebe.

- ### Das liebende Subjekt
Im Wort „Agape/Liebe" kommt das Ineinander der Gottes- und Nächstenliebe zum Ausdruck. Agape – das ist immer schon mehr als die Banalität, die hinter dem steht, was die endlos vielen Schlager besingen. Agape – das ist immer die Liebe, in der Gott selber anwesend bleibt, Liebe, die die Egoismen des Alltags übersteigt und so an das Geheimnis Gottes rührt.

- *Die alltägliche und gegenseitige Liebe, sagt Johannes,*
  ist der Tod des Todes

Leben entsteht aus der Liebe, die Menschen einander schenken. Aber eben: Diese alltägliche Liebe lebt und vollzieht sich unter der Voraus-Setzung der Liebe Gottes. Er hat uns zuerst geliebt; noch bevor wir lieben können, hat er uns von Ewigkeit her und erst recht in Jesus Christus geliebt; wir dürfen uns in diese Liebe hineinfallen lassen. Erst diese von Gott selbst voraus-gesetzte Liebe ist es, die uns zur Liebe fähig macht. „Wir wissen, daß wir aus dem Tod in das Leben hinübergegangen sind, weil wir einander lieben. Wer nicht liebt, bleibt im Tod. Jeder, der seinen Bruder, seine Schwester haßt, ist ein Mörder, und ihr wißt: Kein Mörder hat ewiges Leben, das in ihm bleibt. Daran haben wir die Liebe erkannt, daß Er sein Leben für uns hingegeben hat. So müssen auch wir für die Brüder das Leben hingeben" (1 Johannes 3,13–16).

- *Die alltägliche und gegenseitige Liebe, sagt Johannes,*
  zeigt unsere Gottesverwandtschaft

Wir können nur lieben, weil Gott uns zur Liebe befähigt, weil Gott letztlich in uns liebt. Wir sind das Sakrament der Liebe Gottes. In der alltäglichen und gegenseitigen Liebe offenbart Gott, realisiert er seine Liebe in der Welt. Ja, es gibt letztlich nur einen einzigen Liebenden: Gott, der in uns und durch uns liebt. Die alltägliche und gegenseitige Liebe von Menschen ist die eigentliche Offenbarung Gottes. Ach, wenn das doch die Juristen und Dogmatiker in den Kirchen begreifen könnten!

„Wir wollen einander lieben; denn die Liebe ist aus Gott, und jeder, der liebt, stammt von Gott und erkennt Gott. Wer nicht liebt, hat Gott nicht erkannt; denn Gott ist die Liebe. Die Liebe Gottes wurde unter uns dadurch offenbart, daß Gott seinen einzigen Sohn in die Welt gesandt hat, damit wir durch ihn leben. Nicht darin besteht die Liebe, daß wir Gott geliebt haben, sondern daß er uns geliebt und seinen Sohn als Sühne für unsere Sünden gesandt hat. Liebe Brüder und Schwestern, wenn Gott uns so geliebt hat, müssen auch wir einander lieben. Niemand hat Gott je geschaut; wenn wir einander lieben, bleibt Gott in uns, und seine Liebe ist in uns vollendet" (1 Johannes 4,7–12).

- *Die alltägliche und gegenseitige Liebe, sagt Johannes, erweist den Gottesglauben als Wahrheit*

Nicht ein Satz, den man glaubt, nicht ein Gebet, das man spricht, sondern allein die alltägliche und gegenseitige Liebe ist die Wahrheit der Christusoffenbarung. Denn man kann nur lieben, was man sieht! Und man sieht nur mit dem Herzen gut! Wer den Menschen, den er sieht, nicht liebt, und Gott, den er nicht sieht, zu lieben vorgibt, ist ein Lügner. Stärker kann man eigentlich diese biblische Revolution nicht mehr zur Geltung bringen.

„Wir wollen lieben, weil er uns zuerst geliebt hat. Wenn jemand sagt: Ich liebe Gott!, aber seinen Bruder, seine Schwester haßt, ist er ein Lügner. Denn wer seinen Bruder, seine Schwester nicht liebt, die er sieht, kann Gott nicht lieben, den er nicht sieht. Und dieses Gebot haben wir von ihm: Wer Gott liebt, soll auch seinen Bruder, seine Schwester lieben" (1 Johannes 4,19ff).

- *Das zu liebende Antlitz*

Nicht nur der je liebende Mensch, seine alltägliche und gegenseitige Liebe stehen unter dem Zeichen des Ineinanders von Gott und Mensch, sondern auch das millionenfache Gesicht des menschlichen Elends. Auch hier geht es um einen Entdeckungsprozeß, der möglicherweise erst am Jüngsten Tag zu Ende kommt bzw. realisiert wird. Es geht darum, daß wir vor allem die geschundenen Menschen suchen, ihre Not erkennen und wenden, bei diesen Menschen sind. Dann werden wir Gott in den Menschen, den gekreuzigten und auferstandenen, erkannt haben. Es kommt dabei nicht auf die vorausgehende oder begleitende Motivation für das Tun an, sondern letztlich nur auf die liebende Zuwendung und die liebende Tat.

2.2 Die Werke der Barmherzigkeit

Die revolutionäre „unio mystica" von Gott und Mensch, wie sie in der Inkarnation Gottes in Jesus von Nazaret angezeigt ist, findet ihre schockierende Prophetie in der Gerichtsszene bei Matthäus 25.

Die Notwendigkeit, vom „Gericht" zu reden

In einer unbarmherzigen Welt gilt es, die Kultur der Barmherzigkeit mit aller Dringlichkeit zur Geltung zu bringen. Von der Hölle zu reden ist aus der Mode gekommen. Gott sei Dank, möchte ich sagen. Denn nur allzu lange war die Höllenrede ein Mittel der Mächtigen. Untertanen konnten mit der Androhung der Hölle von Königen und Päpsten in die Schranken gewiesen werden, und Kinder konnten damit von Eltern, Pfarrern, Lehrern durch Angst gefügig gemacht werden. Stundenlang konnten die Prediger die Qualen der Hölle genüßlich ausmalen, um die sogenannten Sünden der Menschen, aber auch das Aufbegehren der Armen und den Widerspruch der Unterdrückten in Grenzen zu halten. Es ist gut, daß diese Zeiten so gut wie vorbei sind.

Und doch frage ich mich: Wird nicht alles gleichgültig, wenn wir nicht mehr von Himmel und Hölle reden? Warum dann noch gut sein wollen, wenn der Schurke am Ende nicht bestraft wird? Was zählt dann noch hier und jetzt, worauf kommt es an, wenn der Diktator, der Ausbeuter, der Mörder, der Kriegsverbrecher, der Folterer, der Vergewaltiger, der Menschenverächter, der Kriminelle mit Krawatte an den Bürotischen der Banken und Großkonzerne, ja, was ist dann noch wirklich wichtig, wenn nicht jeder von diesen Schurken vor ein Gericht gestellt werden wird, vor dem er sich zu verantworten hat? Müssen wir nicht gerade um der Menschlichkeit des Menschen bzw. um der Einheit Gottes und des Menschen willen wieder lernen, von Gericht und Strafe, von Himmel und Hölle zu reden?

Das Evangelium jedenfalls tut es in der Gerichtsszene bei Matthäus. Um der Menschlichkeit des Menschen willen – um des Gottseins im Menschen willen! – spricht es vom Gericht, vom ewigen Leben und von ewiger Strafe. Was aber auffällt: Das Evangelium beschreibt nicht die Qualen der Hölle und auch nicht die himmlischen Seligkeiten. Darüber wissen wir – wenn wir ehrlich sein wollen – nichts, darüber sollten wir darum auch lieber schweigen. Das Evangelium spricht nur vom Gericht, von der Scheidung der Schafe von den Böcken. Die Schafe – das sind jene, die Jesus gefolgt sind, dem Lamm, das zur Schlachtbank geführt wurde, weil es sich für die Armen, die Nackten, die Obdachlosen, die Gefangenen eingesetzt hat. Die Schafe – sie werden eingehen in das ewige Leben. Die anderen, die Böcke, diejenigen also, die gegen eine Kul-

tur der Barmherzigkeit, gegen die Option Jesu für die Armen gebockt haben, werden Strafe ernten.

Nochmals: Um der Menschlichkeit des Menschen willen – um
der Einheit von Gottes- und Nächstenliebe willen – spricht das
Evangelium vom Gericht, vom ewigen Leben und von ewiger
Strafe. Es geht um das Hier und Jetzt, um Menschlichkeit für alle,
gerade auch für die Benachteiligten, es geht um die Menschlichkeit
in der Wirtschaft, in der Politik, in allen Bereichen der Gesellschaft
und der Kirchen: Es geht um Menschlichkeit für jeden einzelnen
und für alle zusammen.

Wenn ich mir die Art und Weise vor Augen führe, wie man heute
in Wirtschaft und Politik mit Menschen umgeht, dann ergreift mich
großer Zorn – angesichts der offensichtlichen Lüge, die das ganze
ökonomische Gebaren durchzieht:

Man sagt, man habe kein Geld, um das soziale Netz sicherzustel-
len, gleichzeitig aber machen die Banken und Großkonzerne jedes
Jahr ungeheure Gewinne.

Man sagt, man habe kein Geld, um den Schwächeren in unserer
Gesellschaft zu helfen, gleichzeitig aber werden 98,4 Prozent des
gesamten Geldvolumens in der Welt für Spekulationszwecke miß-
braucht.

Man sagt, man müsse sich bescheiden – bescheiden müssen sich
aber vor allem jene, die ohnehin nicht genug haben. Warum sollen
sich nicht die Großen und Reichen bescheiden? Es gibt so viele, die
Millionen scheffeln können, ohne daß dieses Geld irgendwie er-
wirtschaftet worden wäre, es fällt ihnen sozusagen über Nacht zu.
Es gibt so viele, die Jahr für Jahr so viel Geld verdienen, wie sie es
vernünftigerweise nie ausgeben können. Die vier reichsten Männer
der Welt haben so viel, wie die vierzig ärmsten Länder insgesamt
erwirtschaften können. Und: Wenn man den zwanzig reichsten
Menschen vier Prozent wegnähme, könnte man weltweit das Nah-
rungsproblem lösen (MONDE DIPLOMATIQUE*). Warum es also nicht
tun? Warum hier nicht Einkommensgrenzen festsetzen? Warum
nicht die Sozialbelastung erhöhen? Warum sollen sich diese Leute
nicht bescheiden? Des Menschen unwürdige Tatsache aber ist: Bescheiden müssen sich von Staats wegen aber vor allem und immer
nur die, die ohnehin jeden Schilling, jede Mark, jeden Rappen drei-
mal in der Hand umdrehen müssen.

Man sagt, ja man sagt so vieles, was ganz offensichtlich die

Wahrheit verdunkelt und die handfesten Interessen der Geldgierigen versteckt. – Und da soll man ruhig bleiben? Keinen Zorn
haben? Nicht Gericht und Hölle bemühen?

Die Rede vom Gericht ist auch bei Jesus aus Zorn und Leidenschaft geboren. Sie ist eine notwendige Konsequenz seiner Leidenschaft für die Armen. Die Gerichtsrede Jesu ist eine theologisch
notwendige Rede. Denn wenn Gott sich identifiziert mit den Benachteiligten der Gesellschaft, dann entscheidet sich der Mensch
für oder gegen Gott, wann immer er sich für oder gegen die Armen
entscheidet.

Die Prophetie der Tat

Eine kompromißlose, gnadenlose und unbarmherzige Zeit braucht
die Prophetie vorbehaltloser, kompromißloser, gnadenvoller Barmherzigkeit:

- *Wer Hunger hat, soll genügend Brot haben, und*
  wer Durst hat, soll seinen Durst löschen können –

das sollte bei der vorhandenen Überproduktion zumindest in unseren Gegenden möglich sein. Es geht darum, daß wir den Kuchen
gerecht verteilen, bei uns und in der ganzen Welt. Wir müssen teilen lernen mit denen, die nichts oder nicht genug haben. Wer sein
Brot nicht teilt, muß wissen, daß er damit Gott leugnet – mag er
noch so viel beten oder von Gott reden. Er ist ein praktischer
Atheist, er widerspricht Gott, der ein Gott der Hungernden ist: In
jedem, der uns die Hand entgegenstreckt, ist Gott gegenwärtig. Was
jemand dem Armen verweigert, verweigert er Gott. Er wird am
Ende zu den Böcken gezählt, weil er gebockt hat gegen einen Gott,
der sich mit den Hungernden identifiziert. Aber auch das andere
gilt: „Wenn das Brot, das wir teilen, als Rose erblüht, dann hat Gott
unter uns schon sein Haus gebaut, dann wohnt er schon in unserer
Welt, ja, dann schauen wir heut schon sein Angesicht, in der Liebe,
die alles umfängt" (März*). Und es kommt – wohlverstanden – gar
nicht auf die religiösen Gefühle an, nicht auf die Zeiten, die wir in
Kirchen, Pagoden, Synagogen und Tempeln oder in der stillen Ecke
zu Hause verbringen, nicht auf die Meditationszeiten und Gebets-
worte – so wichtig das alles für unsere Seelenkultur sein mag.
Wahrhaft entscheidend ist das alles nicht, entscheidend ist einzig

und allein, ob wir unser Brot teilen. Religiös, mit Gott verbunden im Sinne Jesu, sind allein jene, die ihr Brot teilen.

- *Wer fremd und obdachlos ist, soll aufgenommen werden –*
das steht so klar und eindeutig da, daß es absolut unverständlich ist, warum Christen eine so rigorose Abschiebepraxis unterstützen können, wie sie in allen unseren Ländern üblich ist. Pychologisch mag man die Ängste verstehen, die einem von einer anderen Hautfarbe, von anderen Kleidern, von anderen Sitten und Gebräuchen, von fremden Menschen und Völkern entgegenkommen. Jedesmal ist man verunsichert, herausgefordert, in seiner Identität in Frage gestellt. Die biblische Tradition behauptet dagegen, daß die Begegnung mit dem Fremden die größte Chance bedeutet. Von Abraham bis zu den Emmausjüngern und dem Gärtner am Ostermorgen – wir haben es bereits gehört – gibt es eine durchgängige Aussagelinie: Der Fremde – das ist Gott, der uns begegnet. Gott identifiziert sich mit den Fremden. Wer Fremde aufnimmt, nimmt Gott auf; wer Fremde ablehnt, lehnt Gott ab – so provozierend einfach stellt das die Bibel dar. Was jemand den Fremden verweigert, verweigert er Gott. Er wird am Ende zu den Böcken gezählt, weil er gebockt hat gegen einen Gott, der sich mit den Fremden identifiziert. Aber auch das andere gilt: „Wenn das Dach, das wir geben, als Stern erglänzt, dann hat Gott unter uns schon sein Haus gebaut, dann wohnt er schon in unserer Welt, ja, dann schauen wir heute schon sein Angesicht, in der Liebe, die alles umfängt" (A.R.). Und es kommt – wohlverstanden – gar nicht auf fromme Anmutungen an, nicht auf Gottesdienstgestaltung, liturgische Tänze, bergende Ritualien, nicht auf inbrünstige Gebete oder großartige Kirchenmusik – so wichtig das alles für unsere kirchliche Kultur sein mag und so gewichtig das alles ist für unsere kirchliche Identität. Wahrhaft entscheidend ist das alles nicht, entscheidend ist einzig und allein, ob wir Platz und Raum, Obdach und Heimat schaffen für die Fremden. Religiös, mit Gott verbunden im Sinne Jesu, sind allein jene, die sich dem Fremden gegenüber nicht verschließen.

- *Wer nackt ist, soll ein Kleid haben –*
damit können wir vielleicht am wenigsten anfangen. Denn nackt muß ja niemand mehr herumlaufen. „Kleider machen Leute" – heißt es, und damit ist auch gemeint, daß es letztlich um die Würde des

Menschen geht. Wir reden von „Bloßstellen", von „mit heruntergelassenen Hosen dastehen", von „jemanden mit den Augen ausziehen". Immer geht es darum, daß man einem anderen die Würde nimmt. So oder so: Es geht um die Menschenwürde. Der nackte Jesus am Kreuz – das sagt uns: Gott hat sich auf die Seite der Entwürdigten geschlagen. Wer einen Menschen entwürdigt, entwürdigt Gott; wer einem Menschen die Würde gibt, würdigt Gott – so simpel stellt das die Bibel dar. Wer einen Menschen bloßstellt, ihm die Würde nimmt, ja wer einen entwürdigten Menschen sieht und ihn nicht mit neuer Würde bekleidet, wird am Ende zu den Böcken gezählt, weil er gebockt hat gegen einen Gott, der sich mit den Entwürdigten identifiziert. Aber auch das andere gilt: „Wenn das Kleid, das wir schenken, auch uns bedeckt, dann hat Gott unter uns schon sein Haus gebaut, dann wohnt er schon in unserer Welt, ja, dann schauen wir heut schon sein Angesicht, in der Liebe, die alles umfängt" (MAERZ*). Und es kommt – wohlverstanden – gar nicht auf den Altar- und Kirchenschmuck an, nicht auf die bunten Gewänder, nicht auf die liturgischen Farben im Laufe des Jahres, nicht auf unsere und der Priester Sonntagskleider – so wichtig das sein mag für Stimmung und Fest, und so gewichtig das alles ist für unser kirchliches Zusammengehörigkeitsgefühl. Wahrhaft entscheidend ist das alles nicht, entscheidend ist einzig und allein, ob die Entwürdigten unter uns ihre Würde als Kinder Gottes erfahren. Religiös, mit Gott verbunden im Sinne Jesu, sind allein jene, die gerade die Bloßgestellten, die Kleinen und Kleingemachten ehren.

- *Wer krank ist, soll lebendige Anteilnahme erfahren –*
wenn wir die Sparpolitik nicht auf den Boden der Wahrheit stellen, sondern den handfesten Interessen der Geldgierigen überlassen, dann gehen wir schrecklichen Zeiten entgegen. Vor einiger Zeit war im britischen Fernsehen eine Sendung zu sehen, welche die Bevölkerung darauf vorbereiten sollte. Bereits heute soll es keine Dialyse mehr für Menschen über 60 mehr geben – man läßt sie sterben, es sei denn sie bezahlen selbst. Und auch in Deutschland gehen Pläne um, welche Heftpflaster, Ergänzungskuren, Bypaß-Operationen, Organtransplantationen und Krebstherapien aus dem Leistungskatalog der Krankenkassen streichen wollen. Eine Krankenbetreuung also nur noch für jene, die das nötige Geld haben! Man spricht vom „sogenannten ‚Humankapitalansatz', wonach der Mensch nur so-

viel wert ist, wie er erwirtschaften kann. Kinder sind danach im Schnitt 2,5 Millionen Mark wert, Rentner überhaupt nichts, weil sie nichts mehr produzieren" (WESS*, 8). Medizinische Leistungen seien darum, folgert man, bei jungen Menschen sinnvoll; je älter jemand wird, um so weniger sinnvoll sind sie. Welch eine grausam unmenschliche, materialistische Welt! – Gott, sagt die Bibel dagegen, identifiziert sich mit dem Kranken, ob er jung ist oder alt, arm oder reich. Und wer hier einem Kranken Hilfe und Zuwendung verweigert, bockt – und wird am Ende zu den Böcken gehören! Aber auch das andere gilt: „Wenn das Leid jedes Armen uns Christus zeigt und die Not, die wir lindern, zur Freude wird; und wenn der Schmerz, den wir teilen, zu Hoffnung, dann hat Gott unter uns schon sein Haus gebaut, dann wohnt er schon in unserer Welt, ja, dann schauen wir heut schon sein Angesicht, in der Liebe, die alles umfängt" (A. R.). Und nochmals: Es kommt gar nicht auf mystische Erfahrungen an, nicht auf außergewöhnliche Gotteserfahrungen und sonstige religiöse Erlebnisse, – so wichtig das alles für den Tiefgang unseres Glaubens sein mag und so gewichtig das alles ist für Gottesdienst und Verkündigung. Wahrhaft entscheidend ist das alles nicht, entscheidend ist einzig und allein, ob wir Kranke besuchen, ihnen Zärtlichkeit und Trost sind und ob wir ihnen das geben, was ihr Geist, ihre Seele und ihr Leib brauchen.

- *Wer im Gefängnis sitzt, soll nicht vereinsamen –*
ob schuldig oder nicht schuldig, das ist hier gar nicht die Frage! Seit Jesus mit den Gefangenen und Verurteilten zum Verwechseln ähnlich geworden ist, stellt sich die Frage anders: Wie können wir ihnen unsere Teilnahme schenken? Auch sie verdienen unsere mitmenschliche Solidarität. Der Christ darf sich nicht mit Fragen des Strafvollzugs allein begnügen: Todesstrafe – ja oder nein! Gerechtigkeit über alles! Soziale Reintegration – in welchem Maße? Isolationshaft – menschenwürdig oder nicht? Der Christ muß weit darüber hinausgehen: Das Band der Zusammengehörigkeit und Anteilnahme muß enger geknüpft werden. Liebe, Gnade, Barmherzigkeit und Güte müssen überall Werte des Zusammenlebens einer Gesellschaft werden. Wer Schuldiggewordene ins Abseits drängt, verdammt auch Gott in die äußerste Finsternis. Wer sich dem Gefangenen verschließt, verschließt sich Gott. Er wird am Ende zu den Böcken gezählt, weil er gebockt hat gegen einen Gott, der „Barm-

herzigkeit will, nicht Opfer" (Hosea 6,6 = Matthäus 9,13). Aber auch das andere gilt: „Wenn die Hand, die wir halten, uns selber hält, und der Trost, den wir geben, uns weiter trägt, dann hat Gott unter uns schon sein Haus gebaut, dann wohnt er schon in unserer Welt, ja, dann schauen wir heut schon sein Angesicht, in der Liebe, die alles umfängt" (MAERZ*). Und wiederum: Es kommt wirklich nicht darauf an, ob wir die Gebote der Kirche halten und jeden Sonntag die Messe besuchen – so wichtig das alles für den Bestand und die soziale Bedeutung der Kirche sein mag. Letztlich entscheidend ist das nicht, entscheidend ist einzig und allein, ob wir uns den Gefangenen zuwenden. Religiös, mit Gott verbunden im Sinne Jesu, sind allein jene, die Gefangene besuchen.

So zeigt Jesus an den sogenannten Werken der Barmherzigkeit, die zum frommen Juden und darauf aufbauend auch zum frommen Christen gehören, worauf es in Wahrheit ankommt. Entscheidend ist die Tat der Liebe, nicht das fromme Wort, entscheidend ist nicht einmal das religiöse Bewußtsein oder der Gottesglaube, sondern nur und ausschließlich die Tat der Liebe. Anders gesagt: Es geht um Menschlichkeit, um nichts anderes, letztlich geht es nicht einmal um Religion. Religion ist Dreingabe, ist Überfluß. Religion wird erst eigentlich bedeutsam, wenn die Menschlichkeit die Basis ist.

Jesus geht in der Betonung der Menschlichkeit im Hier und Jetzt sogar soweit, daß er ein Werk der Barmherzigkeit sogar ausläßt: Tote begraben! Es geht wirklich um das Hier und Jetzt, um das Leben der Lebenden. Der Einsatz um die Menschlichkeit ist so dringend, daß die Toten hintanstehen müssen. An der Art und Weise, wie wir dem Menschen vor dem Tod begegnen, entscheidet sich, ob wir die Menschwerdung Gottes wirklich begriffen haben. Entscheidet sich auch, ob wir die Gegenwart Gottes ewig genießen dürfen oder im Dunkel des Vergessens versinken.

• *Aber selbstverständlich ist es richtig, daß auch*
  die Würde der Toten gewahrt bleibt –
gerade, wenn die Menschwerdung des Menschen groß geschrieben wird, behält auch der tote Leib des Menschen seine Würde. Nichts geht verloren. Wir glauben an die Auferstehung des Fleisches, glauben daran, daß – gemäß dem bekennenden Wort des protestantischen Dogmatikers J. Chr. Oetinger – „das Ende aller Wege Gottes

der Leib" ist (zit. bei: ROTZETTER* O, 121ff). Gott ist erst endgültig bei sich, wenn er endgültig „im Leib", „im Fleisch" der Welt ist. Gott identifiziert sich auch mit den Toten, um ihren Tod zu töten und sie für ewig in seine Arme zu schließen. Auch im Umgang mit den Verstorbenen und ihrem Leib, ihren Gräbern, ihrem Erbe gilt es, barmherzig zu sein.

Von der Zwecklosigkeit des menschlichen Daseins vor Gott

Nun soll aber eigens beachtet sein, wovon ich gesagt habe, daß es am Ende nicht darauf ankommt: Meditation, Kontemplation, Gebet, Gottesdienst etc. In der Geschichte der Orden kam es im Gefolge der Aufklärung immer wieder zu verheerenden Brüchen. Die „aufgeklärten" Behörden konnten im gemeinsam vollzogenen Gebet keinen Sinn erblicken. Wer Gottesdienst feiert, wer meditiert, wer sich immer wieder zum Stundengebet zurückzieht, der entzieht sich der Krankenpflege, meinten sie und verboten alle gottesdienstlichen Vollzüge. Nur Krankenpflege und sonst nichts war die Devise der Säkularisation. Man merkte nicht, daß man auf diese Weise das Menschsein des Menschen verkürzte: Der Kranke war nichts als krank, die Pflegerin nichts als Pflegerin, auf beiden Seiten wurden Unendlichkeiten mit einem Strich wegbefohlen.

Ich möchte dies verdeutlichen anhand der Geschichte der Elisabethinnen in Straubing. Die Elisabethinnen selbst waren sich bewußt, daß das nicht gut gehen konnte, weder für die Kranken noch für die Schwestern. Deswegen formulierten sie, wenn auch vergeblich, ihren Protest. Da gab es die Stellungnahme der Münchner Elisabethinnen vom 3. Juni 1786 zum Vorhaben der Säkularisation: „Wenngleich die Pflege der Kranken das Wesentliche und der beseelende Geist des Instituts sind, so macht dies die Gelübde, das Chorgehen und die übrigen religiösen Attribute nicht zum entbehrlichen Gebrauche oder zum leeren Tand, sondern sie sind eine ebenso nothwendige als wohlthätige Form, die ihren gediegenen Werth zur Aufrechterhaltung des Ganzen hat..." (zit. bei: KLEBER*, 34).

Mit andern Worten: Krankenpflege – das ist wirklich das, worauf es ankommt. Krankenpflege – das ist der Zweckparagraph des Vereins, der Grund, warum es die Elisabethinnen gibt. Aber deswegen werden religiöse Vollzüge wie Kontemplation, Meditation, Gebet,

Stundengebet, Eucharistiefeier nicht entbehrlich. Das ist nicht einfach sinnentleertes Getue, unnütz, ja schädlich. Die religiösen Vollzüge sind notwendig und wohltuend. Der Mensch darf nicht auf festgeschriebene Tätigkeiten hin verzweckt werden; er ist weit mehr als die Zwecke, die er verfolgt. Sobald er nur noch für Zwecke lebt, wird der Mensch von den Zwecken vereinnahmt. Er wird nicht mehr wissen, wer er ist. Das Unverzweckte, das scheinbar Unnütze, das keinerlei Interessen Dienende – das ist es, was den Menschen zum Menschen macht. Das Auge des Menschen ist auf Schönheit hin angelegt, auf das gebannte Schauen auf das Schöne, Bunte, Volle, auf Kontemplation, christlich gesprochen: auf das Erblicken der schönen Gestalt Gottes, die uns in der Inkarnation Gottes im Menschen Jesus entgegenkommt. Wo dieses Bedürfnis nicht auf seine Kosten kommt, da stirbt der Mensch selbst – wie soll er dann noch Kranke pflegen? Und wie kann er dann noch mehr und anderes sehen als nur Alzheimer, Altersbrand, ein gebrochenes Knie, den dritten Herzinfarkt, die Niere von Zimmer 13. Und wie kann eine Pflegerin noch anders den Kranken begegnen als nur so: hier einen Verband anlegen, dort eine Spritze geben, da jene Tablettenkombination verabreichen? Sie wird nur noch funktionieren, aber keinem mehr als Mensch in die Augen schauen können.

Das Ohr des Menschen ist darauf angelegt, Sinn zu vernehmen, Worte, Lieder, Musik zu hören, den eigenen Namen, die Stimme der Liebe, christlich gesprochen: das menschgewordene Wort Gottes, das wohlklingende Wort, das Hoffnung gibt, das Beschwingtheit auslöst, zum Tanz auffordert. Wo ein Mensch das Bedürfnis nach Sinn nicht mehr befriedigen kann, da stirbt er, mitten im Leben, und auch die Kranken sterben an der Sinnlosigkeit ihrer Pflegerinnen.

Der Mensch hat ein Bedürfnis nach Sein und Sinn. Er will einfach der sein, der er ist, erfahren, wer er ist. Das geschieht immer nur im unverzweckten, stillen Dasein vor Gott und im gemeinsamen Feiern dessen, der uns alle an seinen Tisch ruft und uns zu Schwestern und Brüdern macht. Wo dieses Bedürfnis nach der unverzweckten Festlichkeit des Lebens nicht zum Zuge kommt, stirbt der Mensch, und ein Krankenhaus verfehlt sein Ziel, wo die es tragenden Menschen – Ärzte/Ärztinnen, Pflegerinnen/Pfleger, Verwalter usw. – nur ökonomische Zwecke erfüllen, nicht aber ihr Bedürfnis nach Sein, nach unverzwecktem Dasein befriedigt sehen.

Die Stellungnahme der Elisabethinnen aus dem Jahre 1786 bringt es deutlich zum Ausdruck:

„Die Geschichte des Verfalls der hiesigen Spitäler, so reichlich auch ihre Stiftungen waren, dürfte wohl die untersuchende Aufmerksamkeit der Regierung verdienen; wir zweifeln, ob sie in diesen Zustand versunken wären, wenn sie in klösterliche Zwangsgesetze eingeengt gewesen wären: Sollten wir das gewiß nicht verdiente Unglück haben, zu bloß maskierten Krankenwärterinnen herabgesetzt zu werden, so können wir nicht dafür bürgen, ob es uns in der Folge besser gehen wird; denn wir werden nicht mehr vermögend seyn, Disciplin und Ordnung und dadurch die Sittlichkeit auf jener Höhe zu erhalten, auf die wir sie seit unserem Daseyn gehoben haben ..." (zit. bei: KLEBER*, 35).

Mit anderen Worten: Da geht wirklich alles kaputt, wo man so gründlich säkularisiert, daß das Bedürfnis nach Transzendenz nicht mehr gestillt werden kann. „Der Mensch lebt [eben] nicht allein vom Brot, sondern von jedem Wort, das aus dem Munde Gottes kommt" (Matthäus 4,4). – Die Schwestern weiter:

„Wir begreifen wahrlich nicht, was für ein Schaden für das Wohl der Menschheit daraus entspringet, wenn wir zum gemeinschaftlichen Gebethe uns täglich zwey oder dreymal im Chor gemeinschaftlich vereinigen. Abwechslung im Krankendienste müßte ja doch eintreten; was verschlägt es denn, wenn die Ausruhenden von Krankenbetten abgelöst in den Chor gehen? Keine Minute wird dadurch in Besorgung der Leidenden versäumt, die Zahl der Nonnen kann doch nicht wohl vermündert werden, wenngleich der bisher verteilte Kirchendienst aufhören sollte ..." (zit. bei: KLEBER*, 35).

Die Schwestern können mit Recht nicht begreifen. Die Argumentation ist schlüssig. Selbst dann, wenn man die Notwendigkeit religiöser Vollzüge nicht erkennt, ein diesbezügliches Verbot ist unsinnig. Erstens entsteht kein Schaden, zweitens müssen die Schwestern ja abgelöst werden, d. h. die religiösen Vollzüge fallen in die allen zustehende Freizeit. Daß drittens vom unverzweckten Dasein vor Gott, nicht zuletzt von der Musik an sonntäglichen Gottesdiensten, persönlichkeitsstiftende Wirkungen ausgehen, dürfte, meinen die Schwestern, ebenso klar sein. Das „Genießen" dieses

„schuldlosen Vergnügens" macht froher, mitleidiger, bereiter für den Krankendienst.

Eine ähnliche Bewandtnis hat es mit der Musik, mit der wir an Sonn- und Festtagen den Gottesdienst verherrlichen:

„Auch sie soll abgeschafft werden, ob es gleich erweislich ist, daß die Berufsgeschäfte nicht im Geringsten vernachlässiget werden. Was hat sie denn, das den Tadel verdient? Sollen wir bei den vielen Unannehmlichkeiten, mit denen das auf lebenslang uns fesselnde Krankenpflegen umwunden ist, gar keines schuldlosen Vergnügens genießen dürfen? Trägt nicht Musik selbst bey, die Klosterfrauen munterer, mitleidiger, weicher, folglich zu den Pflichten des Standes thätiger und besser zu machen?" (zit. bei: KLEBER*, 36).

Selbst aus ökonomischen Gründen, fügen die Schwestern hinzu, dürfte die religiöse Dimension nicht unterdrückt werden. Denn die freiwillige finanzielle Unterstützung durch die Bevölkerung sei gerade auch religiös motiviert. Ein Krankendienst, der sich nicht mit dem Gebet der Schwestern verbinde, würde nicht mehr unterstützt.

„Wenn man nun die ökonomischen Umstände einer genauen Untersuchung und Übersicht unterwirft, welche Resultate ergeben sich nicht zu unserem Vortheil und unserer Ehre: Ohngeachtet der steigenden Theuerung ... und der vermehrten Anzahl der Kranken sind unsere Schulden weit über die Helfte getilgt und noch Kapitalien angeleget worden: Freylich wäre dies ohne die unterstüzenden Beyträge mildthätiger Menschen nicht möglich gewesen: aber ohne eine klösterliche Verfassung zu haben, würden wir uns so vieler Gutthäter nicht zu erfreuen gehabt haben" (zit. bei: KLEBER*, 36).

Die Schwestern sollten Recht behalten. Die Behörde läßt sich nicht bewegen: Den Schwestern wird das religiöse Leben verboten, der Konvent verarmt, das Krankenhaus schließlich aufgehoben. 1829 – unter weniger religionsfeindlichen Bedingungen – werden Kloster und Krankenhaus wiederhergestellt. Die Lehre, die daraus zu ziehen ist, ist klar: Man darf Krankendienst nicht unter nur ökonomischen Gesichtspunkten betrachten. Wer den Menschen als bloße Funktion begreift, entmenschlicht den Menschen. Eine unmenschliche, gnadenlose, unbarmherzige Gesellschaft entsteht. Der Mensch will erfahren, wer er letztlich ist, und er will es feiern können. Erst dies macht eine echte Kultur der Barmherzigkeit möglich.

Widerspruch?

Steht das aber nun nicht doch im Widerspruch zu dem, was ich so leidenschaftlich und pointiert formuliert habe: daß es auf die religiöse Motivation letztlich gar nicht ankomme, sondern vor allem auf die liebende Tat?

Ich meine: Nein – es ist kein Widerspruch. Ich habe ja jedesmal die Wichtigkeit der religiösen Dimension unterstrichen. Eine Kultur der Seele – Distanz zu Arbeit, Meditation, Gebet, Kontemplation und ähnlichem – ist zumindest ein psychohygienisches Postulat. Ebenso notwendig ist das Fest für den sozialen Lebenskontext und für eine Lebensperspektive, die von der Hoffnung geprägt ist. Und von einem spezifisch christlichen Standort aus geht es um Offenbarung und Nachfolge. Man darf diese Dimensionen nicht streichen, wenn man Mensch und Christ bleiben will. Aber letztlich – ich bitte, dieses Wort zu unterstreichen – letztlich, am „Jüngsten Tag", wird es nur auf die liebende Tat ankommen. Auf dem Weg dahin jedoch muß das Letztgültige zuerst ansichtig, angeschaut, „Gegenstand" der meditativ-kontemplativen Aneignung werden, und zwar personal, aus der Tiefe und aus der Mitte heraus, nicht nur rituell, äußerlich und aus Gewohnheit.

Ausblick –
Eine Spiritualität für das dritte Jahrtausend

Nachdem ich die wichtigsten Ausdrucksformen der christlichen Spiritualität dargestellt und auch eine kritische Würdigung der sogenannten Esoterik versucht habe, möchte ich zum Abschluß einen Ausblick wagen und die Grundlinien für eine christliche Spiritualität der Zukunft zeichnen.

1 Selbstverständlichkeiten

Dabei gibt es einige Prinzipien, die an sich den Charakter von evidenten Selbstverständlichkeiten haben. Es gehört ja zu den erstaunlichen Gegebenheiten unserer Tage, dass diese einleuchtenden Grundbedingungen des Denkens überhaupt genannt werden müssen.

1.1 Eine Spiritualität der Zukunft kann nicht hinter die Hochreligionen zurückgehen

Zwar gibt es heute weltweit den Versuch, religiös-spirituelle Vollzüge aus vorchristlichen, vorbuddhistischen und anderen frühgeschichtlichen Kulturen zu identifizieren und wieder aufleben zu lassen. Dies jedoch ist aus verschiedenen Gründen unmöglich. Einmal vorausgesetzt, man könnte einzelne spirituelle Vollzüge aus einer primitiven Kultur herauslösen, blieben sie dennoch nicht das, was sie in Wirklichkeit waren. Es fehlt uns dazu der Lebenskontext, die diese Riten und Verhaltensweisen hervorgebracht haben und ihnen ihren Sinn gaben. Ein isolierter Ritus aus archaischer Zeit bleibt ohne den ursprünglich intendierten Sinn. Überdies können wir aus der jahrtausendealten Tradition, der wir angehören, nicht aussteigen, selbst wenn wir wollten; immer bleibt sie bewußt oder unbewußt – auch in der Form der Verneinung noch – der Deutehorizont, mit dem wir uns archaischen Praktiken anheimgeben würden. Schließlich ist die so breit akzeptierte Meinung der modernen religiösen Subkultur, wonach die Hochreligionen Abfalls- und Verratserscheinungen gegenüber der archaisch-naiven Religion darstellen, doch wohl alles andere als ein Dogma, das man unkritisch übernehmen müßte (vgl. dazu CHESTERTON*, 149–164). Wohl aber ist es möglich, uns wieder ansprechen zu lassen von der ganzen Breite der hinter uns liegenden Tradition. Da gibt es genug Vergessenes und Verdrängtes, auch Archaisches, das heute noch oder heute wieder seine Aktualität hätte. Niemals wird das aber gegen die Tradition geschehen können; nicht weil ein Lehramt das verhindern könnte, sondern weil es sich aus der Natur der Sache ergibt.

1.2 Eine Spiritualität der Zukunft kann auch nicht in einer selektiven Vermischung der Hochreligionen bestehen

Selbstverständlich leben wir heute in einem Zeitalter, in dem uns der Reichtum der großen religiösen Traditionen bewußt wird. Aber es ist unredlich, zum Beispiel den Buddhismus als angeblich vollkommenes Religionssystem gegen ein negativ verstandenes Christentum auszuspielen. Wie es unredlich ist, einen negativ erlebten Buddhismus mit einem unkritisch übernommenen Christentum zu vertauschen. Ein genaueres Hinschauen würde sofort zeigen, daß sämtliche religiösen Systeme eben menschliche Gebilde sind – mit den genau gleichen Mängeln, die man der eigenen Tradition anlastet. Der historische Buddhismus ist nicht weniger leib- und sexualfeindlich als das historische Christentum (vgl. zum Beispiel TRIMONDI*). Noch viel grundsätzlicher aber ist die Unvereinbarkeit der beiden Traditionen (TIEDEMANN*). Der Buddhismus lebt unter anderem wesentlich von der Vorentscheidung, daß die Welt, die wir mit unseren Augen sehen und mit unseren Händen berühren, eine bloße Illusion ist. Wir müssen sie als solche entlarven und durch entsprechende meditative Praktiken mühsam zur Wahrheit bzw. Wirklichkeit gelangen, die hinter allen Erscheinungen liegt, zur „Leere", zum „Nichts".

Die jüdisch-christliche Tradition lebt ebenso entschieden von der entgegengesetzten Vorentscheidung: Die Welt, der wir sehend und greifend gegenüberstehen, existiert in Tat und Wahrheit, und wir müssen sie umgestalten – auf ein vorherbestimmtes Ziel hin. Welche der beiden Entscheidungen letztendlich die richtige ist, muß in der Schwebe bleiben. Und darum braucht es religiöse Vollzüge, die diesen Schwebezustand im Weltganzen im Gleichgewicht halten.

Etwas Ähnliches gilt für die monotheistischen Religionen. So glaubt der Jude an die bloße Zukünftigkeit der Erlösung, der Christ jedoch an die bereits geschehene, wenn auch noch nicht endgültige Erlösung durch Gott (vgl. LYOTARD*). Was ist wahr? Es ist der Menschheit als ganzer mehr gedient, wenn sich die Religionen auf ihr spezifisches Gewicht besinnen und es dann in der interreligiösen Begegnung zur Geltung bringen. Das heißt nicht, daß wir im Konkreten nicht bereits jetzt schon vieles voneinander lernen könnten. Ebenso wenig heißt es, daß wir die Hoffnung auf eine friedliche Ökumene der Weltreligionen und unter Umständen auf eine neue Religion oder Mystik aufgeben müßten, die alle jetzigen religiösen Traditionen überbietet und in sich aufhebt. Im Gegenteil! Diese Ökumene und die hoffentlich durch echten Dialog und Begegnung entstehende Religion werden erst durch die Herausstellung des eigenen Profils möglich.

1.3 Eine Spiritualität der Zukunft wird demnach als genuine Entwicklung aus den Traditionen hervorgehen müssen

Dazu braucht es nicht nur den bewußten Nachvollzug der eigenen Tradition, besser gesagt: die Entdeckung des eigenen mystischen Profils, sondern auch den Willen, den Realitäten des neuen Jahrtausends zu begegnen.

Unter dieser dreifachen Voraussetzung möchte ich nun die Grundlinien einer künftigen christlichen Spiritualität skizzieren, die der christlichen Tradition verpflichtet ist.

2 Menschsein im dritten Jahrtausend

Die Rede vom dritten Jahrtausend setzt einen maßgebenden Anfang voraus und einen Fortgang, der sich daran mißt. Dieser Anfang ist historisch mit der Geburt Jesu von Nazaret und theologisch mit dem Realsymbol „Inkarnation Gottes" gesetzt und müßte eigentlich in einem zunehmenden Maß zur Humanisierung des Menschen führen. Diese Logik ist allerdings nach 2000 Jahren Christentum nirgendwo in der konkreten geschichtlichen Welt abzulesen. Schon eher müßten wir von einer immer größeren Entfernung vom gesetzten Anfang, möglicherweise sogar von der Verdunstung des Anfangs sprechen.

2.1 Humanisierung als Programm

Trotzdem ist es unsere Hoffnung, daß wir als Menschen doch noch unsere Identität finden. Sowohl in der semitisch-biblischen als auch in der abendländisch-lateinischen Welt gibt es dafür bereits in der Benennung des Menschen eine großartige Vorgabe. „Adam"/„homo" – das ist nicht nur ein Name, sondern auch ein Programm: Der Mensch ist aufgrund seiner Herkunft und seines Schicksals ein „Erdling". Er wird darum nur Mensch sein können, wenn er seine Herkunft radikal bejaht und sich bleibend mit der Erde verbunden weiß. Dieses Humanisierungsprogramm könnte man mit jenem spirituellen Verhaltensmuster in Verbindung setzen, das man „humilitas" nennt und eigentlich mit der üblichen deutschen Übersetzung „Demut" meint: Erdnähe, liebende Nähe zur Erde.

Freilich trägt der Mensch die Freiheit in sich, sich von seiner Herkunft, der Erde, zu entfernen und „überheblich" zu werden. Er ist dermaßen „machtbesoffen", daß er sich immerzu über andere setzen will und über Leichen geht, nur „um über anderen zu torkeln" (Richter 9,3). Immer wieder will er auch sein wie Gott, wie ein Engel, wie ein Wesen ohne Fleisch und Blut. Immer wieder will er sich vom Boden der Realität lösen und ein eremitisches, asoziales, beziehungsloses Wesen realisieren. Er baut sich Türme, die die Erde verachten und den Himmel berühren, heute sogar Weltraumstationen, wo er die biologischen Bedingungen der Erde zwar nachzuahmen versucht, gleichzeitig aber seine Herkunft vergißt. Es fehlt überdies nicht an Stimmen, welche sich bewußt von den biologischen Bedingungen unseres Menschseins trennen wollen. Das Leben in den virtuellen Welten des Computers oder gar die Unsterblichkeit des Menschen in der Form sich selbst emulgierender Maschinen sind heute zu Wunschvorstellungen geworden, die das bisherige Menschenbild verdrängen wollen (vgl. ROTZETTER* Y, 112ff). Dies alles führt zur Enthumanisierung des Menschen und seiner Welt.

Diese Enthumanisierung kann sogar biologisch begründet werden. So ist es heute üblich geworden, das Selektionsprinzip unhinterfragt und ohne weiteres in den sozialen Bereich des Menschen zu übertragen. Jeder Mensch, heißt es dann, schaut nur auf sich selbst. Er verfolgt nur ein Ziel: daß er selbst durchkommt – gegen alle anderen. Er ist ein hoffnungsloser Egoist, der nur sich selbst kennt und die eigene Macht und Größe durchzusetzen versucht. Einzig die Macht des Stärkeren zählt in der Natur und erst recht in der Welt des Menschen. Dieses biologische Selektionsgesetz gilt also auch im Bereich des Sozialen und des Menschlichen.

Eine solche Position kann natürlich kritisch befragt werden: Wie steht es dann mit der Freiheit des Menschen? Ist der Mensch nicht gerade dadurch zu definieren, daß er sich dem bloßen Naturgesetz entzieht und nach anderen Gesetzen leben kann? Ist es nicht gerade seine spezifische Aufgabe, die Erde als seine und aller Menschen Heimat zu begreifen und sich darum hinunterzubeugen zum Humus, aus dem er stammt?

2.2 „Humiliatio" als Humanisierungsprogramm

Schon auf den ersten Seiten der Bibel zeigt sich, daß „Humiliatio" ein göttliches Projekt ist: Gott neigt sich über ein Häufchen Humus, das er formt und dem er seinen Atem einhaucht. Das Ergebnis dieser liebenden Zuwendung zur Erde ist der Mensch, der „Erdling". Und das Volk Israel lebt von einem Gott, der herabschaut vom Himmel auf die Erde (Psalm 53,3; 120,20). Darum betet es: „Blicke herab von deiner heiligen Wohnung vom Himmel, und segne dein Volk Israel und das Land, das du uns gegeben, wie du es unseren Vätern geschworen hast, ein Land, das von Milch und Honig überfließt" (Deuteronomium 26,15). Im Zentrum alttestamentlicher Aussage steht darum auch, daß Gott die Versklavung des Menschen durch Herrschaftsmonopole nicht gleichgültig bleiben kann: Er sieht das Elend seines Volkes, er hört das Geschrei der Versklavten, er „kennt den Schmerz"; er steigt herab in die tiefsten Tiefen des Menschen, um sie heraufzuführen (Exodus 3,7f). In diesen wenigen Sätzen wird ein spirituelles Humanisierungsprogramm greifbar, eine Spiritualität, die sich an die „humiliatio", an die Herabkunft bzw. die Erniedrigung Gottes bindet, etwas, was Maria in ihrem berühmten Gesang (Lukas 1,46ff) auf sich selbst und auf ihre Schwangerschaft und so dann auch auf die ganze Menschheit bezieht.

Was dieses göttliche Humanisierungsprojekt vor allem kennzeichnet, ist seine Gegenläufigkeit zum biologischen Selektionsprinzip. Es vertritt gerade nicht die Macht des Stärkeren, sondern ermächtigt die Schwachen: Gott schlägt sich auf die Seite der Ausgestoßenen, Versklavten, Armen, um ihnen zu einer besseren Zukunft zu verhelfen. Gerade dieses ganz andere, allen biologischen Gegebenheiten entgegenlaufende Prinzip ist es, das Maria in ihrem bereits erwähnten Gesang preist.

Das Neue Testament wählt für dieses göttliche Humanisierungsprogramm das Wort „Inkarnation" (Johannes 1), deutsch gesagt: die „Einfleischung" Gottes. Gott wird Mensch, er geht ein in die Hinfälligkeit und Bedürftigkeit, in die Sterblichkeit und Schwäche, in die Niedrigkeit und Endlichkeit, die den Menschen kennzeichnen, in die „infirmitas" und „necessitas", wie FRANZ* von Assisi (Brief an die Gläubigen II, 1) die menschliche Situation gesamthaft definiert. Paulus spricht auch von der Vernichtung Gottes, von der völligen Entleerung Gottes (= „Kenosis": vgl. Philipper 2,5) in das menschliche Dasein hinein.

Damit ist ein zweifaches gesagt:

(1) Die Endgültigkeit des Humanisierungsprogramms Gottes: Gott kann sich nicht mehr aus der Geschichte zurücknehmen. Seine Erdhaftigkeit = Humanitas (Menschhaftigkeit) = Humilitas (Erdverbundenheit) ist eine endgültige. Das Schicksal der Erde ist das Schicksal Gottes selbst.

(2) Damit wird Gott selbst das geschichtliche Subjekt seines seit Anfang der Schöpfung bezeugten Humanisierungsprogramms. Er

erleidet und entscheidet das Schicksal der Welt: Kreuz und Auferstehung.

Insgesamt darf als große Aussageintention der Bibel festgehalten werden: Gott verfolgt in seiner Schöpfung nicht nur ein individuell-mystisches, sondern ebenso ein sozial-universales Ziel: Er will, um es mit den Worten Jesu im „Vater unser" zu sagen, das Reich Gottes realisieren, „wie im Himmel so auch auf der Erde".

2.3 Christsein als Spiritualität des Menschseins

Was ich in diesem Buch dargestellt habe, sind letztlich nichts anderes als die Akzente, welche die christliche Spiritualität innerhalb dieses Inkarnationsgedankens gesetzt hat. Nichts anderes gilt es auf der Ebene des Seins zu vollziehen als diese konsequente Einbettung in den Humus. Was BENEDIKT* mit seinem zwölfstufigen „Erdungsweg" (RB 7) meint, muß heute mit der Brille der weltweiten Solidarität und des konsequent ökologischen Verhaltens gelesen werden. Menschlichkeit und Schöpfung sind die beiden Pole einer Spiritualität, die dem Inkarnationsgeschehen verpflichtet bleibt. Wir haben gesehen, wie sehr diese Spiritualität Orientierung und Halt bedeutet in einer Welt, in der alle Fixpunkte am Sinn- und Erfahrungshorizont des Menschen ausradiert sind. Der Mensch sehnt sich nach der Burg, der Zuflucht, der Heimat in einer unübersichtlichen, fremd gewordenen, schnell sich verändernden Welt. Er braucht auch die Erfahrung des Endgültigen in der Zeit und eine stets um sich greifende Humanität. Die benediktinisch-monastische Spiritualität wird auch im dritten Jahrtausend aktuell sein, sofern sie sich von einem weltfremden und aszetischen Projekt zu einer menschen- und schöpfungsorientierten Daseinsform fortentwickelt.

2.4 Franziskanisches Programm

Das gilt auch für die Benedikt ergänzende, komplementäre Lebensform, die franziskanische Spiritualität. Lange Zeit, ja eigentlich bis heute, hat sich das Christentum an die beiden Endmarken der „Biographie Jesu" gehalten. Kreuz und Auferstehung waren die Stichworte der Erlösungslehre. Das öffentliche Leben Jesu spielte darin kaum eine Rolle. Das gleiche gilt für die Inkarnation. Weihnachten war mehr ein Zugeständnis an die Volksfrömmigkeit, aber letztlich ohne theologischen Akzent. Damit wurde aber das großartige Humanisierungsprojekt Gottes seiner eigentlichen Aussage beraubt.

Bei Franz von Assisi greifen wir nun eine Inkarnations- und Kenosis-Spiritualität, die ganz andere Perspektiven eröffnet. Er spricht vom „Fest der Feste", wenn er von Weihnachten spricht (ROTZETTER* Z). Die Inkarnation wird so zum umfassenden Realsymbol, in dem das ganze Erlösungsgeheimnis verdichtet ist und von dem auch Kreuz und Auferstehung Ausdruck und Entfaltung sind. Im Kreuz, im Scheitern noch, bleibt sich Gott treu als derjenige, der die Erde liebt. In der Auferstehung wird offenkundig, daß der Tod nicht das Ende ist und „der Leib das Ende aller Wege Gottes" (J. Chr. Oettinger, in: ROTZETTER* Y, 121). Wir bekennen darum – wider alle Vernunft! – „die Auferstehung des Leibes", des Fleisches, des Menschen und – mit ihm! – der Erde und des ganzen Universums. Denn die Auferstehung des „Homo" (des Menschen) ist auch die Auferstehung des „Humus", der Erde, von der er genommen ist.

Deswegen ist der „homo humilis"/"der erdhafte Erdling" der wahre Mensch. Franziskus geht darum „barfuß" über die Erde, weil er ihr so nahe sein und bleiben will. Aus der Erde stammt ein anderes Zeitmaß: Inständigkeit statt Ausdehnung. Franziskus wußte schon damals, daß wir um unserer Zukunft willen eine „Entschleunigung" der Zeit brauchen (REHEIS*). Die Erde ist seine „Mutter", der er zeit seines Lebens zärtlich verbunden ist. Er läßt sich, bevor er stirbt, nackt auf den nackten Boden „ausbreiten", um seine Endlichkeit anzunehmen und empfänglich zu sein für das Kleid der Unsterblichkeit. Er bekennt sich zum „Basisstand" (2 Cel 148) in Gesellschaft und Kirche, weil ihm jedes Machtstreben und jede Überheblichkeit zuwider sind. Er schließt die isolierende Hierarchisierung der Gemeinschaft aus, weil Dienen, Geschwisterlichkeit, Aufeinanderhören „erdnahe" Grundhaltungen sind.

Es ist bezeichnend, daß Franziskus an einem Weihnachtsfest seine eindrückliche Tatprophetie setzt: Als er sieht, daß man einen „Minister"/= Diener, also den Bruder, der der Gesamtheit der Brüder verantwortlich zu dienen hat, auf ein Podest und vor eine reich gedeckte Tafel setzt, verläßt er seine Bruderschaft – und kehrt als Bettler zurück, der sich auf den nackten Erdboden setzt und dort ißt, was man ihm gibt. Wer sich im Raum der Inkarnation Gottes bewegt, kann sich nicht über andere erheben (2 Cel 61). Bei Franziskus hat das grundsätzlichen Charakter. Darum steht er auch als der schlichte Bruder vor dem Stein, der blühenden Blume, dem bellenden Wolf, der Frau, dem Mann, ja auch vor dem Räuber und Sünder. Er zeigt uns, daß der „homo humilis" gleichzeitig der Bruder, die Schwester aller Geschöpfe ist.

Anders als Benedikt will Franziskus diesen Gedanken in der Vorläufigkeit leben, im Provisorium (MERTENS*). Nichts auf dieser Welt darf den Charakter des Absoluten an sich tragen: Geld, gesellschaftliche Strukturen, Bündnisse, gedankliche Systeme, Erreichtes – alles ist relativ, vorläufig, auf Gott hin zu übersteigen. So wird auch die franziskanische Spiritualität Zukunft haben, wenn sie sich von einem bloß innerweltlichen Konzept wandelt zu einer wirklich ökologischen und humanen Spiritualität, die den Verweis auf das Absolute in sich trägt.

2.5 Vermittlungs- und Erschließungsspiritualität

Ebenso wie die Seinsspiritualitäten werden die Funktionsspiritualitäten des Dominikus und des Ignatius ihren Weg ins dritte Jahrtausend gehen, sofern sie die Inkarnation als mystische Mitte schauen und als konzentrierenden Gedanken begreifen. Was anderes gilt es in der Kontemplation zu bewundern und zu bestaunen oder in der Tat und in der Begegnung zu entdecken als das Geheimnis des eingefleischten Gottes und der Möglichkeiten, die damit für die Gestaltung des Menschseins und der Schöpfung gegeben sind?

Nach zweitausend Jahren ist es höchste Zeit, daß wir wirklich Maß nehmen an Jesus von Nazaret, in dem Gott eingegangen ist in das Fleisch des Menschen. Der „homo humilis" ist der Mensch des dritten Jahrtausends. Von dieser Perspektive hängt es ab, ob wir eine gute Zukunft haben.

3 Der Gott des dritten Jahrtausends

In den bisherigen Ausführungen über den Menschen war bereits vom biblischen Gottesbild die Rede. Dies möchte ich jetzt aber noch ganz kurz verdeutlichen.

Kürzlich hatte ich über die matthäische Aussendungsrede (vgl. Matthäus 10) zu predigen. Der Inhalt dieser Rede ist das Reich Gottes, das historisch greifbar sein sollende soziale Projekt, das Gott seit Urbeginn der Schöpfung zum Ziel hat: daß Gott alles in allem werde – und so der Mensch und die ganze Schöpfung im göttlichen Glanz erscheinen – frei von allem Bösen und frei zu allem Guten. Zwar ist die Mission in der Fassung des Matthäus zunächst noch auf das Volk Israel eingeschränkt, wird aber dann gerade von dem gleichen Evangelisten auf das Universum ausgedehnt (28,18ff).

Aber hören wir doch einmal die wesentlichen Sätze dieser Missionsrede (9,35 – 10, 8):

„Jesus zog durch alle Städte und Dörfer, lehrte in ihren Synagogen, <u>verkündete das Evangelium vom Reich</u> und *heilte alle Krankheiten und Leiden.* Als er die vielen Menschen sah, hatte er Mitleid mit ihnen; *denn sie waren müde und erschöpft* wie <u>Schafe, die keinen Hirten haben.</u> Da sagte er zu seinen Jüngern: Die Ernte ist groß, aber es gibt nur wenig Arbeiter. Bittet also den Herrn der Ernte, Arbeiter für seine Ernte auszusenden. Dann rief er seine zwölf Jünger zu sich und gab ihnen die Vollmacht, *die unreinen Geister auszutreiben und alle Krankheiten und Leiden zu heilen.* ... Geht und <u>verkündet: Das Himmelreich ist nahe.</u> *Heilt Kranke, weckt Tote auf, macht Aussätzige rein, treibt Dämonen aus!* Umsonst habt ihr empfangen, umsonst sollt ihr geben."

Wenn man diesen Text unvoreingenommen liest, wird man sofort erkennen, wie sehr das traditionelle Missionsverständnis ein Holzweg war. Ich habe innerhalb des Zitates zwei von einander zu unterscheidende Elemente herausgestellt:

(1) <u>Die Vertikale</u> (unterstrichen): die Herausrufung (Evokation) der befreienden Gegenwart Gottes bzw. die Feststellung von dessen Nicht-Gegenwart. Dies ist nicht im Sinne einer neuen Gotteslehre gedacht, die man gegenüber anderen Lehren durchsetzen und dann

auch abgrenzen müßte. Der Gott, den es hervor- und herauszurufen gilt, ist gerade nicht ein Gott, der sich begrifflich oder bildlich oder gar dogmatisch vermitteln läßt. Dieser Gott ist „Jahwe", „der/die/das Ich-bin-da" – lauter Beziehung, Zuwendung, Zusage, Gegenwart, befreiende Kraft. Er/sie/es sieht das Elend seines Volkes, er/sie/es steigt „hinab", um sein Volk „hinaufzuführen" (Exodus 3,7f) „in das Land, das von Milch und Honig führt" (Deuteronomium 26,15). Das Christusereignis, das wir glauben, ist nichts anderes als die Verdichtung dieses göttlichen Programms der Selbstvergegenwärtigung, wie ich im ersten Abschnitt dieses Kapitels gezeigt habe. Wenn Jesus von Mitleid ergriffen wird für die Menschen, die wie Schafe sind, die keinen Hirten haben, dann ist nichts weniger gemeint als das Fehlen des Gottesbezuges im eben genannten Sinn. Dieses Defizit an Gotteserfahrung zeigt sich horizontal: Das Volk ist versklavt und erschöpft. Und Jesus ist „von den gleichen Gefühlen" erfüllt wie Jahwe, der sein Volk verschmachten sieht.

(2) *Die Horizontale* (kursiv): Das menschliche Dasein an sich und das Zusammenleben der Menschen müssen sich in dem Moment ändern, wo „der/die/das Ich-bin-da" offenbar bzw. gegenwärtig wird: Krankheiten und Leiden werden geheilt, Resignation und Erschöpfung haben ein Ende und machen der Hoffnung und dem Leben Platz, alles Dämonische wird in seine Schranken gewiesen, aller Aussatz und jede Ausgrenzung hat ein Ende, ja, selbst Tote leben auf. Anders gesagt: Gottes Gegenwart erweist sich – horizontal! – im heilenden, befreienden, lebensstiftenden Dienst, den die Jüngerinnen und Jünger Jesu an den Menschen tun.

Es geht also um das radikale selbstlose Sich-in-Beziehung-Setzen des Menschen, in dem „der/die/das Ich-bin-da" vermittelt wird, und zwar wesentlich im befreienden, heilenden, lebenzeugenden Handeln. Da ist keinerlei Dogmatik zu vermitteln, sondern nur das befreiende, heilende und lebenzeugende Handeln Gottes selbst. Freilich wird dann der gekreuzigte und auferweckte Jesus den Missionsauftrag prägen. Aber ist das ein Inhalt, ein Dogma, das man weltweit zu glauben vorstellen muß? Oder nicht vielmehr noch einmal die Radikalisierung der Beziehungsdimension in die totale Bedingungslosigkeit der Liebe hinein, die keine andere Hoffnung mehr hat als die Gegenwart des Tote erweckenden „Der/die/das Ich-bin-da"?

Da gibt es also eine innere Kongruenz von Vergegenwärtigung Gottes und Humanisierung der Welt. Eine Spiritualität der Zukunft muß sich also vor allem dieser großartigen Vision „des/der/des Ich-bin-da" aussetzen, wie sie in den erst- und zweittestamentlichen Texten so facettenreich ausgelegt wird. Je mehr diese Gotteserfahrung den Menschen durchdringt, um so mehr wird er sich zum Wohl der Menschen einsetzen können.

4 Die Zehn Grundübungen der Spritualität des dritten Jahrtausends

Aus den vorausgegangenen Gedanken möchte ich nun zehn Grundübungen vorschlagen, welche für eine künftige Spiritualität wichtig sein könnten. Unschwer ist zu erkennen, daß die zehn Gebote der Bibel Pate gestanden haben.

Spiritualität ist die Art und Weise, wie ich mich als Mensch ganzheitlich – mit Leib, Seele und Geist – zur Gesamtwirklichkeit verhalte. Ich weiß, daß dies keine Selbstverständlichkeit ist, sondern der täglichen Übung bedarf:

1 Ich erspüre in allem

- das unaussprechliche Geheimnis, das alles begründet, umfaßt, durchdringt und begleitet ...
- die Gegenwart, die mich ganz persönlich meint und anspricht ...
- die Macht, die Freiheit will und zur Freiheit führt ...
- Gott, der „herabsteigt" ins Elend des Menschen und sich mit den Schwachen, den Armen, den Ausgegrenzten, den Fremden identifiziert ...
- Gott, der mich an seine Seite ruft, um Gerechtigkeit zu schaffen, Frieden zu stiften und die Schöpfung zur Geltung zu bringen ...

2 Ich entsage der Versuchung, das Geheimnis

- aus-zumalen und darzustellen ...
- in Begriffe und Sätze einzuschließen ...
- in Sprache aus-zusagen und aus-zudeuten ...

212

- in Systeme einzuordnen...
- oder sonstwie dogmatisch und vorstellungsmäßig durchzusetzen...

3 Ich glaube, daß sich dieses Geheimnis aus sich heraus

- zu mir und zur Welt in Beziehung setzt...
- für mich und die ganze Welt da ist...
- sich zeigt...
- spricht...
- herausfordert...
- sendet...

4 Ich schaue auf das Lebensmodell, das uns in Jesus von Nazaret gegeben ist und über dem der Lichtglanz Gottes aufgeleuchtet ist – für Zeit und Ewigkeit:

- auf das Kind, das in der Krippe zwischen Ochs und Esel liegt – und auf alle Kinder, die in Not und Elend zur Welt kommen müssen...
- auf den Mann, der sich leidenschaftlich und konsequent für den Menschen einsetzt: den schuldig Gewordenen, den Kranken, den Aussätzigen – und dem nichts heiliger ist als der Mensch...
- auf den Menschen, der für dieses Engagement den Preis bezahlt und ermordet wird, der bis zum letzten Atemzug liebt, vergibt, sich hingibt...
- auf den Auferstandenen, der jetzt über sechs Milliarden Gesichter hat und aus jedem heraus mir zuruft: „Ich bin es!" Ich: „der/die/das Ich-bin-da"...

5 Ich gönne mir Sabbatzeiten:

- die Unterbrechung der vorwärtsdrängenden Zeit: indem ich jede Stunde, wenn auch nur für eine Sekunde innerlich aufblicke zum Geheimnis, das mich umgibt und mir innewohnt; indem ich regelmäßig Pausen mache, um mir die Göttlichkeit meines menschlichen Daseins ins Bewußtsein zu rufen; indem ich den Morgen, den Abend, die Essenszeiten bewußt gestalte (Gebet, Meditation, Ritual); indem ich dem Schlaf sein Recht und seine Würde gebe, vielleicht auch mitten am Tag...

- die Verlangsamung und Entschleunigung des Lebens: indem ich mir Zeit lasse, an ein Ziel zu gelangen; indem ich viel zu Fuß gehe, um intensiver in der Wirklichkeit zu stehen; indem ich, wenn immer möglich, dem langsameren Verkehrsmittel den Vorzug gebe und den Flugverkehr (auch aus ökologischen Gründen) meide ...
- freie Tage und Ferien, um in Distanz zu gehen zur Welt der Arbeit, zu Werk und Leistung, um mich zu erholen und meine Kräfte zu regenerieren ...
- den Sonntag, um mit Freude und Lust zurückzuschauen und nach vorne zu blicken; um den Sinn meines Lebens zu entdecken und zu feiern; um die Würde meines menschlichen Lebens in Muße zu erleben; um das Fest der Auferstehung und der unzerstörbaren Hoffnung zu begehen, die Gegenwart Gottes zu besingen und mich in den Bund der universalen Liebe einbinden zu lassen – zusammen mit andern, die mit mir das Brot des unvergänglichen Lebens und den Wein der unbändigen Freude teilen ...

6 Ich sage ein entschiedenes Nein zu allem, sofern es göttlichen Anspruch erhebt und in Konkurrenz zum besungenen Geheimnis steht:

- zu Geld, Erfolg und Karriere ...
- zu Schnelligkeit, Größe und Macht ...
- zu Familie, Stand, Rasse und Nation ...
- zu Staat, Institution und Gesetz ...
- zu Wissenschaft, Technik und Ökonomie ...
- zu Gewohnheit, Tradition und Lehre ...

7 Ich begreife mich als aktives Glied der Kirche, weil nur so das Geheimnis lebendig bleibt und wächst; zusammen mit andern will ich

- das Wort hören, das Sinn stiftet ...
- das Leben empfangen, das den Tod überwindet ...
- die Finger in die Wunden des auferstandenen Gekreuzigten legen ...
- die Lieder der Hoffnung singen ...

- Gemeinschaft und Beziehungen leben ...
- ein Stück Welt gestalten ...
- die Zukunft einüben, in der die ganze Welt am gleichen Tisch satt wird ...

8 *Ich suche mir Hilfen zur Gestaltung meiner Innerlichkeit, meide aber den ständigen Wechsel, weil nur Mühe und Ausdauer, Beständigkeit und Kontinuität zum Ziel führen. Ich will mich einüben*

- in das bedingungslose Hören ...
- ins selbstlose Lesen der heiligen Schriften ...
- in das beredte Schweigen ...
- in die Stille ...
- in die Wahrnehmung des anderen ...
- in das schlichte Dasein ...

9 *Ich suche das individuelle Antlitz der Geschöpfe, weil nur so das Geheimnis Gottes ein Gesicht bekommt – im Antlitz*

- des Menschen ...
- des Tieres ...
- der Pflanze ...
- der Steine ...
- des Wassers ...
- der Erde ...

10 *Ich lebe einen bewußt ökologisch-solidarischen Lebensstil*

- saison- und umweltgerecht (auch vegetarisch) ...
- Produkte aus gerechtem Handel ...
- gast- und fremdenfreundlich ...

PS: Der immense Fleischkonsum ist inzwischen die wichtigste Ursache für die Zerstörung der Ozonschicht.

Literaturverzeichnis

*Mit integriertem Abkürzungsverzeichnis – bei mehreren Werken des glei-
chen Autors folgt nach der Quellenangabe eine Bezeichnung mit A, B,
C..., entsprechend den Hinweisen im Buch.*

Anand, M.: Ekstase für jeden Tag. Der Tag zum tantrischen Lebensgefühl,
München 1999

Assfalg, W.: Erlebtes Heiligkreuztal, Heiligkreuztal 1992

Assmann, J.: Moses der Ägypter. Entzifferung einer Gedächtnisspur,
Darmstadt 1998

Ausserleitner, W.: In Ihm leben wir. Eine beziehungstheologische und
beziehungsdynamische Sicht religiöser Entwicklung (Europäische
Hochschulschriften, Bd. XXIII/517), Bern 1994

Bahro, R.: Logik der Rettung. Wer kann die Apokalypse aufhalten? Ein
Versuch über die Grundlagen ökologischer Politik, Stuttgart 1987

Balthasar, H. U. von (Hg.): Die großen Ordensregeln, Zürich 1961 (= A)

Balthasar, H. U. von: Herrlichkeit. Eine theologische Ästhetik. I: Schau
der Gestalt, Einsiedeln 1961 (= B)

Balthasar, H. U. von: Texte zum ignatianischen Exerzitienbuch. Auswahl
und Einleitung von J. Servais, Freiburg i. Br. 1993 (= C)

Balthasar, H. U. von: Therese von Lisieux. Geschichte einer Sendung,
Köln 1950 (= D)

Baudler, G.: El – Jahwe – Abba. Wie die Bibel Gott versteht, Düsseldorf
1996

Bedouelle, G., Dominikus. Von der Kraft des Wortes, Graz 1984

Beierle, Th.: Therese von Lisieux, in: *Rotzetter, A.* (Hg.): Seminar Spiritualität 4: Geist und Kommunikation. Versuch einer Didaktik des
geistlichen Lebens, Zürich 1982, 299–324

Benz, R.: Die Legenda aurea aus dem Lateinischen, Heidelberg [4]1963

Berger, J.: Mit Steinen leben, in: Monde diplomatique, Nr. 11/November
1997, 3

Bischof, G.: Wege durch die Nacht. Schriftliche Arbeit, Manuskript 1998

Biser, E.: Glaubensbekenntnis und Vaterunser. Eine Neuauslegung, Düsseldorf 1993

Blondel, M.: Logik der Tat, Einsiedeln 1957

Böhme, W./Sudbrack, J.: Der Christ von morgen – ein Mystiker? Grundformen mystischer Existenz, Würzburg 1989

Bohnet, H.: Zeitgeist und Spiritualität – Analysen und Themen, in:
http://kirche.kath.de/kfa/zgei03.htm (27 Feb 96)

Bonaventura: Großes Franziskusleben: Franziskus, Engel des sechsten Siegels. Sein Leben nach den Schriften des heiligen Bonaventura. Einführung, Übersetzungen, Anmerkungen von S. Clasen (= Franziskanische Quellenschriften 7), Werl 1962 (= A)

Bonaventura: De reductione artium ad theologiam, München 1961 (= B)

Boros, L.: Befreiung zum Leben. Die Exerzitien des Ignatius von Loyola als Wegweisung für heute, Freiburg i. Br. 1977

Bund des heiligen Franziskus mit der Herrin Armut, Der: Einführung, Übersetzung, Anmerkungen von K. Esser und E. Grau (= Franziskanische Quellenschriften 9), Werl 1966 – Neue textkritische Ausgabe: *Brufani, S.*, Sacrum commercium sancti Francisci cum domina Paupertate, Assisi 1990

CCFMC: Prophetische Kritik am kapitalistischen und marxistischen System aus franziskanischer Sicht: Lehrbrief 21, Missionszentrale der Franziskaner, Bonn 1997

Cel = Celano, Thomas von: Leben und Wunder des hl. Franziskus von Assisi. Werl 1964 (= Franziskanische Quellenschriften 5); 1 Cel = Erste Lebensbeschreibung; 2 Cel = Zweite Lebensbeschreibung; die Zahl danach bezeichnet den betreffenden Paragraphen

Chesterton, G. K.: Ketzer. Eine Verteidigung der Orthodoxie gegen ihre Verächter, Frankfurt/Main 1998

Chouraqui, A.: La Bible, Paris 1986

Coelho, P.: Der Alchimist, Zürich 1996

Corpus Hermeticum (hrsg. v. Arthur D. Nock / Jean-André Festugière). 4 Bände, Paris 1973–80

Csikszentmihalyi, M.: Das Flow-Erlebnis, Stuttgart 1985

Dalarun, J.: Erotik und Enthaltsamkeit. Das Kloster des Robert von Arbrissel, Frankfurt/M. 1987

De Mello, Anthony: Eine Minute Weisheit. Aus dem Engl. V. Ursula Schottelius, Freiburg i. Br. [10]1998

Dinzelbacher, P.: Wörterbuch der Mystik. Unter Mitarbeit zahlreicher Fachwissenschaftler, Stuttgart 1989 (= A)

Dinzelbacher, P.: Heilige und Hexen? Schicksale auffälliger Frauen in Mittelalter und Frühneuzeit, Zürich 1995 (= B)

Dirks, W.: Die Antwort der Mönche. Zukunftsentwürfe aus kritischer Zeit von Benedikt, Franziskus, Dominikus und Ignatius, Olten 1968

Dobhan, U.: Die Spiritualität des Karmel, in: *Rotzetter, A.* (Hg.): Seminar Spiritualität 4, aaO., 119–143

Domin, H.: Das Gedicht als Augenblick von Freiheit. Frankfurter Poetik-Vorlesungen, München 1988

Douglas-Klotz, N.: Das Vaterunser. Meditationen und Körperübungen zum kosmischen Jesusgebet, München 1992

Eco, U.: Die Grenzen der Interpretation, München 1992 (= A)

Eco, U., in: *Martini, C. M./Eco, U.*: Woran glaubt, wer nicht glaubt? Mit einem Vorwort von Kardinal König, Wien 1998(= B)

Einhorn, E.: Das Bild als Zeichen. Einführung in die christliche Ikonographie, in: *Rotzetter, A. (Hg.)*: Seminar Spiritualität 4, aaO., 73–90

Esotera: Das Magazin für neues Denken und Handeln, (Freiburg) 4/1999

Esser, K.: Anfänge und ursprüngliche Zielsetzungen des Ordens der Minderbrüder, Leiden 1966

Falkner, A./Imhof, P.: Ignatius von Loyola und die Gesellschaft Jesu 1491–1556, Würzburg 1990

Fleckenstein, K. H.: Mirjam Baouardy – Das „Kleine Nichts" aus Betlehem. Leben, Gedanken und Wirken einer Araberin und Christin, Ottersweiher 1997

Fleiner, T.: 50 Jahre Menschenrechte. Interview mit Thomas Fleiner, in: Tagesanzeiger 9.12.1998, S. 2

Franziskus von Assisi: Die Schriften. Hrsg. v. L. Hardick und E. Grau, Werl 1997 (Taschenbuch). Werke bzw. Abkürzungen alphabetisch angeordnet

Geisler, G.: Leben von Licht, Luft und Liebe. Die totale Askese à la Jasmuheen, in: Esotera. Das Magazin für neues Denken und Handeln, (Freiburg) 4/1999, 10–14

Gieben, S./Ladner, G. B.: Images and Ideas in the Middle Ages. Selected Studies in History and Art I. Roma 1983, in: CollFranc 55 (1985) 419

Goes, W.: Jesus und Johannes. Meditation zur Johannesminne in Heiligkreuztal, Heiligkreuztal 1990

Goleman, D.: Emotionale Intelligenz, München 1996

Gregor der Große: Dialoge: Sources chrétienne 251, 260, 265. Paris 1980ff

Grundmann, H.: Religiöse Bewegungen im Mittelalter. Untersuchungen über die geschichtlichen Zusammenhänge zwischen Ketzerei, den Bettelorden und der religiösen Frauenbewegung im 12. und 13. Jahrhundert und über die geschichtlichen Grundlagen der deutschen Mystik, Darmstadt 1970

Guigo II.: Scala claustralium de terra in coelum, in: Sources chrétiennes (Paris) 163 (1970) 1109–1176

Hartmann, N./Edith Stein: Sr. Teresia Benedicta a cruce (1891–1942), in: *Rotzetter, A.* (Hg.): Seminar Spiritualität 2: Geist und Geistesgaben, Zürich/Einsiedeln/Köln 1980, 201–224

Hemmerle, K.: Theologie als Nachfolge. Bonaventura – ein Weg für heute, Freiburg i. Br. 1975

Herbstrith, W./Edith Stein: Gedichte und Gebete aus dem Nachlaß, Frankfurt/M. 1975

Holzherr, G. (Hg.): Die Benediktregel. Eine Anleitung zu christlichem Leben, Zürich 1980

Huber, H.: Klosterkirche Azlburg, Straubing 1988

Huber, K.: Theorie, in: Aargauer Zeitung 19.12.1998, S. 2

Huth, A. und W.: Handbuch der Meditation, München 1990

Ignatius von Loyola: Briefe und Unterweisungen. Deutsche Werkausgabe I, Würzburg 1993 (= A)

Ignatius von Loyola: Geistliche Übungen. Übertragung aus dem spanischen Urtext. Erklärung der 20 Anweisungen von Adolf Haas, Freiburg i. Br. [10]1991 (Neuausgabe in: „Kleine Bibliothek spiritueller Weisheit", hrsg. v. Emmanuel Jungclaussen in Zusammenarbeit mit Christian Feldmann, Freiburg i. Br. 1999 (= B)

Ignatius von Loyola: Geistliche Übungen und erläuternde Texte. Übersetzt und erläutert von Peter Knauer, Graz 1978 (= C)

Ignatius von Loyola: Der Bericht des Pilgers. Übersetzt und erläutert von Burkhart Schneider. Mit einem Vorwort von Karl Rahner, Freiburg i. Br. [6]1988 (= D)

Jasmuheen: Lichtnahrung. Die Nahrungsquelle für das kommende Jahrtausend, Burgrain 1997 (= A)

Jasmuheen: Der Lichtnahrungs-Prozeß. Erfahrungsberichte, Burgrain 1998 (= B)

Johannes vom Kreuz: Die Gotteslohe, Einsiedeln 1958 (Sigillum 12) (= A)

Johannes vom Kreuz: Sämtliche Werke in fünf Bänden, München 1925 (= B)

Jordan von Giano: Chronik, in: Nach Deutschland und England. Die Chroniken der Minderbrüder Jordan von Giano und Thomas von Eccleston, hrsg. v. L. Hardick (= Franziskanische Quellenschriften 6), Werl 1957

Jung, C. G.: Einleitung in die religionspsychologische Problematik der Alchemie. Gesammelte Werke, Bd. 12, Zürich/Olten [4]1994

Jungclaussen, E.: Aufrichtige Erzählungen eines russischen Pilgers. Die vollständige Ausgabe, Freiburg i. Br. [6]1998

Kawa, E.: Edith Stein: Die vom Kreuz Gesegnete, Berlin 1953

Klara von Assisi: Leben und Schriften. Brief an Agnes von Prag (= Franziskanische Quellenschriften 2), Werl 1997

Kleber, M.: Vom Institut der Elisabethinnen zum Elisabeth Krankenhaus in Straubing, Straubing 1991

Köster, P.: Ich gebe euch ein neues Herz. Einführung und Hilfen zu den Geistlichen Übungen des Ignatius von Loyola, Stuttgart 1978

Kramer, S. in: Gesangbuch der Reformiert-Evangelischen Kirchen der deutschsprachigen Schweiz, Basel/Zürich 1998, Nr. 706

Kuster, N.: Zum Franziskusbild in Subiaco (Manuskript, Veröffentlichung geplant)

Lambert, W.: Beten im Pulsschlag des Lebens. Gottsuche mit Ignatius von Loyola, Freiburg i. Br. [2]1998

Lang, L.: Die Kunst als Vermittlung von Transzendenz, in: *Rotzetter, A.* (Hg.): Seminar Spiritualität 4, aaO., 55–71 (= A)

Lang, J.: Herzensanliegen. Die Mystik mittelalterlicher Christus-Johannes-Gruppen, Stuttgart 1994 (= B)

Levinas, E.: Schwierige Freiheit. Versuch über das Judentum, Frankfurt/M. 1992

Lexikon für Theologie und Kirche. Hrsg. v. Walter Kasper u. a., Freiburg i. Br. 1993ff

Lohfink, N.: Braucht Gott die Kirche? Zur Theologie des Volkes Gottes, Freiburg i. Br. ²1998

Lohrum, M.: Zur dominikanischen Spiritualität, in: *Rotzetter, A.* (Hg.): Seminar Spiritualität 2, aaO., 145–160

Lubac, H. de: Exegèse médiévale. Les quatre sens de l'écriture I–IV, Aubin 1959–1966 (= A)

Lubac, H. de: L'écriture dans la tradition, Aubin/Montainge 1966 (= B)

Luislampe, P.: Die "ars spiritalis" in der Regula Benedicti auf dem Hintergrund des alten Mönchtums, in: *Rotzetter, A.* (Hg): Seminar Spiritualität 2, aaO., 95–117

Lyotard, J. F.: Der Widerstreit, München 1989 (= A)

Lyotard, J. F.: Das postmorderne Wissen. Ein Bericht, Wien 1993 (= B)

Lyotard, J. F./Gruber, E.: Ein Bindestrich. Zwischen „Jüdischem und Christlichem', Düsseldorf 1995 (= C)

Machovec, M.: Jesus für Atheisten, Stuttgart 1971

Margarete Porete: Der Spiegel der einfachen Seelen. Wege der Frauenmystik. Aus dem Altfranzösischen übertragen, mit einem Nachwort und Anmerkungen versehen von Louise Gnädinger, Zürich 1987

Martini, C. M./Eco, U.: Woran glaubt, wer nicht glaubt? Mit einem Vorwort von Kardinal Franz König, Wien 1998

März, C.-P./Grahl, K.: Wenn das Brot... Lied zum Fest der Elisabeth von Thüringen, in: Tau-Tropfen. Ein franziskanisches Liederbuch, Großkrotzenburg, o. J., 136

Matt, L./ Vicaire, M. H.: Dominikus, Zürich 1957

Menesto, M: Umbria mistica e santa (saec. V–XIV), in: *Sensi, M.*, Itinerari del Sacro in Umbria, Firenze 1998

Mertens, B.: Vidi quasi vias ipsorum multitudine plenas (1 Cel 27). Die evangelische Wanderschaft in der Praxis und Debatte der franziskanischen Bewegung des 13. Jahrhunderts. A la mémoire du fr. Damien Vorreux OFM. Hausarbeit am Centre Sèvres (Paris) 1999

Monde diplomatique, 1998/11

Noble, D. F.: Eiskalte Träume. Die Erlösungsphantasien der Technologen, Freiburg i. Br. 1998

Novalis: Gedichte. Mit einem Nachwort von J. Hönisch, Frankfurt/M. 1989

Orban, P.: Kassette: Weihnacht-Meditation – Eine Phantasiereise, Frankfurt/M. o. J.

Ott, E.: Die dunkle Nacht der Seele – Depression, o. O. 1981

Petrus Abaildard: Gespräch eines Philosophen, eines Juden und eines Christen, hrsg. v. H.-W. Krautz, Frankfurt a. M./Leipzig 1995

Pfestroff, Chr.: Der Phantomschmerz des Unendlichen. Jean-François Lyotards Vermächtnis für den jüdisch-christlichen Dialog, in: Christ in der Gegenwart 51 (1999) 141f

Pierre de Vaux: Vie de soeur Colette, Saint-Etienne 1994

Pozzi, G., in: Sui vetri di Fra Roberto, Giubiasco 1996

Reheis, F.: Die Kreativität der Langsamkeit. Neuer Wohlstand durch Entschleunigung, Darmstadt ²1998

Repplinger, H. J.: Die Gesellschaft Jesu. Vom „Geist des Ursprungs" zu ihrer heutigen Sendung für die Welt, in: *Rotzetter, A.* (Hg.): Seminar Spiritualität 2, aaO., 167–198

Rideau, E.: Les Ordres religieux actifs, Flammarion 1980

Roob, A.: Alchemie und Mystik. Das hermetische Museum, Köln 1996

Rotzetter, A.: Der utopische Entwurf der franziskanischen Gemeinschaft, in: Wissenschaft und Weisheit 37 (1974) 159–169 (= A)

Rotzetter, A.: Die Funktion der franziskanischen Bewegung in der Kirche. Eine pastoraltheologische Interpretation der grundlegenden franziskanischen Texte, Schwyz 1977 (= B)

Rotzetter, A.: Die Gegenwart Gottes in der Welt und die Herrschaft der Kleriker. Ein ideologiekritischer Beitrag zum kirchlichen Amtsverständnis aus franziskanischer Sicht, in: Franziskanische Studien 63 (1981) 188–202 (= C)

Rotzetter, A.: Gebet, Gebetshaltung und Meditationsmethoden. Anmerkungen zu den "neun Gebetshaltungen des hl. Dominikus" und zu den "Geistlichen Übungen des Johannes Chrysostomus Schenk", in: *Ders.* (Hg.): Seminar Spiritualität 4, aaO., 163–182 (= D)

Rotzetter, A.: Marcel Légaut – Madeleine Delbrêl – Simone Weil, oder: Die neuen Wege des Geistes, in: *Ders.* (Hg.): Seminar Spiritualität 4, aaO., 247–271 (= E)

Rotzetter, A.: Aus Liebe zur Liebe. Zu einem Wort des hl. Franz von Assisi, in: Wissenschaft und Weisheit 44 (1981) 154–167 (= F)

Rotzetter, A.: Die Orden und die kirchlichen Zentralgewalten – ein struktureller Konflikt? Referat bei der 1. Tagung der Europäischen Gesellschaft für katholische Theologie 4.–9. April 1992, in: Franziskanische Studien 74 (1992) 44–70 (= G)

Rotzetter, A.: Neue Innerlichkeit, Mainz 1992 (= H)

Rotzetter, A.: Gestalt und Gestaltung der Eucharistiefeier. Plädoyer für eine Tiefenerfahrung der Messe, in: *Ders.*, Leidenschaftliche Hoffnung. Die Kraft des biblischen Glaubens, Zürich 1992, 113–134 (= I)

Rotzetter, A.: Was das Schweigen sagt und was das Wort verschweigt. Von der Macht des Schweigens und der Kraft des Wortes, in: *Ders.*, Leidenschaftliche Hoffnung, aaO., 11–21 (= K)

Rotzetter, A./Morschel, R./Bey, H. von der (Hg.): Von der Conquista zur

Theologie der Befreiung. Der franziskanische Traum einer indianischen Kirche, Zürich 1993 (= L)

Rotzetter, A.: Klara von Assisi. Die erste franziskanische Frau, Freiburg i. Br. 1994 (= M)

Rotzetter, A.: Aus Liebe zum Leben. Die Evangelischen Räte neu entdeckt, Freiburg i. Br. 1996 (= N)

Rotzetter, A.: Mystik der Tat, in: Ders., Im Kreuz ist Leben, Fribourg 1996, 163–182 (= O)

Rotzetter, A.: Franziskus, die Wissenschaft und die Ehrfurcht vor dem Leben, in: Wenn Leben verfügbar wird: Überbevölkerung, Geburtenkontrolle und andere Fragen. Hrsg. v. der Missionszentrale der Franziskaner, Bonn 1997 (Grünes Heft 70, 7–17) (= P)

Rotzetter, A./Bernet, E.: Latium, Umbrien, Toskana. Wanderungen auf den Spuren des Franz von Assisi, Frankfurt/M. 1998 (= Q)

Rotzetter, A.: Notwendigkeit und Bedeutung der geistlichen Dimension für die heutige Zeit, in: Wissenschaft und Weisheit 61 (1998) 33–56 (= R)

Rotzetter, A.: Denk daran, daß Du ein Mensch bist. Geistlicher Brief an Amédée Grab, Neuer Bischof von Chur, Zizers 1998 (= S)

Rotzetter, A./Hug, E.: Franz von Assisi: Die Demut Gottes. Meditationen, Lieder und Gebete, Zürich 1977, Neuauflage 1999 (= T)

Rotzetter, A.: Ich rufe Sonne und Mond. Der Sonnengesang des Franz von Assisi, Eschbach 1998 (= U)

Rotzetter, A.: Beten mit Franz von Assisi. Impulse Tag für Tag, Freiburg i. Br. 1998 (= V)

Rotzetter, A.: Antonius von Padua. Leben und Legenden, Werl/Solothurn 1995 (=W)

Rotzetter, A.: Im Kreuz ist Leben, Freiburg/CH 1996 (Y)

Rotzetter, A.: Franziskus feiert Weihnachten. Die Krippenfeier von Greccio und was sie uns bedeuten kann, Eschbach 1989 (= Z)

Schenkluhn, W.: San Francesco in Assisi: Ecclesia specialis. Die Vision Papst Gregors IX. von einer Erneuerung der Kirche, Darmstadt 1991

Schlageter, J.: Unterscheidung der Geister. Die Frage nach den Kriterien des geistlichen Lebens, in: Rotzetter, A. (Hg.): Seminar Spiritualität 2, aaO., 13–27

Schmeing, C.: Perspektiven benediktinisch-monastischen Lebens heute, in: Erbe und Auftrag. Benediktinische Monatsschrift (Beuron) 48 (1972) 421–428

Schmid, G.: Das Ende der Aufklärung. Wie werden Akademiker Sektenopfer? In: Internet: http://www.ref.ch/zh/infoksr/Aufklaerung.html (3. März 1997)

Schneider, R.: Innozenz und Franziskus, Wiesbaden 1952

Schulz, P. O./Künzel, H.: Umbrien. Das grüne Herz Italiens, Braunschweig 1993

Schumacher, E. F.: Small is beautiful. Die Rückkehr zum menschlichen Maß, Reinbek 1985

Sensi, M.: Itinerari del Sacro in Umbria, Firenze 1998

Six, J. F.: Theresia von Lisieux. Ihr Leben, wie es wirklich war, Freiburg i. Br. 1976

Sloterdijk, P.: Selbstversuch. Ein Gespräch mit Carlos Oliveira, Wien 1996

Sollbach, G., E.: Nachwort: Der Katharismus, in: Pierre des Vaux-de-Cernay, Kreuzzug gegen die Albigenser. Die „Historia Albigensis" ins Deutsche übertragen von Gerhard E. Sollbach, Darmstadt 1996, 301–361

Sölle, D.: Mystik und Widerstand. „Du stilles Geschrei", Hamburg 1997

Sinzinger , K. H. in: Neue Luzerner Zeitung, 31. 10. 1998

Staatsbibliothek preußischer Kulturbesitz: Das christliche Gebetbuch im Mittelalter. Andachts- und Stundenbücher in Handschrift und Frühdruck, Berlin 1980

Stachel, G.: In einer Nacht ganz dunkel. Die mystischen Gedichte des Johannes vom Kreuz – neu übersetzt, in: Christ in der Gegenwart 8/1996, 61f

Stahl, W. H./Johnson, R. (Hg.): Martianus Capella. „The Marriage of Philology an Mercury", in: *Dies.* (Hg.): Martianus Capella and the Seven Liberal Arts, New York 1977

Steidle, B. (Hg.): Die Benediktregel. Lateinisch-Deutsch, Beuron 1975

Stein, E.: Kreuzeswissenschaft. Studie über Joannes a Cruce, Louvain/ Freiburg i. Br. 1954

Stierli, J.: Ignatius von Loyola: "Gott suchen in allen Dingen". Gotteserfahrung und Weg in die Welt, Olten 1981

Sudbrack, J.: Erfahrung einer Liebe. Teresa von Ávilas Mystik als Begegnung mit Gott, Freiburg i. Br. 1980 (= A)

Sudbrack, J.: Mystik. Selbsterfahrung – Kosmische Erfahrung – Gotteserfahrung, Mainz/Stuttgart 1988 (= B)

Sudbrack, J.: Der Christ von morgen – ein Mystiker? Grundformen mystischer Existenz, Würzburg 1989 (= C)

Teresa de Jesus: Obras completas, Madrid 1967

Textsammlung von Perugia: Lateinisch, in: *Bigaroni, M.* (Hg): Compilatio Assisiensis, Porziuncola 1975

Thérèse von Lisieux: Selbstbiographische Schriften, Einsiedeln 1958

Theresia von Jesus – Johannes vom Kreuz: Gedichte. Übertragen und mit einem Nachwort versehen von Irene Behm, Einsiedeln 1959 (Sigillum 15)

Thomas von Aquin: Summa theologica, Secunda Secundae partis, quaestio 188, articulus 6, Roma 1894

Thomas von Capua: Antiphon, in: Analecta Francescana X, 387

Thomas von Celano: Leben und Wunder des hl. Franziskus von Assisi (= Franziskanische Quellenschriften 5), Werl 1964

223

Tiedemann, P.: Über den Sinn des Lebens. Die perspektivische Lebensform, Darmstadt 1993

Treiber, H./Steinert, H.: Die Fabrikation des zuverlässigen Menschen. Über die „Wahlverwandtschaft" von Kloster- und Fabrikdisziplin, München 1980

Trimondi, V. und V.: Der Schatten des Dalai Lama. Sexualität, Magie und Politik im tibetischen Buddhismus, Düsseldorf 1999

Uyldert, M.: Verborgene Kräfte der Edelsteine, München 1983

Walach, H.: ... So wird Gott in dir geboren. Christliche Glaubenserfahrung und Transpersonale Psychologie, Freiburg i. Br. 1980

Waldenfels, H. (Hg.): Lexikon der Religionen. Begründet von Franz König, Freiburg i. Br. 1988

Wehr, G.: Esoterisches Christentum. Aspekte – Impulse – Konsequenzen, Stuttgart 1975

Weil, S.: Betrachtungen über den rechten Gebrauch des Schulunterrichts und des Studiums im Hinblick auf die Gottesliebe, in: Dies., Zeugnis für das Gute. Traktate, Briefe, Aufzeichnungen. Übers. u. hrsg. v. Friedhelm Kemp, Olten 1976

Weisheipl, J.: Thomas von Aquin. Sein Leben und seine Theologie, Graz 1980

Wess, L.: Keine Dialyse für Rentner. Entsolidarisierung auf dem Vormarsch: Wie notwendige medizinische Behandlung aus Kostengründen verweigert wird, in: Publik-Forum (August 1996) 8f

White, L.: Cultural Climates and Technological Advance in the Middle Ages, in: Viator, Bd. II (1971) 172ff

Wichmann, J.: Rückkehr von den fremden Göttern. Wiederbegegnung mit meinen ungeliebten Wurzeln, Stuttgart 1992

Widmer, S.: Ins Herz der Dinge lauschen. Vom Erwachen der Liebe. Über MDMA und LSD: Die unerwünschte Psychotherapie, Olten [3]1989

Wisse, S.: Antikonismus als Ausdrucksform geistlicher Erfahrung und Haltung, in: *Rotzetter, A.* (Hg.): Seminar Spiritualität 4, aaO., 91–108

Woodrow, A.: Les Jésuites. Histoire de pouvoirs, Jattès 1990

Zerfass, R.: Der Streit um die Laienpredigt. Eine pastoralgeschichtliche Untersuchung zum Verständnis des Predigtamtes und zu seiner Entwicklung im 12. und 13. Jahrhundert, Freiburg i. Br. 1974